NRA CET - Matriculation Pass

सामान्य जागरूकता

नवीनतम संस्करण
अभ्यास किट

16 टेस्ट्स

16 विषयानुसार टेस्ट्स

विषय से संबन्धित पाठ प्रश्नो के साथ

✓ पूर्णतः संशोधित और अद्यतन

✓ सभी बहुविकल्पीय प्रश्नो का विस्तृत विश्लेषण

शीर्षक	: NRA CET – Matriculation Pass सामान्य जागरूकता
लेखक का नाम	: Mr. Rohit Manglik
प्रकाशक	: EduGorilla Community Pvt. Ltd.
प्रकाशक का पता	: 12/651 प्रथम तल, अरविन्दो पार्क के सामने, निकट जामा मस्जिद, इंदिरा नगर लखनऊ, उत्तर प्रदेश, 226016, भारत।

कॉपीराइट EduGorilla

ISBN : 978-93-55560-98-8

प्रथम संस्करण

अस्वीकरण EduGorilla

Compiled and created by EduGorilla Community Pvt. Ltd

EduGorilla Community Pvt. Ltd. द्वारा मुद्रित

रोहित मांगलिक
सीईओ, EduGorilla

प्रिय छात्रों,

एक बहुत ही प्रचलित कहावत है कि "सफलता उन्हीं को मिलती है जो उसके लिए कड़ी मेहनत करते हैं।" लेकिन मैंने लोगों को उनकी परीक्षाओं के लिए दिन-रात एक करके मेहनत करते हुए देखा है, पर फिर भी वे सफल नहीं हो पाते। तो वहीं दूसरी ओर, कुछ लोग बस आधी मेहनत करके परीक्षा में सफलता प्राप्त करते हैं। तो, क्या वे किस्मत वाले हैं? नहीं मेरा मानना है, कि ऐसा इसलिए है क्योंकि वे सिर्फ कड़ी नहीं बल्कि कुशल तरीके से अपनी तैयारी करते हैं। इसी तरह आपको भी अपनी परीक्षाओं की तैयारी के लिए अपनी योजना बनानी चाहिए, ताकि आपकी भी सफलता की संभावना बढ़ सके। तो तैयार हो जाइये EduGorilla के साथ अपनी परीक्षा में चयन होने की संभावना को 16 गुना बढ़ाने के लिए।

EduGorilla आपको न केवल कड़ी मेहनत करने में मदद करता है, बल्कि एक स्मार्ट और योजनाबद्ध तरीके से तैयारी करने में भी सहायता प्रदान करता है। EduGorilla की तैयारी पैकेज के साथ आप अपने परीक्षा में चयन होने के रास्ते को सहज और मनोरंजक बना सकते हैं। अपनी तैयारी के लिए सही रास्ता खोजना मुश्किल हो सकता है, यदि आप ये नहीं जानते कि आपको किस दिशा में जाना है। चिंता न करें हम आपके साथ खड़े हैं! EduGorilla आपकी सफलता में आपका मार्गदर्शक बनेगा। हमारे तैयारी पैकेज के साथ आप रणनीतिक रूप से तैयारी कर, अपनी परीक्षा में सिर्फ एक ही प्रयास में सफल हो सकते हैं।

EduGorilla के तैयारी पैकेज में शामिल हैं-

• टेस्ट सीरीज़   • किताबें

हमारे तैयारी पैकेज को सभी तरह के नये बदलवों, विशेषज्ञों की राय एवं छात्रों के प्रतिक्रिया के अनुसार तैयार किया गया है। जो आपको परीक्षा के प्रत्येक चरण की चयन प्रक्रिया को पार करने के योग्य बनाता है।

हमारी किताबें शिक्षकों और विशेषज्ञों द्वारा आपकी परीक्षा के लिए तैयार की गई हैं, 150+ वर्षों के अनुभव के साथ; ताकि आपको आसान, कुशल और प्रभावी शिक्षण प्रदान किया जा सके। हमारी स्मार्ट किताबें न सिर्फ आपको प्रश्नों के उत्तर देने की समझ देती हैं, अपितु आपके अभ्यास के लिए समान रूप के प्रश्न भी प्रदान करती हैं।

EduGorilla की सक्षम टेस्ट सीरीज आपको वास्तविक अनुभव और आत्मविश्वास प्रदान करती हैं, जिसके माध्यम से आप केवल एक प्रयास में अपनी ऑफलाइन अथवा ऑनलाइन परीक्षा पास कर सकते हैं। वर्तमान में हम 83,000+ मॉक टेस्ट्स और 1,440+ प्रतियोगी एवं शैक्षणिक परीक्षाओं की तैयारी कराते हैं।

अर्थात, EduGorilla आपकी तैयारी में आपकी सहायता करने का कोई भी मौका नहीं छोड़ता है और परीक्षा के सभी चरणों को कवर करता है, ताकि परीक्षा की तैयारी के लिए आपको कहीं और भटकना ना पड़े।

हम आपको डिफेन्स, बैंकिंग, टीचिंग और अन्य राष्ट्रीय एवं राज्य स्तरीय परीक्षाओं के लिए सम्पूर्ण तैयारी पैकेज प्रदान करते हैं। अत: इससे कोई फर्क नहीं पड़ता कि आप किस परीक्षा के लिए तैयारी कर रहे हैं, क्योंकि आप सफलता हासिल करेंगे।

आपको परीक्षा की शुभकामनाएं!

रोहित मांगलिक,
संस्थापक और मुख्य कार्यकारी अधिकारी, EduGorilla

प्रस्तावना

EduGorilla छात्रों को उनकी परीक्षा में सफल होने के लिए मार्गदर्शन प्रदान करता है। जिसको ध्यान में रखते हुए हमारे कुल 150+ वर्षों का अनुभव रखने वाले प्रतिष्ठित विशेषज्ञों ने कड़े प्रयासों के द्वारा "NRA CET - Matriculation Pass : सामान्य जागरूकता" को तैयार किया है। इस किताब के प्रश्नों को हाल ही में परीक्षा के पाठ्यक्रम और पैटर्न में हुए सभी बदलावों को ध्यान में रखकर बनाया गया है। वो प्रश्न जिनकी परीक्षा में आने कि संभवना काफी प्रबल है, उनको इस किताब मे रखा गया है। आप EduGorilla की "NRA CET - Matriculation Pass : सामान्य जागरूकता" के माध्यम से अपनी सफलता की संभावना को 16 गुना बढ़ा सकते हैं।

EduGorilla ये अपनी संपूर्ण तैयारी पैकेज के माध्यम से साकार करता है। इस किट में आपको प्रश्न अच्छी तरह अवधारित एवं संरचित रूप मे मिलेंगे जिन्हे आपकी जरूरतों के अनुसार बनाया गया है। इसके माध्यम से आपको स्मार्ट तरीके से परीक्षा के लिए अभ्यास करने में मदद मिलेगी। साथ ही आपको सहायक, समाधान और स्मार्ट उत्तर पत्रिका भी प्रदान की जायेंगी। जिससे आप अपना मूल्यांकन स्वयं कर सकते हैं। आप स्वयं की समीक्षा कर, उन सभी बिन्दुओं पर खुद को बेहतर तरीके से तैयार कर सकते हैं।

EduGorilla आपको अपनी परीक्षा में सफलता दिलाने और आपके लक्ष्य को हासिल करने में आपकी सहायता करने का वादा करता हैं। हम अपने प्रतिभागियों पर पूरा भरोसा करते हैं और उन्हें मेरिट सूची के शीर्ष पर देखते हैं। शीर्ष स्थान की ओर आपका पहला कदम है हमारे साथ तैयारी शुरू करना। EduGorilla की "NRA CET - Matriculation Pass : सामान्य जागरूकता" की विशेषताएं कुछ इस प्रकार हैं।

➤ अच्छी तरह से शोध किया हुआ पाठ्यक्रम

➤ उच्च गुणवत्ता

➤ विस्तृत उत्तर और विश्लेषण

➤ स्मार्ट उत्तर पत्रिका

➤ परीक्षा सुसंगत प्रश्न

इस प्रकार EduGorilla आपकी तैयारी को मजबूत और आपको परीक्षा में सफल होने के योग्य बनाता है।

विषय-सूची

Q.1 निम्नलिखित में से कौन-सी चीन की राजधानी है?
A. वुहान B. बीजिंग C. शंघाई D. शेन्ज़ेन

Q.2 सैन जोस निम्नलिखित देशों में से किसकी राजधानी है?
A. जमैका B. गिनी बिसाऊ
C. मोल्दोवा D. कोस्टा रिका

Q.3 कतर की राजधानी क्या है?
A. बेरूत B. पुरुष C. तेहरान D. दोहा

Q.4 कंबोडिया की राजधानी क्या है?
A. नामपेन्ह B. नोम क्रवन
C. क्रॉन्ग कंपोट D. बकान

Q.5 पैराग्वे की राजधानी क्या है?
A. असंसियन B. रूस
C. लंदन D. असुनसियन

Q.6 अफगानिस्तान की राजधानी _____ है।
A. काबुल B. हेरात C. कांधार D. गजनी

Q.7 ऑस्ट्रिया की राजधानी ____ है।
A. कैनबरा B. वियना C. जकार्ता D. टोक्यो

Q.8 मिस्र की मुद्रा क्या है?
A. यूरो B. पाउंड C. डॉलर D. दिनार

Q.9 लेबनान की राजधानी है:
A. बेयरूत B. त्रिपोली C. सिडोन D. टायर

Q.10 मैड्रिड ____ की राजधानी है।
A. फिलीपींस B. मालदीव
C. स्पेन D. यूनाइटेड किंगडम

Q.11 नेपाल की आधिकारिक मुद्रा को _____ कहा जाता है।
A. नेपाली टका B. लोटी
C. नेपाली रुपया D. बिर्र

Q.12 जापान की राजधानी क्या है?
A. टोक्यो B. ओसका
C. फुकुओका D. इनमें से कोई नहीं

Q.13 फ्रांस की मुद्रा क्या है?
A. यूरो B. डॉलर C. रेनमिनबी D. टाका

Q.14 निम्नलिखित में से फ्रांस की राजधानी क्या है?
A. वाडुज B. बाकू C. पेरिस D. लीबिया

Q.15 मणिपुर की राजधानी है?
A. आइजोल B. इम्फाल C. कोहिमा D. शिलोंग

Q.16 सऊदी अरब की राजधानी क्या है?
[RBI Office Attendant, 2017]

A. काबुल B. येरेवान C. रियाध D. हेलसिंकी

Q.17 कौन सी जिम्बाब्वे की राजधानी है?
[RBI Office Attendant, 2017]

A. अबुजा B. मकाति C. नैरोबी D. हरारे

Q.18 मलेशिया की मुद्रा क्या है?
[RBI Office Attendant, 2017]

A. रिंगित B. कोरूना C. लिटास D. रूफिया

Q.19 जापान की मुद्रा क्या है?
[RBI Office Attendant, 2017]

A. येन B. युआन C. वोन D. दीनार

Q.20 इंडोनेशिया की मुद्रा क्या है?
[RBI Office Attendant, 2017]

A. रूफिया B. रियाल C. येन D. रुपिया

Q.21 मलेशिया की मुद्रा क्या है?
A. मलेशियाई दीनार B. मलेशियाई डॉलर
C. मलेशियाई यूरो D. मलेशियाई रिंगित

Q.22 ईरान की मुद्रा क्या है?
A. ईरानी रियाल B. ईरानी रूबेल
C. ईरानी दीनार D. ईरानी डॉलर

Q.23 _____ दक्षिण अफ्रीका की राजधानी है।
A. लंदन B. न्यूयॉर्क C. मास्को D. केप टाउन

Q.24 स्वीडन की मुद्रा क्या है?
A. क्रोना B. यूरो C. क्रौन D. फ्रैंक

Q.25 इराक़ की राजधानी क्या है?
A. बग़दाद B. तेहरान C. बर्लिन D. रियाध

Q.26 निम्नलिखित में से कौन सी देश-राजधानी की जोड़ी सही सुमेलित नहीं है?
A. ईरान - तेहरान B. इज़राइल - अम्मान
C. इराक - बग़दाद D. लेबनान - बेरूत

Q.27 क्रोन निम्नलिखित देशों में से किसकी आधिकारिक मुद्रा है?
A. डेनमार्क B. तुर्की C. चिली D. परागुआ

Q.28 इंडोनेशिय की मुद्रा को क्या कहा जाता है?
A. बहत B. दीनार C. रियाल D. रुपिया

Q.29 चिली की राजधानी क्या है?
A. तेहरान B. सैंटियागो C. बिश्केक D. फ्नोम पेन्ह

Q.30 इनमें से बैंकॉक की मुद्रा क्या है?
A. डॉलर B. बात C. येन D. यूरो

// स्मार्ट उत्तर पुस्तिका //

सही उत्तर	उन छात्रों का प्रतिशत जिन्होंने प्रश्नों का सही उत्तर दिया था।	छोड़ दिया	उन छात्रों का प्रतिशत जिन्होंने प्रश्नों को छोड़ दिया था।

प्रश्न संख्या	उत्तर	सही उत्तर / छोड़ दिया	प्रश्न संख्या	उत्तर	सही उत्तर / छोड़ दिया	प्रश्न संख्या	उत्तर	सही उत्तर / छोड़ दिया	प्रश्न संख्या	उत्तर	सही उत्तर / छोड़ दिया	प्रश्न संख्या	उत्तर	सही उत्तर / छोड़ दिया	प्रश्न संख्या	उत्तर	सही उत्तर / छोड़ दिया
1	B	89.44 % / 10.35 %	6	A	82.56 % / 10.94 %	11	C	86.23 % / 12.46 %	16	C	79.37 % / 12.03 %	21	D	85.36 % / 13.06 %	26	B	81.44 % / 14.91 %
2	D	88.75 % / 11.14 %	7	B	86.66 % / 12.62 %	12	A	82.81 % / 13.34 %	17	D	83.14 % / 14.01 %	22	A	85.94 % / 11.02 %	27	A	81.58 % / 10.51 %
3	D	84.33 % / 10.65 %	8	B	83.66 % / 12.99 %	13	A	81.31 % / 14.74 %	18	A	81.9 % / 12.39 %	23	D	85.26 % / 10.51 %	28	D	76.07 % / 17.19 %
4	A	85.23 % / 14.49 %	9	A	80.09 % / 15.67 %	14	C	78.94 % / 18.82 %	19	A	84.09 % / 15.78 %	24	A	83.39 % / 16.46 %	29	B	77.61 % / 17.86 %
5	D	77.71 % / 20.92 %	10	C	76.48 % / 17.52 %	15	B	79.7 % / 11.74 %	20	D	78.06 % / 11.33 %	25	A	85.74 % / 14.04 %	30	B	76.32 % / 11.83 %

//संकेत और समाधान//

1. बीजिंग पीपुल्स रिपब्लिक ऑफ चाइना की राजधानी है। यह दुनिया की सबसे अधिक आबादी वाला राजधानी शहर है।

अतः विकल्प (B) सही है।

2. कोस्टा रिका की राजधानी सैन जोस है।

देश	कोस्टा रिका
राजधानी	सैन जोस
राष्ट्रपति	कार्लोस अल्वाराडो क्यूसादा
मुद्रा	कोस्टा रिकॉन कोलन

अतः विकल्प (D) सही है।

3. कतर की राजधानी दोहा है।

कतर विश्व बैंक की उच्च आय वाली अर्थव्यवस्था है, जो दुनिया के तीसरे सबसे बड़े प्राकृतिक गैस भंडार और तेल भंडार द्वारा समर्थित है ।

अतः विकल्प (D) सही है।

4. कंबोडिया मुख्य रूप से मैदानी और महान नदियों का देश है और चीन और भारत और दक्षिण पूर्व एशिया को जोड़ने वाले नदी के महत्वपूर्ण मार्गों के बीच स्थित है। कंबोडिया की राजधानी नामपेन्ह है।

अतः विकल्प (A) सही है।

5. पैराग्वे की राजधानी असुनसियन है। यह शहर पैराग्वे नदी के बाएं किनारे पर स्थित है, यह देश का सबसे बड़ा शहर भी है।

अतः विकल्प (D) सही है।

6. अफगानिस्तान की राजधानी और मुद्रा क्रमशः काबुल और अफगानी हैं। अफगानिस्तान दक्षिण एशिया में एक भूमि आधारित देश है। अप्रैल 2007 में अफगानिस्तान सार्क का आठवाँ सदस्य बना।

अतः विकल्प (A) सही है।

7. वियना ऑस्ट्रिया की राजधानी और सबसे बड़ा शहर है, और ऑस्ट्रिया के नौ राज्यों में से एक है। वियना ऑस्ट्रिया का सबसे अधिक आबादी वाला शहर है, जिसमें लगभग 2 मिलियन निवासी (महानगरीय क्षेत्र के भीतर 2.6 मिलियन, देश की आबादी का लगभग एक तिहाई), और इसकी सांस्कृतिक, आर्थिक और राजनीतिक केंद्र है। यह यूरोपीय संघ में शहर की सीमा के भीतर जनसंख्या के हिसाब से छठा सबसे बड़ा शहर है।

अतः विकल्प (B) सही है।

8. मिस्र की मुद्रा मिस्र पाउंड है जो 100 पियास्त्रे में विभाजित है। इसे LE के रूप में संक्षिप्त किया गया है जिसका अर्थ लिव्रे ईजेप्टाइन (मिस्र के पाउंड के लिए फ्रेंच) है। काहिरा मिस्र की राजधानी है और अरबी इसकी आधिकारिक भाषा है।

अतः विकल्प (B) सही है।

9. लेबनान पश्चिमी एशिया के लेवांत क्षेत्र का एक देश है। लेबनान को आधिकारिक तौर पर लेबनानी गणराज्य के रूप में जाना जाता है। बेयरूत लेबनान की राजधानी है।

यह एशियाई मुख्य भूमि पर सबसे छोटे संप्रभु राज्यों में से एक है जो 10,400 वर्ग किमी के क्षेत्र को आवरण करता है।

1943 में लेबनान ने स्वतंत्रता हासिल की। लेबनीज पाउंड लेबनान की मुद्रा है।

अतः विकल्प (A) सही है।

10. मैड्रिड स्पेन की राजधानी है। यह लंदन और बर्लिन के बाद यूरोपीय संघ (ईयू) का तीसरा सबसे बड़ा शहर है।

अतः विकल्प (C) सही है।

11. नेपाली रुपया नेपाल के संघीय लोकतांत्रिक गणराज्य की आधिकारिक मुद्रा है। नेपाली रुपया 100 पैसे में उपविभाजित है। मुद्रा जारी करना नेपाल के केंद्रीय बैंक नेपाल राष्ट्र बैंक द्वारा नियंत्रित किया जाता है।

अतः विकल्प (C) सही है।

12. टोक्यो, जापान की राजधानी है। टोक्यो द्वारा आच्छादन किया गया क्षेत्र 2194 वर्ग किलोमीटर है। यह सभी बड़े महानगरीय शहरों में सबसे सुरक्षित है।

अतः विकल्प (A) सही है।

13. यूरो, फ्रांस की मुद्रा है। यूरो, यूरोपीय संघ के 27 सदस्य देशों में से 19 की आधिकारिक मुद्रा है।

अतः विकल्प (A) सही है।

14. फ्रांस की राजधानी पेरिस है।

देश	फ्रांस
राजधानी	पेरिस
राष्ट्रपति	इमैनुएल मैक्रों
प्रधानमंत्री	एडवर्ड फिलिप
मुद्रा	यूरो, सीएफपी फ्रैंक

अतः विकल्प (C) सही है।

15. इम्फाल भारत के मणिपुर राज्य की राजधानी है। इस ऐतिहासिक नगर के केन्द्र में भूतपूर्व मणिपुर राज्य की गद्दी, कंगला महल, के खण्डहर उपस्थित हैं। इम्फाल नगर इम्फाल पश्चिम ज़िले और इम्फाल पूर्व ज़िले दोनों में विस्तारित है, और शहर की अधिकांश आबादी इसके पश्चिमी भाग में निवास करती है।

अतः विकल्प (B) सही है।

16. रियाद सऊदी अरब की राजधानी है।

रियाद सऊदी अरब का सबसे बड़ा शहर और देश की प्रशासनिक राजधानी है। रियाद नाम अरबी शब्द "रॉउह" के बहुवचन रूप से लिया गया था, जिसका अर्थ है उद्यान या घास के मैदान। रियाद एक बंद रेगिस्तानी गांव से एक आधुनिक महानगरीय शहर में तेजी से विकसित हुआ, और बाद में 1932 में सऊदी अरब की राजधानी बन गया।

अतः विकल्प (C) सही है।

17. हरारे ज़िम्बाब्वे की राजधानी और सबसे अधिक आबादी वाला शहर है। यह देश के मशोनलैंड क्षेत्र में उत्तर-पूर्वी ज़िम्बाब्वे में स्थित है, हरारे एक महानगरीय प्रांत है, जिसमें चिटुंगविज़ा और एपवर्थ की नगर पालिकाएं भी शामिल हैं।

अतः विकल्प (D) सही है।

18. मलेशियाई रिंगित मलेशिया की मुद्रा है।

मुद्रा के लिए मुद्रा संक्षिप्त नाम RM है, और मुद्रा कोड MYR है। यह एक मुद्रा उद्धरण का अनुरोध करते समय देखा जाने वाला कोड है, जैसे कि USD/MYR जो यू.एस. डॉलर (यूएसडी) और मलेशियाई रिंगित के बीच विनिमय की दर को दर्शाता है।

अतः विकल्प (A) सही है।

19. येन जापान की आधिकारिक मुद्रा है। यह संयुक्त राज्य अमेरिका डॉलर और यूरो के बाद विदेशी मुद्रा बाजार में तीसरी सबसे अधिक कारोबार वाली मुद्रा है। यह संयुक्त राज्य अमेरिका डॉलर और यूरो के बाद तीसरी आरक्षित मुद्रा के रूप में भी व्यापक रूप से उपयोग किया जाता है।

अतः सही विकल्प (A) है।

20. रुपिया (Rₚ) इंडोनेशिया की आधिकारिक मुद्रा है। यह बैंक इंडोनेशिया द्वारा जारी और नियंत्रित किया जाता है, इसका आईएसओ 4217 मुद्रा कोड

आईडीआर है। "रुपिया" नाम चांदी के लिए संस्कृत शब्द रूप्यकम से लिया गया है। कभी-कभी, इंडोनेशियाई भी अनौपचारिक रूप से सिक्कों में रुपिया के संदर्भ में "पेराक" (इंडोनेशियाई में "चांदी") शब्द का उपयोग करते हैं। रुपिया को 100 सेन में विभाजित किया गया है, हालांकि उच्च मुद्रास्फीति ने सेन में मूल्यवर्ग के सभी सिक्कों और बैंकनोटों को अप्रचलित कर दिया है।

अत: विकल्प (D) सही है।

21. मलेशिया की मुद्रा मलेशियाई रिंग्गित है। इसे आगे 100 सेन में विभाजित किया गया है। मलेशियाई रिंग्गित को मलेशिया के केंद्रीय बैंक (बैंक नेगरा मलेशिया) द्वारा जारी किया जाता है। दीनार एक मौद्रिक इकाई है जिसका उपयोग अल्जीरिया, बहरीन, इराक, जॉर्डन, कुवैत, लीबिया और ट्यूनीशिया सहित कई मध्य पूर्वी देशों में किया जाता है।

अत: विकल्प (D) सही है।

22. ईरानी रियाल इस्लामी गणतंत्र ईरान की आधिकारिक कानूनी मुद्रा है। यह 100 दीनारों में विभाजित है।

अत: विकल्प (A) सही है।

23. केप टाउन दक्षिण अफ्रीका की विधायी राजधानी है। यह देश की विधायी संसद का घर है, जिसमें राष्ट्रीय सभा और प्रांत की राष्ट्रीय परिषद शामिल हैं।

अत: विकल्प (D) सही है।

24. स्वीडन में मौद्रिक इकाई क्रोना (बहुवचन "क्रोनर") है और 100 öre के बराबर है। बैंकनोट्स 20, 50, 100, 200, 500 और 1,000 क्रोनर के मूल्यों में मुद्रित होते हैं। सिक्का 1, 2, 5 और 10 क्रोनर के रूप में उपलब्ध है।

अत: विकल्प (A) सही है।

25. बगदाद, इराक़ की राजधानी और देश का सबसे बड़ा शहर है। यह 7.6 मिलियन से अधिक निवासियों का घर है। यह टाइग्रिस नदी के किनारे और ऐतिहासिक व्यापारिक सड़कों के जंक्शन पर स्थित है।

अत: विकल्प (A) सही है।

26. "इज़राइल - अम्मान" की जोड़ी सही सुमेलित नहीं है।

इज़राइल की राजधानी जेरूसलम है और अम्मान, जॉर्डन की राजधानी है।

अत: विकल्प (B) सही है।

27. क्रोन डेनमार्क की आधिकारिक मुद्रा है।

तुर्की की आधिकारिक मुद्रा लीरा है।

चिली की आधिकारिक मुद्रा पेसो है।

परागुआ की आधिकारिक मुद्रा गूरानी है।

अत: विकल्प (A) सही है।

28. रुपिया (आर.पी.) इंडोनेशिया की आधिकारिक मुद्रा है जो बैंक इंडोनेशिया द्वारा जारी और नियंत्रित है। " रूपया " नाम संस्कृत शब्द सिल्वर, रूपकम् (रूप्यम्) से लिया गया है। कभी-कभी, इंडोनेशियन भी सिक्कों में रूपया के संदर्भ में अनौपचारिक रूप से "पेराक" (इंडोनेशियाई में "चांदी") शब्द का उपयोग करते हैं।

अत: विकल्प (D) सही है।

29. सैंटियागो डे चिली या सैंटियागो चिली की राजधानी और सबसे बड़ा शहर है। यह चिली की सबसे बड़ी और सबसे घनी आबादी का केंद्र है। चिली दक्षिण अमेरिकी महाद्वीप में स्थित है। यह देश बोलीविया, पेरू और अर्जेंटीना के साथ अपनी सीमाओं को साझा करता है। चिली की राष्ट्रीय भाषा स्पेनिश है।

अत: विकल्प (B) सही है।

30. बैंकॉक थाईलैंड की राजधानी है।

बैंकाक में उपयोग की जाने वाली मुद्रा बात है।

10वीं मेकांग गंगा कार्पोरेशन (एमजीसी) मंत्रिस्तरीय बैठक अगस्त 2019 में बैंकॉक, थाईलैंड में आयोजित की गई थी।

भारत का प्रतिनिधित्व विदेश मंत्री एस जयशंकर ने किया।

इस बैठक के दौरान, नई एमजीसी योजना 2019-2022 को अपनाया गया।

अत: विकल्प (B) सही है।

Q.1 संयुक्त राष्ट्र की इनमें से कौन सी एजेंसी, अंतर्राष्ट्रीय श्रम अधिकारों का संवर्धन करती है?

[RRB (NTPC), 2021]

A. आईएमओ
B. आईसीएओ
C. आईएलओ
D. आईएमएफ़

Q.2 हैदराबाद में स्थित ___________ रिमोट सेंसिंग उपग्रह डाटा अधिग्रहण एवं प्रसंस्करण, डाटा प्रसार, एरियल रिमोट सेंसिंग और आपदा प्रबंधन हेतु निर्णयन सहयोग के लिए जिम्मेदार है।

[RRB (NTPC), 2021]

A. नेशनल रिमोट सेंसिंग सेंटर (NRSC)
B. नेशनल इन्फॉर्मेटिक्स सेंटर (NIC)
C. इंडियन स्पेस रिसर्च ऑर्गेनाइजेशन (ISRO)
D. इंडियन इंस्टीट्यूट ऑफ साइंस एजुकेशन एंड रिसर्च (IISER)

Q.3 साहित्य अकादमी का मुख्यालय कहाँ है?

A. बेंगलुरु
B. उत्तर प्रदेश
C. पंजाब
D. नई दिल्ली

Q.4 उत्तर अटलांटिक संधि संगठन (नाटो) की स्थापना किस वर्ष हुई थी?

A. 1949
B. 1948
C. 1947
D. 1946

Q.5 निम्नलिखित में से किस शहर में राजस्थान का 'केंद्रीय शुष्क क्षेत्र अनुसंधान संस्थान (ICAR)' स्थित है?

[Rajasthan Police Constable, 2020]

A. बीकानेर
B. जैसलमेर
C. जोधपुर
D. जयपुर

Q.6 ओईसीडी का मुख्यालय कहाँ स्थित है?

[RRB (NTPC), 2020]

A. रोम
B. पेरिस
C. न्यूयॉर्क
D. जिनेवा

Q.7 निम्नलिखित में से कौन सा सुमेलित है?

[Rajasthan Teachers Eligibility Test - Level 1 Primary Level (RTET), 2017]

A. मुंबई प्राकृतिक इतिहास सोसायटी- नई दिल्ली
B. भारतीय वनस्पति सर्वेक्षण - कोलकाता
C. भारतीय वन्यजीव संस्थान - कोयंबटूर
D. राष्ट्रीय वनस्पति अनुसंधान संस्थान - जोधपुर

Q.8 1948 में भारत के परमाणु ऊर्जा आयोग (एईसी) की स्थापना किसने की?

A. पी.के. अयंगर
B. एम.आर. श्रीनिवासन
C. विक्रम साराभाई
D. होमी भाभा

Q.9 भारतीय रेलवे-रेल कोच फैक्टरी (आरसीएफ) किस शहर में स्थित है?

A. बेंगलुरु
B. कपूरथला
C. चेन्नई
D. चितरंजन

Q.10 कुमाऊं रेजिमेंट का मुख्यालय उत्तराखंड में कहाँ स्थित है?

A. रानीखेत
B. ऋषिकेश
C. पिथोरागढ़
D. इनमे से कोई भी नहीं

Q.11 जो जातियों की 'रेड डेटा बुक' प्रकाशित करता है, वह संगठन है:

[Rajasthan Teachers Eligibility Test - Level 1 Primary Level (RTET), 2021]

A. आई सी एफ आर ई
B. डब्ल्यू डब्ल्यू एफ
C. आई यू सी एन
D. यू एन ई पी

Q.12 नेशनल बैंक ऑफ एग्रीकल्चर एंड रूरल डेवलपमेंट (NABARD) का मुख्यालय ___________ में स्थित है।

A. दिल्ली
B. कोलकाता
C. मुंबई
D. बेंगलुरु

Q.13 एशियन इन्फ्रास्ट्रक्चर इन्वेस्टमेंट बैंक का मुख्यालय कहां स्थित है?

A. बीजिंग
B. कुआलालम्पुर
C. सिंगापुर
D. मनीला

Q.14 विश्व बैंक का मुख्यालय कहाँ स्थित है?

A. सैन फ्रांसिस्को
B. बोस्टन
C. फ़िलाडेल्फ़िया
D. इनमें से कोई नहीं

Q.15 भारतीय प्रतिभूति और विनिमय बोर्ड (सेबी) का मुख्यालय कहाँ है?

A. मुंबई
B. लखनऊ
C. वडोदरा
D. हैदराबाद

Q.16 भारतीय लघु उद्योग विकास बैंक (SIDBI) का मुख्यालय कहाँ है?

A. लखनऊ
B. नई दिल्ली
C. मुंबई
D. कोलकाता

Q.17 राष्ट्रीय आवास बैंक (NHB) का मुख्यालय कहाँ है?

A. कोलकाता
B. बेंगलुरु
C. मुंबई
D. नई दिल्ली

Q.18 भारत में संयुक्त राष्ट्र संघ के कितने संगठन हैं?

A. 28
B. 22
C. 12
D. 26

Q.19 विश्व खाद्य कार्यक्रम का मुख्यालय है:

A. वाशिंगटन डी सी
B. नैरोबी
C. रोम
D. नई दिल्ली

Q.20 विश्व स्वास्थ्य संगठन (WHO) का प्रमुख कौन है और इसका मुख्यालय कहाँ स्थित है?

A. टेड्रोस एडहानॉम, हेग
B. पास्कल लैमी, जिनेवा
C. पास्कल लैमी, द हेग
D. टेड्रोस एडहानॉम, जिनेवा

Q.21 SAARC का पूर्ण रूप क्या है?

A. The South Atlantic Association for Regional Corporation
B. The South Atlantic Association for Regional Corporation
C. The South African Association for Regional Corporation
D. The Southern Asia Association for Regional Cooperation

Q.22 एमनेस्टी इंटरनेशनल मुख्यालय कहाँ स्थित है?

A. लंदन, यूनाइटेड किंगडम
B. ऑस्ट्रेलिया
C. स्विट्जरलैंड
D. इनमे से कोई भी नहीं

Q.23 'BIMSTEC' एक उप-क्षेत्रीय समूह है जिसमें दक्षिण एशिया और दक्षिण पूर्व एशिया के सात देश शामिल हैं। इसका मुख्यालय ______ में स्थित है।

A. काठमांडू
B. नई दिल्ली
C. कोलंबो
D. कोलंबो

Q.24 UNHCR का पूर्ण रूप क्या है?

[RRB (NTPC), 2017]

A. संयुक्त राष्ट्र मानव पूंजी अनुसंधान

B. रिफ्यूजीस के लिए संयुक्त राष्ट्र मानवता समिति
C. शरणार्थियों के लिए संयुक्त राष्ट्र के उच्चायुक्त
D. शरणार्थियों के लिए संयुक्त राष्ट्र मानवता आयोग

Q.25 अंतर्राष्ट्रीय मुद्रा कोष (IMF) का मुख्यालय _____ में स्थित है।
[Delhi Forest Guard, 2021]

A. जिनेवा
B. लंदन
C. पेरिस
D. वाशिंगटन डी.सी.

Q.26 विश्व व्यापार संगठन का मुख्यालय कहाँ स्थित है?
[SSC Sub Inspector (CPO), 2020]

A. बोन
B. जिनेवा
C. दुबई
D. पेरिस

Q.27 कितने देश 'SAARC' के सदस्य हैं?
A. 6
B. 3
C. 8
D. 5

Q.28 निम्नलिखित में से कौन-सा देश BIMSTEC का सदस्य नहीं है?
A. मालदीव
B. भारत
C. भूटान
D. नेपाल

Q.29 निम्नलिखित में से कौन संयुक्त राष्ट्र सुरक्षा परिषद का वर्तमान गैर-स्थायी सदस्य है?
A. पाकिस्तान
B. ऑस्ट्रेलिया
C. भारत
D. इनमे से सभी

Q.30 नाटो का मुख्यालय कहाँ है?
A. सऊदी अरब
B. चीन
C. काठमांडू
D. बेल्जियम

// स्मार्ट उत्तर पुस्तिका //

सही उत्तर	उन छात्रों का प्रतिशत जिन्होंने प्रश्नों का सही उत्तर दिया था।	छोड़ दिया	उन छात्रों का प्रतिशत जिन्होंने प्रश्नों को छोड़ दिया था।

प्रश्न संख्या	उत्तर	सही उत्तर / छोड़ दिया	प्रश्न संख्या	उत्तर	सही उत्तर / छोड़ दिया	प्रश्न संख्या	उत्तर	सही उत्तर / छोड़ दिया	प्रश्न संख्या	उत्तर	सही उत्तर / छोड़ दिया	प्रश्न संख्या	उत्तर	सही उत्तर / छोड़ दिया	प्रश्न संख्या	उत्तर	सही उत्तर / छोड़ दिया
1	C	89.9 % / 10.02 %	6	B	89.17 % / 10.36 %	11	C	80.65 % / 11.35 %	16	A	84.51 % / 12.99 %	21	B	84.39 % / 12.16 %	26	B	87.21 % / 12.37 %
2	A	89.82 % / 10.06 %	7	B	86.18 % / 12.49 %	12	C	83.57 % / 10.88 %	17	D	77.42 % / 12.59 %	22	A	82.08 % / 15.9 %	27	C	84.68 % / 13.72 %
3	D	87.49 % / 12.04 %	8	D	83.55 % / 10.29 %	13	A	82.86 % / 11.13 %	18	D	80.32 % / 11.27 %	23	D	85.69 % / 12.16 %	28	A	89.69 % / 10.17 %
4	A	84.16 % / 15.4 %	9	B	77.1 % / 14.45 %	14	D	88.14 % / 10.99 %	19	C	77.82 % / 13.85 %	24	C	79.71 % / 12.48 %	29	C	88.71 % / 10.86 %
5	C	81.43 % / 13.41 %	10	A	81.57 % / 13.83 %	15	A	82.32 % / 14.66 %	20	D	76.64 % / 12.63 %	25	D	76.4 % / 10.24 %	30	D	81.92 % / 15.82 %

//संकेत और समाधान//

1. अंतर्राष्ट्रीय श्रम संगठन (ILO) एजेंसी, अंतर्राष्ट्रीय श्रम अधिकारों का संवर्धन करती है।

यह सामाजिक न्याय और अंतरराष्ट्रीय स्तर पर मान्यता प्राप्त मानव और श्रम अधिकारों को बढ़ावा देने के लिए समर्पित है, अपने संस्थापक मिशन आगे बढ़ाते हुए कि श्रम शांति, समृद्धि के लिए आवश्यक है।

अत: विकल्प (C) सही है।

2. हैदराबाद में स्थित नेशनल रिमोट सेंसिंग सेंटर (NRSC) रिमोट सेंसिंग उपग्रह डाटा अधिग्रहण एवं प्रसंस्करण, डाटा प्रसार, एरियल रिमोट सेंसिंग और आपदा प्रबंधन हेतु निर्णयन सहयोग के लिए जिम्मेदार है।

- हैदराबाद स्थित नेशनल रिमोट सेंसिंग सेंटर (NRSC) को 1 सितंबर, 2008 से इसरो के पूर्ण विकसित केंद्र में बदल दिया गया है।
- इससे पहले, NRSC अंतरिक्ष विभाग (DOS) के तहत नेशनल रिमोट सेंसिंग एजेंसी (NRSA) नामक एक स्वायत्त निकाय था।
- NRSC का भारतीय रिमोट सेंसिंग उपग्रहों के साथ-साथ अन्य से डेटा प्राप्त करने के लिए हैदराबाद के पास शादनगर में एक डेटा रिसेप्शन स्टेशन है।
- शादनगर में NRSC ग्राउंड स्टेशन भारतीय रिमोट-सेंसिंग उपग्रहों के साथ-साथ विभिन्न विदेशी उपग्रहों से पृथ्वी अवलोकन डेटा प्राप्त करता है।
- NRSC उपयोगकर्ताओं के सहयोग से रिमोट सेंसिंग एप्लिकेशन परियोजनाओं को क्रियान्वित करने में भी लगा हुआ है।

अत: विकल्प (A) सही है।

3. साहित्य अकादमी, भारत की भाषाओं में साहित्य को बढ़ावा देने के लिए समर्पित संगठन है। 12 मार्च 1954 को स्थापित, यह भारत सरकार द्वारा स्वतंत्र होने पर भी समर्थित है। यह दिल्ली में मंडी हाउस के पास रवीन्द्र भवन में है।

अत: विकल्प (D) सही है।

4. उत्तरी अटलांटिक संधि संगठन 1949 में संयुक्त राज्य अमेरिका, कनाडा और कई पश्चिमी यूरोपीय देशों द्वारा सोवियत संघ के खिलाफ सामूहिक सुरक्षा प्रदान करने के लिए बनाया गया था। नाटो पहला शांतिकालीन सैन्य गठबंधन था जिसे संयुक्त राज्य ने पश्चिमी गोलार्ध के बाहर प्रवेश किया था।

अत: विकल्प (A) सही है।

5. राजस्थान का 'केंद्रीय शुष्क क्षेत्र अनुसंधान संस्थान (ICAR)' जोधपुर में स्थित है।

- इसकी स्थापना भारत सरकार ने 1959 में की थी। इसके वर्तमान निदेशक डॉ. ओ.पी. यादव हैं।
- यह संस्थान क्षेत्र अनुसंधान और विकास के बीच में है। यह भारतीय कृषि अनुसंधान परिषद के अंतर्गत आता है।
- ICAR कृषि और किसान कल्याण मंत्रालय के तत्वावधान में आता है।

अत: विकल्प (C) सही है।

6. ओईसीडी का मुख्यालय पेरिस में स्थित है।

- ओईसीडी आर्थिक सहयोग और विकास संगठन का संक्षिप्त रूप है।
- ओईसीडी एक अंतरराष्ट्रीय संगठन है जो बेहतर जीवन के लिए बेहतर नीतियां बनाने के लिए काम करता है।

- ओईसीडी 38 सदस्य देशों के साथ एक अंतर सरकारी आर्थिक संगठन है।
- इसकी स्थापना 1961 में आर्थिक प्रगति और विश्व व्यापार को प्रोत्साहित करने के लिए की गई थी।
- ओईसीडी का मुख्यालय फ्रांस में पेरिस में स्थित है।
- भारत ओईसीडी का सदस्य नहीं है बल्कि एक प्रमुख आर्थिक भागीदार है।
- 2020 में कोलंबिया और 2021 में कोस्टा रिका ओईसीडी में शामिल होने वाले सबसे नए देश थे।

अत: विकल्प (B) सही है।

7. भारतीय वनस्पति सर्वेक्षण: भारतीय वनस्पति सर्वेक्षण (बीएसआई) कोलकाता, पश्चिम बंगाल, भारत में स्थित है।

- इसकी स्थापना 13 फरवरी 1890 को भारत सरकार के पर्यावरण, वन और जलवायु परिवर्तन मंत्रालय द्वारा की गई थी।
- यह भारत की वनस्पति संपदा, भारत की वनस्पतियों और लुप्तप्राय प्रजातियों के सर्वेक्षण, अनुसंधान और संरक्षण के लिए एक संगठन है।
- इसमें लुप्तप्राय, पेटेंट और कमजोर पौधों की प्रजातियों के जर्मप्लाज्म और जीन बैंक का संग्रह और रखरखाव भी शामिल है।

अत: विकल्प (B) सही है।

8. 1948 में भारत के परमाणु ऊर्जा आयोग (एईसी) की स्थापना होमी भाभा ने की।

एक सरकारी प्रस्ताव दिनांक 1 मार्च 1958 के अनुसार परमाणु ऊर्जा विभाग में भारतीय परमाणु ऊर्जा आयोग (एईसी) का गठन किया गया था।

होमी भाभा भारत के परमाणु ऊर्जा आयोग के पहले अध्यक्ष थे। उन्हें भारत में परमाणु भौतिकी के जनक के रूप में जाना जाता था। होमी भाभा को पद्म भूषण (1954), और एडम्स पुरस्कार (1942) से सम्मानित किया गया था।

अत: विकल्प (D) सही है।

9. भारतीय रेलवे-रेल कोच फैक्टरी (आरसीएफ) कपूरथला शहर में स्थित है।

कपूरथला रेल कोच फैक्ट्री भारतीय रेलवे के लिए एक कोच निर्माण इकाई है, जो पंजाब राज्य में स्थित है। यह जालंधर-फिरोजपुर रेलवे लाइन पर स्थित है।

1986 में स्थापित, आरसीएफ ने विभिन्न प्रकार के 30,000 से अधिक यात्री कोचों का निर्माण किया है, जिसमें स्व-चालित यात्री वाहन भी शामिल हैं, जो कुल भारतीय रेलवे कोच आबादी का 50% से अधिक है।

अत: विकल्प (B) सही है।

10. कुमाऊं रेजिमेंट का मुख्यालय उत्तराखंड के रानीखेत में स्थित है।

- रानीखेत (कुमाऊँनी: रानीखेत) भारत के उत्तराखंड राज्य में अल्मोड़ा जिले का एक हिल स्टेशन और छावनी शहर है। यह सैन्य अस्पताल, कुमाऊं रेजिमेंट (केआरसी) और नागा रेजिमेंट का घर है और भारतीय सेना द्वारा इसका रखरखाव किया जाता है।
- कुमाऊं रेजिमेंट दुनिया के सबसे ऊंचे युद्धक्षेत्र सियाचिन ग्लेशियर में तैनात है। कुमाऊं रेजिमेंट को 2 परमवीर चक्र, 4 अशोक चक्र, 10 महावीर चक्र, 6 कीर्ति चक्र सहित कई पुरस्कार मिल चुके हैं। ये भारतीय सेना की सबसे खतरनाक रेजिमेंट हैं।

अत: विकल्प (A) सही है।

11. जो जातियों की 'रेड डेटा बुक' प्रकाशित करता है, वह आई यू सी एन संगठन है।

यह कवक के साथ-साथ कुछ स्थानीय उप-प्रजातियों से भी संबंधित है जो राज्य या देश के क्षेत्र में मौजूद हैं। यह पुस्तक दुर्लभ और लुप्तप्राय प्रजातियों और

उनकी आदतों पर अध्ययन और निगरानी कार्यक्रमों के लिए केंद्रीय जानकारी प्रदान करती है। इंटरनेशनल यूनियन फॉर कंजर्वेशन ऑफ नेचर (आई यू सी एन) रेड लिस्ट की स्थापना 1964 में हुई थी।

अतः विकल्प (C) सही है।

12. नेशनल बैंक ऑफ एग्रीकल्चर एंड रूरल डेवलपमेंट (नाबार्ड) का मुख्यालय मुंबई में स्थित है। डॉ. जी.आर. चिंतला नाबार्ड के अध्यक्ष हैं। नाबार्ड की स्थापना 12 जुलाई 1982 को राष्ट्रीय कृषि और ग्रामीण विकास बैंक अधिनियम 1981 को लागू करने के लिए बी. शिवरमन समिति की सिफारिशों पर की गई थी।

अतः सही विकल्प (C) है।

13. एशियन इन्फ्रास्ट्रक्चर इन्वेस्टमेंट बैंक (AIIB) एक बहुपक्षीय विकास बैंक है और AIIB का उद्देश्य एशिया में आर्थिक और सामाजिक परिणामों में सुधार करना है। एशियन इन्फ्रास्ट्रक्चर इन्वेस्टमेंट बैंक का मुख्यालय बीजिंग में स्थित है। दुनिया भर से 17 संभावित सदस्यों सहित बैंक के 104 सदस्य हैं।

अतः विकल्प (A) सही है।

14. विश्व बैंक का मुख्यालय वाशिंगटन डी.सी, यूएसए में है। इसकी कुल 189 देशों की सदस्यता है। विश्व बैंक एक अंतरराष्ट्रीय वित्तीय संस्थान है जो पूंजी परियोजनाओं को आगे बढ़ाने के उद्देश्य से निम्न और मध्यम आय वाले देशों की सरकारों को ऋण और अनुदान प्रदान करता है। डेविड मलपास विश्व बैंक के 13वें अध्यक्ष हैं। विश्व बैंक की स्थापना वर्ष 1944 में हुई थी।

अतः विकल्प (D) सही है।

15. भारतीय प्रतिभूति और विनिमय बोर्ड (सेबी) भारत सरकार के वित्त मंत्रालय के स्वामित्व में भारत में प्रतिभूतियों और कमोडिटी बाजार के लिए नियामक निकाय है। यह 12 अप्रैल 1988 को स्थापित किया गया था और 30 जनवरी 1992 को सेबी अधिनियम, 1992 के माध्यम से वैधानिक शक्तियां दी गई थी। इसका मुख्यालय मुंबई, महाराष्ट्र में है। श्री अजय त्यागी सेबी के अध्यक्ष हैं।

अतः विकल्प (A) सही है।

16. भारतीय लघु उद्योग विकास बैंक (SIDBI) भारत में सूक्ष्म, लघु और मध्यम उद्यम वित्त कंपनियों के समग्र लाइसेंस और विनियमन के लिए शीर्ष नियामक निकाय है। यह वित्त मंत्रालय, भारत सरकार के अधिकार क्षेत्र में है जिसका मुख्यालय लखनऊ में है। श्री शिवसुब्रमण्यम रमन भारतीय लघु उद्योग विकास बैंक (SIDBI) के अध्यक्ष और प्रबंध निदेशक हैं।

अतः विकल्प (A) सही है।

17. राष्ट्रीय आवास बैंक (NHB), भारत में आवास वित्त कंपनियों के समग्र विनियमन और लाइसेंस के लिए सर्वोच्च नियामक निकाय है। यह वित्त मंत्रालय, भारत सरकार के अधिकार क्षेत्र में है। इसका मुख्यालय नई दिल्ली, भारत में है। श्री शारदा कुमार होता राष्ट्रीय आवास बैंक के प्रबंध निदेशक हैं।

अतः विकल्प (D) सही है।

18. संयुक्त राष्ट्र और भारत सरकार का घनिष्ठ सहयोग का एक लंबा इतिहास रहा है, और भारत में संयुक्त राष्ट्र प्रणाली में अब 26 संगठन शामिल हैं जिन्हें देश में सेवा देने का सम्मान प्राप्त है।

- संयुक्त राष्ट्र एक अंतर सरकारी संगठन है जिसका मिशन दुनिया को सुरक्षित रखना है।
- द्वितीय विश्व युद्ध के बाद 24 अक्टूबर 1945 को संयुक्त राष्ट्र संगठन का गठन किया गया था।

अतः विकल्प (D) सही है।

19. विश्व खाद्य कार्यक्रम दुनिया का सबसे बड़ा मानवीय संगठन है। इसका मुख्यालय रोम, इटली में है।

यह भूख के मुद्दे को संबोधित कर रहा है और खाद्य सुरक्षा को बढ़ावा दे रहा है। यह संयुक्त राष्ट्र की एक खाद्य सहायता शाखा है।

अतः विकल्प (C) सही है।

20. विश्व स्वास्थ्य संगठन (डब्ल्यूएचओ) का मुख्यालय स्विट्जरलैंड के जिनेवा में स्थित है। टेड्रोस एडहानॉम विश्व स्वास्थ्य संगठन के महानिदेशक हैं।

- वे विश्व स्वास्थ्य संगठन के महानिदेशक की भूमिका में पहले गैर-चिकित्सक और अफ्रीकी हैं।
- विश्व स्वास्थ्य संगठन अंतर्राष्ट्रीय सार्वजनिक स्वास्थ्य के लिए जिम्मेदार संयुक्त राष्ट्र की एक विशेष एजेंसी है।
- डब्ल्यूएचओ की स्थापना 7 अप्रैल 1948 में संविधान द्वारा की गई थी, जिसे विश्व स्वास्थ्य दिवस के रूप में मनाया जाता है।

अतः विकल्प (D) सही है।

21. The South Asian Association for Regional Cooperation (दक्षिण एशियाई क्षेत्रीय सहयोग संगठन) (SAARC):

- इसकी स्थापना 8 दिसंबर 1985 को ढाका में सार्क घोषणापत्र के हस्ताक्षर के साथ की गई थी।
- 2007 में 13वें वार्षिक शिखर सम्मेलन में अफगानिस्तान सार्क का सबसे नया सदस्य बना।
- संघ का मुख्यालय और सचिवालय नेपाल के काठमांडू में है।

अतः विकल्प (B) सही है।

22. एमनेस्टी इंटरनेशनल एक गैर-सरकारी संगठन है जिसका मुख्यालय लंदन, यूनाइटेड किंगडम में है जो मानव अधिकारों पर केंद्रित है।

- इसकी स्थापना पीटर बेन्सन ने की थी।
- इसकी स्थापना जुलाई 1961 में हुई थी।

अतः विकल्प (A) सही है।

23. BIMSTEC' एक उप-क्षेत्रीय संगठन है, जो 6 जून, 1997 को बैंकॉक घोषणा के तहत अस्तित्व में आया। इसका मुख्यालय ढाका, बांग्लादेश में है।

इसमें सात सदस्य देश शामिल हैं: बांग्लादेश, भूटान, भारत, नेपाल, श्रीलंका, म्यांमार और थाईलैंड।

अतः विकल्प (D) सही है।

24. शरणार्थियों के लिए संयुक्त राष्ट्र उच्चायुक्त (UNHCR) एक संयुक्त राष्ट्र संस्था है जो शरणार्थियों, विस्थापित आबादी और राज्यविहीन लोगों का समर्थन करने और उनकी रक्षा करने और उनके स्वैच्छिक प्रत्यावर्तन, स्थानीय एकीकरण, या किसी तीसरे देश में पुनर्वास के लिए सहायता करने के लिए अनिवार्य है।

द्वितीय विश्व युद्ध के परिणामस्वरूप होने वाले शरणार्थी संकट को हल करने के लिए 1950 में UNHCR की स्थापना की गई थी।

अतः विकल्प (C) सही है।

25. अंतर्राष्ट्रीय मुद्रा कोष का मुख्यालय संयुक्त राज्य अमेरिका में वाशिंगटन डी.सी. में स्थित है। इसकी स्थापना 1944 में हुई थी, अंतर्राष्ट्रीय मुद्रा कोष 190 देशों का संगठन है।

यह वित्तीय स्थिरता को सुरक्षित करने, अंतरराष्ट्रीय व्यापार को सुगम बनाने, उच्च रोजगार और आर्थिक विकास को बढ़ावा देने और दुनिया भर में गरीबी को कम करने के लिए कार्य कर रहा है।

अतः विकल्प (D) सही है।

26. विश्व व्यापार संगठन (डब्ल्यूटीओ) एक अंतर सरकारी संगठन है जो 1995 में स्थापित राष्ट्रों के बीच अंतर्राष्ट्रीय व्यापार के नियमन से संबंधित है। इसका मुख्यालय जिनेवा, स्विट्जरलैंड में है। इसके 164 सदस्य देश हैं।

अतः विकल्प (B) सही है।

27. SAARC में आठ सदस्य देश शामिल हैं:

1. अफ़ग़ानिस्तान
2. बांग्लादेश
3. भूटान
4. भारत
5. मालदीव
6. नेपाल
7. पाकिस्तान
8. श्रीलंका

अतः विकल्प (C) सही है।

28. सात देश BIMSTEC के सदस्य हैं:

1. बांग्लादेश
2. भूटान
3. भारत
4. नेपाल
5. श्री लंका
6. म्यांमार
7. थाईलैंड

अतः विकल्प (A) सही है।

29. भारत संयुक्त राष्ट्र सुरक्षा परिषद का वर्तमान गैर-स्थायी सदस्य है।

- संयुक्त राष्ट्र सुरक्षा परिषद संयुक्त राष्ट्र के छह मुख्य अंगों में से एक है, और यह मुख्य रूप से अंतर्राष्ट्रीय शांति और सुरक्षा को बनाए रखने के लिए जिम्मेदार है।

- इसमें 15 सदस्य स्थायी सदस्य और 10 गैर-स्थायी सदस्य होते हैं ।

- पांच स्थायी सदस्य अमेरिका, ब्रिटेन, रूस, चीन और फ्रांस हैं।

- हर साल, दो गैर-स्थायी सदस्यों को दो साल के कार्यकाल के लिए चुना जाता है।

- परिषद के गैर-स्थायी सदस्य के रूप में चुने जाने के लिए, प्रत्येक सदस्य-देश को पूरे विधानसभा का दो-तिहाई बहुमत चाहिए।

अतः विकल्प (C) सही है।

30. उत्तरी अटलांटिक संधि संगठन (नाटो) का मुख्यालय बेल्जियम के ब्रुसेल्स नगर पालिका शहर के हिस्से, हरेन में एक परिसर में है। मुख्यालय के कर्मचारी नाटो सदस्य राज्यों के राष्ट्रीय प्रतिनिधिमंडलों से बने हैं और इसमें नागरिक और सैन्य संपर्क कार्यालय और अधिकारी या राजनयिक मिशन और भागीदार देशों के राजनयिक, साथ ही अंतर्राष्ट्रीय कर्मचारी (आईएस) और अंतर्राष्ट्रीय सैन्य कर्मचारी (आईएमएस) शामिल हैं। इसके सदस्य राज्यों के सशस्त्र बलों के सेवारत सदस्य है।

अतः विकल्प (D) सही है।

Q.1 केंद्र ने डॉ. बी.आर. अंबेडकर की जयंती पर किस दिन सार्वजनिक अवकाश की घोषणा की है?

A. 11 अप्रैल **B.** 12 अप्रैल **C.** 13 अप्रैल **D.** 14 अप्रैल
E. 15 अप्रैल

Q.2 विश्व मानवतावादी दिवस कब मनाया जाता है?

A. 17 अगस्त **B.** 18 अगस्त **C.** 19 अगस्त **D.** 20 अगस्त

Q.3 12 अगस्त किस रूप में मनाया जाता है?

[Indian Military Academy (IMA), 2020], [Officers Training Academy (OTA), 2020]

A. विश्व पर्यावरण दिवस
B. विश्व तंबाकू निषेध दिवस
C. नशीली दवाओं के दुरुपयोग और अवैध तस्करी के खिलाफ अंतर्राष्ट्रीय दिवस
D. अंतर्राष्ट्रीय युवा दिवस

Q.4 ''विश्व नो टोबाको डे'' (विश्व तम्बाकू रहित दिवस) किस दिन मनाया जाता है ?

A. 31 मई **B.** 11 जून
C. 28 सितम्बर **D.** 10 अक्टूबर

Q.5 हर वर्ष नौसेना दिवस कब मनाया जाता है?

A. 1 दिसंबर **B.** 2 दिसंबर **C.** 3 दिसंबर **D.** 4 दिसंबर

Q.6 विश्व आर्द्रभूमि दिवस कब मनाया जाता है?

A. 2 फरवरी **B.** 2 फरवरी **C.** 2 मार्च **D.** 23 मार्च

Q.7 अंतर्राष्ट्रीय श्रमिक दिवस कब मनाया जाता है?

A. 15 अप्रैल **B.** 12 दिसंबर **C.** 1 मई **D.** 1 अगस्त

Q.8 20 अगस्त को मनाया जाता है -

A. पृथ्वी दिवस **B.** सद्भावना दिवस
C. तंबाकू निषेध दिवस **D.** इनमें से कोई नहीं

Q.9 15 जनवरी को मनाया जाता है:

A. गणतंत्र दिवस **B.** उगादि
C. शिक्षक दिवस **D.** सेना दिवस

Q.10 'शिक्षक दिवस' किस तारीख को मनाया जाता है?

A. 5 सितंबर **B.** 11 जनवरी **C.** 14 नवंबर **D.** 2 अक्टूबर

Q.11 नेताजी सुभाष चंद्र बोस की जयंती, पराक्रम दिवस किस दिन मनाया जाता है?

A. 24 जनवरी **B.** 23 जनवरी
C. जनवरी 19 **D.** 22 फरवरी

Q.12 विश्व खाद्य दिवस किस दिन मनाया जाता है?

A. 10 सितंबर **B.** 16 अगस्त
C. 4 नवंबर **D.** 16 अक्टूबर

Q.13 14 सितंबर को मनाया जाता है :

A. इंजीनियर दिवस **B.** राष्ट्रीय हिंदी दिवस
C. राष्ट्रीय मतदाता दिवस **D.** विश्व कैंसर दिवस

Q.14 भारत में 15 सितंबर मनाया जाता है:

A. राष्ट्रीय सेना दिवस **B.** आर्द्रभूमि दिवस

C. विश्व कैंसर दिवस **D.** इंजीनियर दिवस

Q.15 5 अक्टूबर को मनाया जाता है :

A. विश्व रेडियो दिवस
B. अंतर्राष्ट्रीय शिक्षक दिवस
C. सोच दिवस
D. विश्व उपभोक्ता अधिकार दिवस

Q.16 12 जनवरी को मनाया जाता है -

A. राष्ट्रीय युवा दिवस
B. अंतर्राष्ट्रीय मूर्तिकला दिवस
C. विश्व मलेरिया दिवस
D. विश्व योग दिवस

Q.17 किस दिन को शहीद दिवस या महात्मा गांधी की पुण्यतिथि के रूप में मनाया जाता है?

A. 31 जनवरी **B.** 29 जनवरी **C.** 28 जनवरी **D.** 30 जनवरी

Q.18 4 फरवरी को मनाया जाता है -

A. सोच दिवस **B.** विश्व रेडियो दिवस
C. विश्व कैंसर दिवस **D.** विश्व वन्य जीवन दिवस

Q.19 अंतर्राष्ट्रीय महिला दिवस कब मनाया जाता है?

A. मार्च 8 **B.** मार्च 11 **C.** मार्च 18 **D.** मार्च 21

Q.20 निम्नलिखित दिन को 'अंतर्राष्ट्रीय परिवार दिवस' के रूप में मनाया जाता है:

A. 5 मई **B.** 15 मई **C.** 20 मई **D.** 25 मई

Q.21 निम्नलिखित दिन को 'विश्व विरासत दिवस' के रूप में मनाया जाता है:

A. 8 मार्च **B.** 18 मार्च **C.** 8 अप्रैल **D.** 18 अप्रैल

Q.22 प्रत्येक वर्ष 1 जनवरी को कौन सा दिवस मनाया जाता है?

A. अंतर्राष्ट्रीय साक्षरता दिवस
B. विश्व शांति दिवस
C. विश्व अंडा दिवस
D. आर्थिक और सामाजिक विकास के लिए अंतर्राष्ट्रीय स्वयंसेवी दिवस

Q.23 विश्व दुग्ध दिवस मनाया जाता है:

A. 1 जून **B.** 3 जून
C. 5 जून **D.** इनमे से कोई भी नहीं

Q.24 विश्व संगीत दिवस मनाया जाता है:

A. 19 जून **B.** 20 जून
C. 21 जून **D.** इनमे से कोई भी नहीं

Q.25 23 जून को मनाया जाता है:

A. एक अंतरराष्ट्रीय शरणार्थी दिवस
B. अंतर्राष्ट्रीय पिकनिक दिवस
C. आक्रामकता के शिकार मासूम बच्चों का अंतर्राष्ट्रीय दिवस
D. अंतर्राष्ट्रीय ओलंपिक दिवस

Q.26 किस दिन को राष्ट्रीय एकता दिवस के रूप में मनाया जाता है?

A. 31 मई **B.** 31 अक्टूबर
C. 27 फरवरी **D.** 26 अक्टूबर

Q.27 किस दिन को राष्ट्रीय पुलिस दिवस के रूप में मनाया जाता है?

A. 25 मई   B. 21 अक्टूबर
C. 23 फरवरी   D. 25 अक्टूबर

Q.28 निम्नलिखित में से किस दिन को फादर्स डे के रूप में मनाया जाता है?
A. जून का पहला रविवार   B. जून का दूसरा रविवार
C. जून का तीसरा रविवार   D. जून का चौथा रविवार

Q.29 विश्व एड्स दिवस निम्नलिखित में से किस दिन मनाया जाता है?
A. 1 जनवरी   B. 1 मार्च   C. मई 1   D. 1 दिसंबर

Q.30 23 जनवरी को जन्मदिन के रूप में मनाया जाता है:
A. गुरु गोविंद सिंह   B. सुभाष चंद्र बोस
C. देवेंद्र नाथ टैगोर   D. चंद्रशेखर आजाद

// स्मार्ट उत्तर पुस्तिका //

सही उत्तर	उन छात्रों का प्रतिशत जिन्होंने प्रश्नों का सही उत्तर दिया था।
छोड़ दिया	उन छात्रों का प्रतिशत जिन्होंने प्रश्नों को छोड़ दिया था।

प्रश्न संख्या	उत्तर	सही उत्तर / छोड़ दिया	प्रश्न संख्या	उत्तर	सही उत्तर / छोड़ दिया	प्रश्न संख्या	उत्तर	सही उत्तर / छोड़ दिया	प्रश्न संख्या	उत्तर	सही उत्तर / छोड़ दिया	प्रश्न संख्या	उत्तर	सही उत्तर / छोड़ दिया	प्रश्न संख्या	उत्तर	सही उत्तर / छोड़ दिया	सही उत्तर / छोड़ दिया
1	D	89.32 % / 10.4 %	6	A	85.93 % / 11.17 %	11	B	87.4 % / 11.5 %	16	A	89.52 % / 10.37 %	21	D	77.7 % / 20.1 %	26	B	77.34 % / 17.5 %
2	C	86.29 % / 11.48 %	7	C	80.79 % / 13.56 %	12	D	87.87 % / 11.89 %	17	D	79.63 % / 11.77 %	22	B	88.99 % / 10.53 %	27	B	89.51 % / 10.09 %
3	D	82.49 % / 13.92 %	8	B	77.93 % / 20.79 %	13	B	77.94 % / 14.65 %	18	C	85.3 % / 14.2 %	23	A	87.17 % / 11.91 %	28	C	79.17 % / 10.87 %
4	A	89.88 % / 10.11 %	9	D	86.96 % / 11.77 %	14	D	80.05 % / 13.47 %	19	A	78.56 % / 12.73 %	24	C	78.78 % / 16.34 %	29	D	88.27 % / 10.63 %
5	D	85.32 % / 10.8 %	10	A	82.98 % / 15.4 %	15	B	84.95 % / 13.68 %	20	B	83.85 % / 14.31 %	25	D	87.51 % / 10.88 %	30	B	86.14 % / 12.3 %

//संकेत और समाधान//

1. केंद्र ने डॉ. बीआर अंबेडकर की जयंती के अवसर पर 14 अप्रैल 2021 को सार्वजनिक अवकाश की घोषणा की है।

कार्मिक, लोक शिकायत और पेंशन मंत्रालय ने एक अधिसूचना में घोषणा की है कि 14 अप्रैल को औद्योगिक प्रतिष्ठानों सहित सभी केंद्रीय सरकारी कार्यालयों के लिए सार्वजनिक अवकाश होगा।

अतः विकल्प (D) सही है।

2. विश्व मानवतावादी दिवस 19 अगस्त को दुनिया भर में मनाया जाता है ताकि उन श्रमिकों को श्रद्धांजलि दी जा सके जो मानवतावादी सेवाओं में अपने जीवन को जोखिम में डालते हैं और दुनिया भर में संकट से प्रभावित लोगों के लिए समर्थन इकट्ठा करते हैं। यह दिन संयुक्त राष्ट्र महासभा द्वारा 19 अगस्त 2003 को बगदाद, इराक में संयुक्त राष्ट्र मुख्यालय पर बमबारी के लिए नामित किया गया था।

अतः विकल्प (C) सही है।

3. 12 अगस्त को अंतर्राष्ट्रीय युवा दिवस रूप में मनाया जाता है।

अंतर्राष्ट्रीय युवा दिवस (IYD)

- अंतर्राष्ट्रीय युवा दिवस प्रत्येक वर्ष 12 अगस्त को विश्व स्तर पर मनाया जाता है।
- यह दिन युवाओं द्वारा समाज की भलाई के लिए किए गए प्रयासों को मान्यता देने के लिए मनाया जाता है।
- दिवस का उद्देश्य युवाओं को संलग्न करने के तरीकों को बढ़ावा देना और उन्हें सकारात्मक योगदान के माध्यम से अपने समुदायों में अधिक सक्रिय रूप से शामिल करना है।

विषय

- अंतर्राष्ट्रीय युवा दिवस 2020 की थीम, यूथ एंगेजमेंट फॉर ग्लोबल एक्शन
- विषय उन तरीकों पर प्रकाश डालता है जिनमें स्थानीय, राष्ट्रीय और वैश्विक स्तर पर युवाओं की व्यस्तता राष्ट्रीय और बहुपक्षीय संस्थानों और प्रक्रियाओं को समृद्ध कर रही है, साथ ही यह भी सिखाती है कि औपचारिक संस्थागत राजनीति में उनके प्रतिनिधित्व और जुड़ाव को कैसे बढ़ाया जा सकता है।

अंतर्राष्ट्रीय युवा दिवस का इतिहास

- 1999 में, महासभा ने युवा (लिस्बन, 8-12 अगस्त 1998) के लिए जिम्मेदार मंत्रियों के विश्व सम्मेलन द्वारा की गई सिफारिश का समर्थन किया कि 12 अगस्त को अंतर्राष्ट्रीय युवा दिवस घोषित किया जाए।
- यह दिन 12 अगस्त, 2000 को पहली बार मनाया गया, यह दिन जागरूकता दिवस का प्रतीक है और युवाओं के आसपास के सांस्कृतिक और कानूनी मुद्दों के एक समूह पर ध्यान आकर्षित करता है।

अतः विकल्प (D) सही है।

4. ''विश्व नो टोबाको डे'' (विश्व तम्बाकू रहित दिवस) 31 मई को मनाया जाता है।

प्रत्येक वर्ष, 31 मई को, विश्व स्वास्थ्य संगठन और सहयोगी विश्व तंबाकू दिवस (WNTD) मनाते हैं और तंबाकू के उपयोग से संबंधित स्वास्थ्य और अतिरिक्त जोखिमों को उजागर करते हैं, और तम्बाकू सेवन को कम करने के लिए प्रभावी नीतियों की वकालत करते हैं।

अतः विकल्प (A) सही है।

5. हर वर्ष 4 दिसंबर को भारतीय नौसेना दिवस मनाया जाता है।

1971 में पाकिस्तान के साथ युद्ध के दौरान भारतीय नौसेना की भूमिका के सम्मान में यह दिन मनाया जाता है जब भारतीय युद्धपोतों ने कराची बंदरगाह पर हमला किया था।

यह दिवस असैनिक काल में देश की समुद्री सीमाओं को सुरक्षित रखने और मानवतावादी मिशनों को पूरा करने में नौसेना की भूमिका को उजागर करने के लिए भी मनाया जाता है।

अतः विकल्प (D) सही है।

6. विश्व आर्द्रभूमि दिवस प्रत्येक वर्ष अंतरराष्ट्रीय स्तर पर 2 फरवरी को मनाया जाता है।

यह 2 फरवरी 1971 को ईरान के रामसर में अंतर्राष्ट्रीय महत्व के आर्द्रभूमि पर सम्मेलन में हस्ताक्षर की वर्षगांठ को दर्शाता है।

विश्व आर्द्रभूमि दिवस पहली बार 1997 में मनाया गया था।

कई संस्थाओं, गैर-सरकारी संगठनों ने आर्द्रभूमि के मूल्यों और लाभों के बारे में सार्वजनिक जागरूकता बढ़ाने और आर्द्रभूमि के संरक्षण और उचित उपयोग को बढ़ावा देने के लिए विश्व आर्द्रभूमि दिवस मनाया था।

इन गतिविधियों में सेमिनार, प्रकृति की सैर, त्यौहार, नए रामसर स्थलों की घोषणा, अखबार के लेख, रेडियो साक्षात्कार और आर्द्रभूमि पुनर्वास शामिल हैं।

अतः विकल्प (A) सही है।

7. अंतर्राष्ट्रीय श्रमिक दिवस 1 मई को मनाया जाता है।

अंतर्राष्ट्रीय श्रमिक दिवस, जिसे अधिकांश देशों में मजदूर दिवस के रूप में भी जाना जाता है और जिसे अक्सर मई दिवस के रूप में जाना जाता है, मजदूरों और श्रमिक वर्गों का उत्सव है जिसे अंतर्राष्ट्रीय श्रमिक आंदोलन द्वारा बढ़ावा दिया जाता है और हर साल 1 मई को होता है।

अतः विकल्प (C) सही है।

8. राजीव गांधी का जन्मदिन 20 अगस्त को सद्भावना दिवस के रूप में मनाया जाता है।

भारत हर साल 20 अगस्त को पूर्व प्रधानमंत्री राजीव गांधी की जयंती के उपलक्ष्य में सद्भावना दिवस मनाता है। इस साल 20 अगस्त 2021 को हम पूर्व प्रधानमंत्री राजीव गांधी की 77वीं जयंती मनाने जा रहे हैं। भारतीय राष्ट्रीय कांग्रेस ने उनकी मृत्यु के एक साल बाद 1992 में राजीव गांधी सद्भावना पुरस्कार की स्थापना की।

अतः विकल्प (B) सही है।

9. 15 जनवरी को सेना दिवस मनाया जाता है।

भारत में हर साल 15 जनवरी को सेना दिवस मनाया जाता है क्योंकि इस ऐतिहासिक दिन पर ही जनरल के एम करियप्पा 1949 में भारतीय सेना की कमान संभालने वाले पहले भारतीय बने थे।

अतः विकल्प (D) सही है।

10. शिक्षक दिवस 5 सितंबर को मनाया जाता है।

5 सितंबर एक महान शिक्षक डॉ सर्वपल्ली राधाकृष्णन की जयंती है, जो शिक्षा के प्रबल समर्थक थे और एक प्रसिद्ध राजनयिक, विद्वान, भारत के राष्ट्रपति और सबसे बढ़कर एक शिक्षक थे।

अतः विकल्प (A) सही है।

11. पराक्रम दिवस प्रतिवर्ष 23 जनवरी को मनाया जाता है। यह प्रमुख भारतीय स्वतंत्रता सेनानी नेताजी सुभाष चंद्र बोस के जन्मदिन को चिह्नित करने के लिए भारत में मनाया जाने वाला एक राष्ट्रीय कार्यक्रम है। उन्होंने भारतीय स्वतंत्रता आंदोलन में महत्वपूर्ण भूमिका निभाई। वह भारतीय राष्ट्रीय सेना (आजाद हिंद फौज) के प्रमुख थे। वह आजाद हिंद सरकार के संस्थापक-प्रमुख थे।

अतः विकल्प (B) सही है।

12. विश्व खाद्य दिवस 16 अक्टूबर को मनाया जाता है|

विश्व खाद्य दिवस पहली बार 1945 में शुरू किया गया था। विश्व खाद्य दिवस को संयुक्त राष्ट्र के खाद्य और कृषि संगठन के शुभारंभ का जश्न मनाने के लिए बनाया गया था।

विश्व खाद्य दिवस मनाने का मुख्य सिद्धांत दुनिया भर में विशेष रूप से संकट के समय में खाद्य सुरक्षा को बढ़ावा देना है। संयुक्त राष्ट्र द्वारा खाद्य और कृषि संगठन के शुभारंभ ने इस योग्य लक्ष्य को आगे बढ़ाने में बहुत बड़ी भूमिका निभाई। इसका वार्षिक उत्सव इस संगठन के महत्व के एक मार्कर के रूप में कार्य करता है और दुनिया भर की सरकारों द्वारा लागू की जाने वाली सफल कृषि नीतियों की महत्वपूर्ण आवश्यकता के बारे में जागरूकता बढ़ाने में मदद करता है ताकि यह सुनिश्चित हो सके कि सभी के लिए पर्याप्त भोजन उपलब्ध हो।

अतः विकल्प (D) सही है।

13. 14 सितंबर को राष्ट्रीय हिंदी दिवस मनाया जाता है|

भारत की संविधान सभा ने 14 सितंबर 1949 को हिंदी को भारत गणराज्य की आधिकारिक भाषा के रूप में अपनाया। हालाँकि, इसे आधिकारिक भाषा के रूप में उपयोग करने का विचार 26 जनवरी 1950 को देश के संविधान द्वारा स्वीकार किया गया था। के अनुच्छेद 434 के अनुसार भारतीय संविधान, देवनागरी लिपि में लिखी गई हिंदी को भारत की आधिकारिक भाषा के रूप में अपनाया गया था।

अतः विकल्प (B) सही है।

14. भारत में 15 सितंबर को इंजीनियर दिवस मनाया जाता है|

भारत ने देश के सबसे दूरदर्शी और प्रख्यात सिविल इंजीनियरों में से एक, सर एम. विश्वेश्वरैया को श्रद्धांजलि देने के लिए राष्ट्रीय अभियंता दिवस मनाने के लिए 15 सितंबर को चुना।

अतः विकल्प (D) सही है।

15. 5 अक्टूबर को अंतर्राष्ट्रीय शिक्षक दिवस मनाया जाता है|

1966 में शिक्षकों की स्थिति से संबंधित ILO/UNESCO की सिफारिश को अपनाने की वर्षगांठ के उपलक्ष्य में पूरे विश्व में हर साल 5 अक्टूबर को विश्व शिक्षक दिवस मनाया जाता है।

अतः विकल्प (B) सही है।

16. 12 जनवरी को राष्ट्रीय युवा दिवस मनाया जाता है|

राष्ट्रीय युवा दिवस, जिसे विवेकानंद जयंती के रूप में भी जाना जाता है, 12 जनवरी को स्वामी विवेकानंद के जन्मदिन के रूप में मनाया जाता है।

अतः विकल्प (A) सही है।

17. प्रत्येक वर्ष 30 जनवरी को राष्ट्रपिता महात्मा गांधी की पुण्यतिथि होती है। इस दिन को स्वतंत्रता सेनानियों को याद करने के लिए शहीद दिवस के रूप में भी मनाया जाता है जिन्होंने हमें आजादी दिलाने के लिए अपने प्राणों की आहुति दे दी। 30 जनवरी 1948 को बिड़ला हाउस में नाथूराम गोडसे ने महात्मा गांधी की हत्या कर दी थी।

अतः विकल्प (D) सही है।

18. 4 फरवरी को विश्व कैंसर दिवस मनाया जाता है|

यूनियन फॉर इंटरनेशनल कैंसर कंट्रोल (यूआईसीसी) द्वारा हर साल 4 फरवरी को विश्व कैंसर दिवस मनाया जाता है। यह दिवस कैंसर के बारे में जागरूकता और शिक्षा बढ़ाने और दुनिया भर की सरकारों और व्यक्तियों पर इस बीमारी के खिलाफ कार्रवाई करने के लिए दबाव बनाने के लिए मनाया जाता है।

अतः विकल्प (C) सही है।

19. अंतर्राष्ट्रीय महिला दिवस 8 मार्च को मनाया जाता है|

अंतर्राष्ट्रीय महिला दिवस (आईडब्ल्यूडी) एक वैश्विक अवकाश है जिसे प्रतिवर्ष 8 मार्च को महिलाओं की सांस्कृतिक, राजनीतिक और सामाजिक आर्थिक उपलब्धियों के उपलक्ष्य में मनाया जाता है।[3] यह महिला अधिकार आंदोलन में एक केंद्र बिंदु भी है, जो लैंगिक समानता, प्रजनन अधिकार, और महिलाओं के खिलाफ हिंसा और दुर्व्यवहार जैसे मुद्दों पर ध्यान आकर्षित करता है।

अतः विकल्प (A) सही है।

20. 15 मई को 'अंतर्राष्ट्रीय परिवार दिवस' के रूप में मनाया जाता है|

अंतर्राष्ट्रीय परिवार दिवस पर, उन सभी विलक्षण परंपराओं का जश्न मनाएं जिन्हें आप और आपका परिवार साझा करते हैं। प्रत्येक परिवार अद्वितीय है, और अनगिनत कहानियां, यादें और रोमांच हैं जिन्हें हम सभी ने अपने परिवारों के साथ साझा किया है जो केवल हमारे लिए महत्वपूर्ण हैं। जैसे फेस्टिवस जॉर्ज कोस्टानज़ा के घर "सीनफेल्ड" में एक परंपरा थी, वैसे ही परिवारों के भीतर की जाने वाली परंपराओं को आज भी पुनर्जीवित किया जाता है।

अतः विकल्प (B) सही है।

21. 18 अप्रैल को 'विश्व विरासत दिवस' के रूप में मनाया जाता है|

यह दिन पहली बार 1983 में संयुक्त राष्ट्र शैक्षिक, वैज्ञानिक और सांस्कृतिक संगठन (यूनेस्को) द्वारा मनाया गया था। यूनेस्को के 22वें आम सम्मेलन के दौरान इसे विश्व आयोजन के रूप में मान्यता मिली।

इस दिन को मनाने का उद्देश्य ग्रह पर सांस्कृतिक विरासत और विविधता के बारे में जागरूकता फैलाना है।

अतः विकल्प (D) सही है।

22. विश्व शांति दिवस, हर साल 1 जनवरी को मनाया जाता है, मुख्य रूप से एक कैथोलिक दावत का दिन है, जो भगवान की माँ, मैरी की पवित्रता पर सार्वभौमिक शांति के लिए समर्पित है।

अतः विकल्प (B) सही है।

23. विश्व दुग्ध दिवस 1 जून को मनाया जाता है|

2001 में, विश्व दुग्ध दिवस की स्थापना संयुक्त राष्ट्र के खाद्य और कृषि संगठन द्वारा वैश्विक भोजन के रूप में दूध के महत्व को पहचानने और डेयरी क्षेत्र को मनाने के लिए की गई थी। तब से हर साल, दुनिया भर में दूध और डेयरी उत्पादों के लाभों को सक्रिय रूप से बढ़ावा दिया गया है, जिसमें यह भी शामिल है कि डेयरी एक अरब लोगों की आजीविका का समर्थन कैसे करती है।

अतः विकल्प (A) सही है।

24. विश्व संगीत दिवस 21 जून को दुनिया भर में मनाया जाने वाला एक वार्षिक उत्सव है।

यह युवा और शौकिया संगीतकारों को प्रदर्शन के लिए प्रोत्साहित करने का दिन है। इस दिन, जिसे संगीत दिवस या मेक संगीत दिवस के रूप में भी जाना जाता है, कोई भी व्यक्ति आनंद और विश्राम के लिए अपने पसंदीदा वाद्ययंत्र बजा सकता है।

अतः विकल्प (C) सही है।

25. 23 जून को दुनिया भर में ओलंपिक दिवस मनाया जाता है|

सैकड़ों हजारों लोग - युवा और बूढ़े - खेल गतिविधियों में भाग लेते हैं, जैसे कि रन, प्रदर्शनियां, संगीत और शैक्षिक सेमिनार।

अतः विकल्प (D) सही है।

26. भारत में 31 अक्टूबर को राष्ट्रीय एकता दिवस मनाया जाता है। इसे 2014 में भारत सरकार द्वारा पेश किया गया था। यह दिन सरदार पटेल की जयंती को

चिह्नित करने के लिए मनाया जाता है, जिनकी भारत के राजनीतिक एकीकरण में प्रमुख भूमिका थी।

अतः विकल्प (B) सही है।

27. राष्ट्रीय पुलिस दिवस हर साल 21 अक्टूबर को मनाया जाता है। यह उन दस पुलिसकर्मियों के बलिदान को याद करता है, जिन्होंने 1959 में चीन की सीमाओं पर देश की रक्षा करते हुए अपने प्राणों की आहुति दी थी। हर साल 21 अक्टूबर को पूरे भारत में पुलिस बलों द्वारा 'स्मृति दिवस' के रूप में मनाया जाता है।

अतः विकल्प (B) सही है।

28. जून के तीसरे रविवार को फादर्स डे के रूप में मनाया जाता है|

फादर्स डे पिताओं का उत्सव है, पितृत्व का सम्मान, पितृ बंधन और समाज में पिता की भूमिका। यह जून के तीसरे रविवार को मनाया जाता है। जून के तीसरे रविवार को दुनिया के ज्यादातर हिस्सों में फादर्स डे मनाया जाता है।

अतः विकल्प (C) सही है।

29. विश्व एड्स दिवस, प्रत्येक वर्ष 1 दिसंबर को मनाया जाता है, दुनिया भर के लोगों के लिए एचआईवी के खिलाफ लड़ाई में एकजुट होने, एचआईवी से पीड़ित लोगों के लिए अपना समर्थन दिखाने और एचआईवी से संबंधित बीमारी से मरने वालों को याद करने का एक अवसर है।

अतः विकल्प (D) सही है।

30. 23 जनवरी को सुभाष चंद्र बोस के जन्मदिन के रूप में मनाया जाता है।

सुभाष चंद्र बोस, उपनाम नेताजी (हिंदी: "सम्मानित नेता"), (जन्म सी। 23 जनवरी, 1897, कटक, उड़ीसा [अब ओडिशा], भारत- 18 अगस्त, 1945 को ताइपे, ताइवान में मृत्यु हो गई?)

अतः विकल्प (B) सही है।

Q.1 BIOS का प्रयोग किसके द्वारा किया जाता है?
A. कम्पाइलर
B. इंटरप्रेटर
C. ऑपरेटिंग सिस्टम
D. एप्लीकेशन सॉफ्टवेर

Q.2 एक डेस्कटॉप पर एक पृष्ठभूमि छवि क्या है?
A. वालस्क्रीन
B. वॉलपेपर
C. स्क्रीन सेवर
D. इनमें से कोई नहीं

Q.3 निम्नलिखित में से कौन एक आउटपुट डिवाइस है?
A. माइक   **B.** माउस   **C.** स्पीकर   **D.** कीबोर्ड

Q.4 एक टेराबाइट का मान है:
A. 1024 पेटाबाइट्स
B. 1024 मेगाबाइट
C. 1024 गीगाबाइट
D. 1024 किलोबाइट

Q.5 कंप्यूटर के घटकों को ठीक से संचालित करने और कनेक्ट करने के लिए कौन सी प्रक्रिया जांच करती है?
A. बूटिंग
B. प्रोसेसिंग
C. सेविंग
D. इनमें से कोई नहीं

Q.6 प्रोग्रामों का एक संग्रह है जो यह नियंत्रित करता है कि कम्प्यूटर सिस्टम कैसे चलता तथा जानकारी संसाधित करता है, को कहा जाता है।
A. कम्प्यूटर
B. ऑपरेटिंग सिस्टम
C. ऑफिस
D. संकलक (Compiler)

Q.7 एमएस-पावरप्वाइंट का फाइल एक्सटेंशन क्या है?
A. .exe   **B.** .xlsx   **C.** .pptx   **D.** .pst

Q.8 कट, कॉपी और पेस्ट करने के लिए कौन से मैन्यू का चयन किया जाता है?
A. फाइल   **B.** एडिट   **C.** टू इज़   **D.** टेबल

Q.9 कंप्यूटर में डेटाबेस सॉफ्टवेयर निम्नलिखित में से कौन सा नहीं है?
[UPSSSC Forest Guard, 2018]

A. एमएस एक्सेस
B. फॉक्सप्रो
C. ओरेकल
D. एमएस वर्ड

Q.10 निम्नलिखित में से कौन एक पॉइंटिंग इनपुट डिवाइस नहीं है?
[Rajasthan Police Constable, 2020]

A. ट्रैक बॉल
B. जॉयस्टिक
C. डिजिटाइजिंग टैबलेट
D. स्कैनर

Q.11 वर्तमान में किस पीढ़ी के कंप्यूटर उपयोग किये जा रहे हैं?
[Allahabad High Court Review Officer (RO), 2019]

A. दूसरी   **B.** पाँचवी   **C.** छठीं   **D.** तीसरी

Q.12 पहले से शुरू कंप्यूटर को दोबारा से शुरू करना कहलाता है:
A. वार्म बूटिंग
B. कोल्ड बूटिंग
C. लॉगिंग ऑफ
D. शट डाउन

Q.13 F1 से F12 (कीज) को क्या कहा जाता है?
A. अल्फाबेटिकल कीज
B. स्पेशल कीज
C. फंक्शन कीज
D. न्यूमेरिक कीज

Q.14 सबसे पहला कैल्कुलेटिंग यंत्र कौन सा था?
A. अबेकस
B. घड़ी
C. डिफरेन्स इंजन
D. कैलकुलेटर

Q.15 वायरस, ट्रोजन हॉर्सेस और वर्म्स है ____.
A. कंप्यूटर प्रणाली को नुकसान करने में सक्षम
B. यदि कंप्यूटर पर उपस्थित है , पता लगाने के योग्य नहीं है
C. उपयोगकर्ता के अनुकूल आवेदन
D. कंप्यूटर पर हानिरहित आवेदन

Q.16 सीडी - रोम में फ़ाइलों को कॉपी करने की प्रक्रिया को जाना जाता है:
A. बर्निंग
B. ज़िपिंग
C. डिजिटाइजिंग
D. रिपिंग

Q.17 निम्न में से कौन सा फर्स्ट इलेक्ट्रॉनिक कंप्यूटर है?
A. ENIAC
B. UNIVAC
C. ADVAC
D. इनमें से कोई नहीं

Q.18 कम्प्यूटर सिस्टम में सभी डाटा को _______ के रूप में निरूपित किया जाता है।
[KVS Trained Graduate Teacher, 2018]

A. केवल दो अंकों - 0 और 1 के द्वारा
B. अंको और वर्णों के द्वारा
C. अंकों, वर्णों और =,-, *, $ आदि चिन्हों के द्वारा
D. कि-बोर्ड पर दिखाई देने वाली सभी भाषाओं के अंको और वर्णों के द्वारा

Q.19 वे उपकरण जो कम्प्यूटर में सूचना कि प्रविष्टि करते हैं और उसके साथ संवाद करते हैं, _______ कहलाते हैं।
[KVS Trained Graduate Teacher, 2018]

A. आउटपुट   **B.** इनपुट   **C.** हार्डवेयर   **D.** स्टोरेज

Q.20 एक प्रोग्राम से दूसरे प्रोग्राम या एक डिस्क से दूसरे डिस्क तक फैले एक व्यवधानकारी प्रोग्राम को कहते हैं:
[KVS Trained Graduate Teacher, 2018]

A. टाइम बम
B. ट्रोजन होर्ज
C. वायरस
D. टाइम-रिलेटेड बम सीक्वेंस

Q.21 कम्प्यूटर स्क्रीन पर किसी आइटम को नए स्थान पर ले जाने के लिए माउस का प्रयोग करने की क्रिया क्या कहलाती है?
[KVS Trained Graduate Teacher, 2018]

A. कॉपी एंड पेस्ट
B. कट एंड पेस्ट
C. ड्रैग एंड ड्रॉप
D. प्लग एंड प्ले

Q.22 GIF का पूर्ण रूप क्या है?
A. ग्राफिक इंटरचेंज फॉर्मेट
B. ग्लोबल इनफार्मेशन फौरम
C. ग्राफिक इनफार्मेशन फॉर्मेट
D. ग्लोबल इंटरचेंज फाइल

Q.23 बार चार्ट पर _______ प्लॉट किए जा सकते हैं।
A. एकाधिक डेटा श्रृंखला
B. केवल दो डेटा श्रृंखला
C. केवल एक डेटा श्रृंखला
D. इनमे से कोई भी नहीं

Q.24 स्टोरेज, जो पावर ऑफ होने के बाद डेटा को स्टोर या रिटेन करता है:

A. वोलेटाइल स्टोरेज
B. नॉन - वोलेटाइल स्टोरेज
C. सीक्वेंटियल स्टोरेज
D. डायरेक्ट स्टोरेज

Q.25 विंडो-आधारित कंप्यूटर में, दो फाइलें एक ही फ़ोल्डर में नहीं हो सकती हैं यदि:

[RRB (NTPC), 2017]

A. उनके अलग-अलग नाम हैं, लेकिन निर्माण तिथि समान ही है।
B. उनके अलग-अलग नाम हैं, लेकिन एक ही प्रकार की फाइल हैं।
C. उनका एक ही नाम है, और एक ही प्रकार की फाइल हैं।
D. उनका एक ही नाम है, लेकिन विभिन्न प्रकार की फ़ाइल हैं।

Q.26 कंप्यूटर का इनपुट डिवाइस निम्नलिखित में से कौन सा है?
A. स्कैनर   B. प्रिंटर   C. स्पीकर   D. मॉनिटर

Q.27 निम्नलिखित में से कौन सा एक पोर्टेबल डिवाइस (लाने - ले जाने योग्य उपकरण) नहीं है?
A. आइपॉड   B. थंब्स ड्राइव
C. डेस्कटॉप कंप्यूटर   D. लैपटॉप

Q.28 कंप्यूटर में जाने वाले डेटा को क्या कहते हैं ?
A. एल्गोरिथ्म   B. इनपुट
C. आउटपुट   D. केलक्युलेशन्स

Q.29 स्कैनर किस प्रकार का उपकरण है?
A. इनपुट
B. आउटपुट
C. इनपुट और आउटपुट दोनों
D. इनमें से कोई नहीं

Q.30 चयनित ड्रॉप-डाउन सूची को बंद करने के लिए; एक कमांड को कैंसल करने के लिए और एक डायलॉग बॉक्स को बंद करने के लिए ____ का उपयोग किया जाता है।
A. Esc key   B. Enter key
C. Alt key   D. Tab key

// स्मार्ट उत्तर पुस्तिका //

सही उत्तर — उन छात्रों का प्रतिशत जिन्होंने प्रश्नों का सही उत्तर दिया था।   **छोड़ दिया** — उन छात्रों का प्रतिशत जिन्होंने प्रश्नों को छोड़ दिया था।

प्रश्न संख्या	उत्तर	सही उत्तर / छोड़ दिया	प्रश्न संख्या	उत्तर	सही उत्तर / छोड़ दिया	प्रश्न संख्या	उत्तर	सही उत्तर / छोड़ दिया	प्रश्न संख्या	उत्तर	सही उत्तर / छोड़ दिया	प्रश्न संख्या	उत्तर	सही उत्तर / छोड़ दिया	प्रश्न संख्या	उत्तर	सही उत्तर / छोड़ दिया
1	C	77.51 % / 20.87 %	6	B	86.67 % / 12.07 %	11	B	81.42 % / 13.45 %	16	A	73.97 % / 19.05 %	21	C	76.47 % / 13.37 %	26	A	81.93 % / 16.26 %
2	B	81.81 % / 12.46 %	7	C	76.44 % / 19.13 %	12	A	80.71 % / 12.91 %	17	A	80.67 % / 10.68 %	22	A	87.82 % / 11.3 %	27	C	80.55 % / 15.91 %
3	C	85.43 % / 10.59 %	8	B	83.5 % / 13.68 %	13	C	82.28 % / 13.26 %	18	A	78.28 % / 10.57 %	23	A	85.33 % / 12.9 %	28	B	85.65 % / 12.51 %
4	C	85.42 % / 12.75 %	9	D	86.07 % / 10.18 %	14	A	86.3 % / 13.44 %	19	B	89.19 % / 10.37 %	24	B	80.25 % / 10.93 %	29	A	89.85 % / 10.03 %
5	A	85.06 % / 11.45 %	10	D	79.49 % / 19.96 %	15	A	82.06 % / 13.26 %	20	C	81.44 % / 17.17 %	25	C	82.16 % / 13.18 %	30	A	79.12 % / 15.61 %

//संकेत और समाधान//

1. BIOS एक निम्न-स्तरीय कोड का एक महत्वपूर्ण बिट है जो एक नॉन-वोलाटाइल मेमोरी में संग्रहीत होता है। इसका उपयोग कंप्यूटर सिस्टम द्वारा हार्डवेयर के प्रबंधन और किसी अन्य ऑपरेटिंग सिस्टम पर विशेष ऑपरेटिंग सिस्टम को लोड करने के लिए किया जाता है।

अत: विकल्प (C) सही है।

2. एक वॉलपेपर या पृष्ठभूमि (जिसे डेस्कटॉप वॉलपेपर, डेस्कटॉप पृष्ठभूमि, कंप्यूटर पर डेस्कटॉप चित्र या डेस्कटॉप छवि के रूप में भी जाना जाता है) एक डिजिटल छवि (फोटो, ड्राइंग आदि) है जिसका उपयोग कंप्यूटर की स्क्रीन, स्मार्टफोन या अन्य इलेक्ट्रॉनिक उपकरण पर ग्राफिकल यूजर इंटरफेस की सजावटी पृष्ठभूमि के रूप में किया जाता है।

अत: विकल्प (B) सही है।

3. कंप्यूटर स्पीकर आउटपुट डिवाइस हैं जो कंप्यूटर के साउंड कार्ड से सिग्नल को ऑडियो में बदल देते हैं। स्पीकर आंतरिक एम्पलीफायरों का उपयोग करके ध्वनि बनाते हैं जो कंप्यूटर से डेटा के अनुसार विभिन्न आवृत्तियों पर कंपन करते हैं। इससे ध्वनि उत्पन्न होती है।

- आउटपुट डिवाइस कंप्यूटर हार्डवेयर का एक भाग है जो कंप्यूटर से डेटा प्राप्त करता है और फिर उस डेटा को दूसरे रूप में अनुवादित करता है। वह रूप ऑडियो, विजुअल, टेक्स्टुअल या हार्ड कॉपी जैसे मुद्रित दस्तावेज़ हो सकता है।
- एक इनपुट डिवाइस और एक आउटपुट डिवाइस के बीच मुख्य अंतर यह है कि एक इनपुट डिवाइस कंप्यूटर को डाटा भेजता है, जबकि एक आउटपुट डिवाइस कंप्यूटर से डाटा प्राप्त करता है।

अत: विकल्प (C) सही है।

4. मेमोरी की सबसे छोटी इकाई को बिट कहा जाता है।

- बिट बाइनरी अंक को दर्शाता है।
- कंप्यूटर की मेमोरी को बाइट्स में मापा जाता है।
- हार्ड डिस्क की स्टोरेज क्षमता को मेगाबाइट्स, गीगाबाइट्स और टेराबाइट्स में मापा जाता है।
- टेराबाइट डिजिटल जानकारी के लिए यूनिट बाइट का एक समूह है।
- एक टेराबाइट का मान 1024 गीगाबाइट है।
- 1 टेराबाइट = 1000000000000 बाइट्स = 10^{12} बाइट्स

अत: विकल्प (C) सही है।

5. वैकल्पिक रूप से बूट अप या कभी-कभी स्टार्टअप के रूप में जाना जाता है, बूटिंग एक कंप्यूटर पर बिजली देने और ऑपरेटिंग सिस्टम में आने की प्रक्रिया है।

बूट प्रक्रिया के दौरान, कंप्यूटर कई चरणों से गुजरता है, यह सुनिश्चित करने के लिए कि कंप्यूटर हार्डवेयर सही ढंग से काम करता है, और आवश्यक सॉफ्टवेयर लोड किया जा सकता है।

अत: विकल्प (A) सही है।

6. एक ऑपरेटिंग सिस्टम (OS) सिस्टम सॉफ्टवेयर है जो कंप्यूटर हार्डवेयर और सॉफ्टवेयर संसाधनों का प्रबंधन करता है और कंप्यूटर प्रोग्राम के लिए सामान्य सेवाएं प्रदान करता है।

अत: विकल्प (B) सही है।

7. .pptx एमएस-पावरप्वाइंट द्वारा उपयोग की जाने वाली प्रस्तुति फ़ाइल प्रारूप के लिए एक फ़ाइल एक्सटेंशन है, जो आमतौर पर कार्यालय और शैक्षिक स्लाइड शो के लिए उपयोग किया जाता है।

अत: विकल्प (C) सही है।

8. इसके नाम के रूप में संपादित मेनू में आपके दस्तावेज़ के संपादन से संबंधित कमांड शामिल हैं। इसमें महत्वपूर्ण संपादन सुविधाएँ जैसे पूर्ववत, दोहराना, कट, कॉपी, पेस्ट, सभी का चयन करें, ढूंढें, बदलें और अधिक शामिल हैं।

अत: विकल्प (B) सही है।

9. एमएस वर्ड चूंकि यह एक वर्ड प्रोसेसर है।

माइक्रोसॉफ्ट वर्ड, माइक्रोसॉफ्ट द्वारा विकसित एक वर्ड प्रोसेसर है। यह पहली बार 25 अक्टूबर, 1983 को एक्सनिक्स सिस्टम के लिए मल्टी-टूल वर्ड के नाम से जारी किया गया था।

अतः विकल्प (D) सही है।

10. स्कैनर एक पॉइंटिंग इनपुट डिवाइस नहीं है।

- स्कैनर एक उपकरण है जो आमतौर पर कंप्यूटर से जुड़ा होता है।
- इसका मुख्य कार्य डॉक्यूमेंट के तस्वीर को स्कैन करना या उसकी छवि लेना, यह जानकारी को डिजिटल बनाता है और कंप्यूटर स्क्रीन पर प्रस्तुत करना है।

अत: विकल्प (D) सही है।

11. वर्तमान में पाँचवी पीढ़ी के कंप्यूटर उपयोग किये जा रहे हैं।

- पांचवीं पीढ़ी में, VLSI तकनीक ULSI (अल्ट्रा लार्ज स्केल इंटीग्रेशन) तकनीक बन गई, जिसके परिणामस्वरूप दस मिलियन इलेक्ट्रॉनिक घटकों वाले माइक्रोप्रोसेसर चिप्स का उत्पादन हुआ।
- यह पीढ़ी समानांतर प्रोसेसिंग हार्डवेयर और एआई (आर्टिफिशियल इंटेलिजेंस) सॉफ्टवेयर पर आधारित है।

दूसरी पीढ़ी

- यह एक ऐसा कंप्यूटर है जो वैक्यूम ट्यूब के बजाय अंसतत ट्रांजिस्टर का उपयोग करता है।
- इस पीढ़ी में, ट्रांजिस्टर का उपयोग किया गया था जो सस्ते थे, कम बिजली की खपत करते थे, आकार में अधिक छोटे, अधिक विश्वसनीय और वैक्यूम ट्यूब से बनी पहली पीढ़ी की मशीनों की तुलना में तेज़ थे।

तीसरी पीढ़ी

- इसे ट्रांजिस्टर के स्थान पर इंटीग्रेटेड सर्किट (IC) के उपयोग द्वारा चिह्नित किया जाता है।
- इस पीढ़ी में रिमोट प्रोसेसिंग, टाइम-शेयरिंग, मल्टीप्रोग्रामिंग ऑपरेटिंग सिस्टम का इस्तेमाल किया जाता था।

छठी पीढ़ी

- इन कंप्यूटरों को आर्टिफिशियल इंटेलिजेंस या आर्टिफिशियल ब्रेन पर आधारित इंटेलिजेंट कंप्यूटर कहा जाता है।
- जटिल समस्या का समाधान संभव है और समस्याओं को अधिक कुशलतापूर्वक और आसानी से हल करने के तरीके खोजने के लिए शोध जारी हैं।

अत: विकल्प (B) सही है।

12. वार्म बूटिंग कंप्यूटर को पुनरारंभ करने की प्रक्रिया है। इसका उपयोग एक कोल्ड बूटिंग के विपरीत किया जा सकता है, जो बंद किए गए कंप्यूटर को शुरू करने के लिए संदर्भित करता है। ऑपरेटिंग सिस्टम में आमतौर पर वार्म बूट्स को "रिस्टार्ट" कमांड द्वारा शुरू किया जाता है।

अत: विकल्प (A) सही है।

13. कंप्यूटर कीबोर्ड पर फंक्शन कीज या F-कीज, F1 से F12 तक लेबल, ऑपरेटिंग सिस्टम या सक्रिय प्रोग्राम द्वारा परिभाषित एक विशेष फ़ंक्शन कीज हैं।

अत: विकल्प (C) सही है।

14. अबेकस एक गणना उपकरण है जो लिखित आधुनिक अंक प्रणाली को अपनाने से पहले सदियों से उपयोग में था और अब भी एशिया, अफ्रीका एवं अन्य जगहों पर व्यापारियों, व्यापारियों और क्लर्कों द्वारा व्यापक रूप से उपयोग किया जाता है।

अत: विकल्प (A) सही है।

15. वायरस, ट्रोजन हॉर्स और वर्म्स तकनीकी रूप से अलग हैं और विभिन्न प्रकार के विद्वेषपूर्ण सॉफ्टवेयर का उल्लेख करते हैं जो आपके पी.सी. या लैपटॉप को नुकसान पहुंचा सकते हैं।

अत: विकल्प (A) सही है।

16. सीडी-रोम में फाइलों को कॉपी करने की प्रक्रिया को बर्निंग के रूप में जाना जाता है।

- बर्न शब्द सीडी या अन्य रिकॉर्ड करने योग्य डिस्क बनाने की कार्रवाई का वर्णन करता है।
- बर्निंग सीडी-रोम में फाइलों को कॉपी करने की प्रक्रिया को संदर्भित करता है।
- आप डिस्क के नीचे देखकर बर्न्ट या रिकॉर्ड करने योग्य डिस्क की पहचान कर सकते हैं।
- किसी भी खाली डिस्क या रिकॉर्ड करने योग्य डिस्क का उपयोग बर्नर में एक नई डिस्क बनाने या मौजूदा डिस्क को कॉपी करने के लिए किया जा सकता है।

अत: विकल्प (A) सही है।

17. ENIAC (इलेक्ट्रॉनिक न्यूमेरिकल इंटीग्रेटर एंड कंप्यूटर) पहला प्रोग्रामेबल, इलेक्ट्रॉनिक, सामान्य प्रयोजन डिजिटल कंप्यूटर था। यह पूर्ण-ट्यूरिंग था और रीप्रोग्रामिंग के माध्यम से "संख्यात्मक समस्याओं का एक बड़ा वर्ग" हल करने में सक्षम था।

अत: विकल्प (A) सही है।

18. सारे डेटा और निर्देश कम्प्यूटर में बाइनरी कोड के रूप में रहते हैं जिसे 0 तथा 1 से निरूपित किया जाता है।

कंप्यूटर डेटा स्टोर करने के लिए बाइनरी - अंक 0 और 1 - का उपयोग करते हैं। इसे 0 या 1 द्वारा दर्शाया जाता है। बाइनरी नंबर बाइनरी अंकों (बिट्स) से बने होते हैं, जैसे बाइनरी नंबर 1001। कंप्यूटर के प्रोसेसर में सर्किट अरबों ट्रांजिस्टर से बने होते हैं।

अत: विकल्प (A) सही है।

19. कंप्यूटिंग में, एक इनपुट डिवाइस एक कंप्यूटर या सूचना उपकरण जैसे सूचना प्रसंस्करण प्रणाली को डेटा और नियंत्रण संकेत प्रदान करने के लिए उपयोग किए जाने वाले उपकरण का एक भाग है। इनपुट डिवाइस के उदाहरणों में कीबोर्ड, माउस, स्कैनर, कैमरा, जॉयस्टिक और माइक्रोफोन शामिल हैं।

अत: विकल्प (B) सही है।

20. एक जानबूझकर विघटनकारी प्रोग्राम जो प्रोग्राम से प्रोग्राम या डिस्क से डिस्क तक फैलता है, वायरस के रूप में जाना जाता है।

अत: विकल्प (C) सही है।

21. ड्रैग एंड ड्रॉप ("ड्रैग-एंड-ड्रॉप") एक ग्राफिकल यूजर इंटरफेस के भीतर की जाने वाली एक सामान्य क्रिया है। इसमें कर्सर को किसी वस्तु पर ले जाना, उसका चयन करना और उसे एक नए स्थान पर ले जाना शामिल है।

अत: विकल्प (C) सही है।

22. जीआईएफ (GIF) का अर्थ ग्राफिक्स इंटरचेंज फॉर्मेट है।

यह एक बिटमैप इमेज फॉर्मेट है जो यूएस-आधारित सॉफ्टवेयर लेखक स्टीव विल्हेइट द्वारा इंटरनेट सर्विस प्रदाता 'कम्प्यूसर्व' पर काम करते हुए विकसित किया गया था।

अत: विकल्प (A) सही है।

23. बार चार्ट पर एकाधिक डेटा श्रृंखला प्लॉट किए जा सकते हैं।

एक बार चार्ट डेटा की श्रेणियों के बीच तुलना दिखाने के लिए बार का उपयोग करता है। इन पट्टियों को क्षैतिज या लंबवत रूप से प्रदर्शित किया जा सकता है। एक बार ग्राफ में हमेशा दो अक्ष होंगे। एक अक्ष में आम तौर पर संख्यात्मक मान होंगे, और दूसरा श्रेणियों के प्रकारों की तुलना करेगा।

अत: विकल्प (A) सही है।

24. नॉन - वोलेटाइल मेमोरी (एनवीएम) या नॉन - वोलेटाइल स्टोरेज एक प्रकार की कंप्यूटर मेमोरी है, जो बिजली जाने के बाद भी संग्रहीत जानकारी को बनाए रख सकती है। इसके विपरीत, डेटा को बनाए रखने के लिए वोलेटाइल मेमोरी को निरंतर शक्ति की आवश्यकता होती है।

अत: विकल्प (B) सही है।

25. यदि दोनों फ़ाइलों का एक ही नाम है, और एक ही प्रकार की फाइल हैं तो फ़ाइलें एक ही फ़ोल्डर में सेव नहीं किया जा सकता है, लेकिन उन्हें एक ही नाम और फ़ाइल प्रकार के साथ अलग-अलग फ़ोल्डर में संग्रहित किया जा सकता है।

अत: विकल्प (C) सही है।

26. कंप्यूटर का इनपुट डिवाइस स्कैनर है।

इनपुट डिवाइस का उपयोग डेटा या निर्देशों को कंप्यूटर में दर्ज करने के लिए किया जाता है।

- कीबोर्ड
- माउस
- डिजिटल कैमरा
- स्कैनर
- माइक
- बारकोड रीडर
- जॉयस्टिक

अत: विकल्प (A) सही है।

27. पोर्टेबल डिवाइस एक ऐसा उपकरण होता है जिसे आसानी से कहीं ले जाया जा सकता है। हम डेस्कटॉप कंप्यूटर कहीं भी नहीं ले जा सकते हैं, इसलिए यह एक पोर्टेबल डिवाइस नहीं है। आइपॉड, थंब्स ड्राइव, लैपटॉप पोर्टेबल डिवाइस हैं क्योंकि ये आसानी से ले जाए जा सकते हैं।

अत: विकल्प (C) सही है।

28. हम जिस किसी भी डिवाइस के द्वारा कंप्यूटर या पर्सनल कंप्यूटर में कुछ भी डेटा देते है , उसे इनपुट कहते है और डिवाइस को इनपुट डिवाइस कहा जाता है। इसके कुछ उदाहरण हैं: कीबोर्ड, माउस, स्कैनर इन सभी इनपुट डिवाइस से हम कंप्यूटर के अंदर कुछ इनपुट करते हैं।

अत: विकल्प (B) सही है।

29. एक स्कैनर एक इनपुट डिवाइस है जो तस्वीरों और पृष्ठ जैसे दस्तावेजों को स्कैन करता है। जब कोई दस्तावेज़ स्कैन किया जाता है, तो उसे डिजिटल प्रारूप में बदल दिया जाता है। यह दस्तावेज़ का एक इलेक्ट्रॉनिक संस्करण बनाता है जिसे कंप्यूटर पर देखा और संपादित किया जा सकता है।

अतः विकल्प (A) सही है।

30. Esc key का उपयोग अक्सर आपको डायलॉग या ड्रॉपडाउन सूची से बाहर निकालने के लिए किया जा सकता है - यह आम तौर पर इन मामलों में कैंसल बटन को दबाने का प्रतिनिधित्व करता है।

चयनित ड्रॉप-डाउन सूची को बंद करने के लिए; एक कमांड को कैंसल करने और एक डायलॉग बॉक्स को बंद करने के लिए Esc key शॉर्टकट कुंजी का उपयोग किया जाता है।

अत: विकल्प (A) सही है।

Q.1 सबसे बड़ा स्तनपायी कौन सा है ?
A. ब्लू व्हेल
B. अफ्रीकी हाथी
C. दरियाई घोड़ा
D. ध्रुवीय भालू

Q.2 रासायनिक रूप से रेशम के रेशे प्रमुखतः_______ है
A. प्रोटीन
B. कार्बोहाइड्रेट
C. सम्मिश्र लिपिड
D. बहुशर्कराइड और वसा का मिश्रण

Q.3 एक मनुष्य द्वारा भूमि पर लगाया गया दबाव सबसे अधिक कब होता है ?
A. जब वह नीचे भूमि पर लेट जाता है
B. जब वह एक पैर की पादांगुलि पर खड़ा होता है
C. जब वह दोनों पैरो को भूमि पर सपाट रख कर खड़ा होता है
D. उपर्युक्त सभी समान दबाव उत्पन्न करते हैं

Q.4 निम्नलिखित में से कौन विद्युत का सर्वोत्तम चालक है ?
A. माइका
B. ताँबा
C. स्वर्ण
D. चाँदी

Q.5 किसी अर्द्धचालक का प्रतिरोध गर्म करने पर:
A. स्थिर रहता है
B. घटता है
C. बढ़ता है
D. उपरोक्त में से कोई नहीं

Q.6 एनेमोफिली को ___ रूप में परिभाषित किया जाता है।
A. यह सूर्य के प्रकाश द्वारा परागण है
B. यह हवा द्वारा परागण है
C. यह हवा और धूप दोनों द्वारा परागण है
D. इनमे से कोई भी नहीं

Q.7 दूध एक है:
A. इमल्सन
B. सस्पेंसन
C. फोम
D. जेल

Q.8 नायलॉन ___ से बना है।
A. पॉलिएमाइड
B. पॉलिएस्टर
C. पॉलीथीन
D. पॉलीप्रोपाइलीन

Q.9 पोलियो का आकस्मिक जीव है:
A. एक कवक
B. एक विषाणु
C. एक कीड़ा
D. एक जीवाणु

Q.10 विद्युत शक्ति की इकाई है:
[Bihar PSC, 2019], [Bihar PSC, 2018]
A. एम्पीयर
B. वोल्ट
C. कूलाॉम
D. वाट

Q.11 मनुष्य ध्वनि तरंगों की आवृत्ति ___ रेंजों में सुनता है।
A. 0 - 5 हर्ट्ज
B. 6 - 10 हर्ट्ज
C. 11-15 हर्ट्ज
D. 20 - 20000 हर्ट्ज

Q.12 मानव आँख में अंध स्थल किस स्थान पर स्थित होता है?
A. सिलिअरी मांसपेशियों का बायाँ छोर
B. ऑप्टिक तंत्रिका और रेटिना का जंक्शन
C. आंखों के लेंस का केंद्र
D. कॉर्निया के दोनों छोर

Q.13 इस्पात के निर्माण में निम्नलिखित में से किस कच्चे माल की सबसे बड़ी मात्रा में आवश्यकता होती है?
A. कोयला
B. लौह अयस्क
C. चूना
D. पोटाश

Q.14 उच्च लवणता के पानी में उगने वाले पौधे को ___ कहा जाता है।
A. हेलोफाइट्स
B. ऑक्सीलोफाइट्स
C. थर्मैमोफाइट्स
D. चस्मोफाइट्स

Q.15 निम्नलिखित में से कौन सा गाजर के नारंगी रंग का कारण है?
A. यह मिट्टी में बढ़ता है।
B. इसमें कैरोटीन होता है।
C. यह सूर्य के प्रकाश के संपर्क में नहीं है।
D. पूरे पौधे का रंग नारंगी है।

Q.16 एक इलेक्ट्रॉन को खोने पर हीलियम परमाणु का क्या होता है?
A. यह एक अल्फा कण बन जाता है।
B. यह एक ऋणात्मक हीलियम आयन बन जाता है।
C. यह एक धनात्मक हीलियम आयन बन जाता है।
D. यह एक प्रोटॉन बन जाता है।

Q.17 इलेक्ट्रॉन माइक्रोस्कोप निम्नलिखित में से किस सिद्धांत पर काम करता है?
A. ऑप्टिकल व्यतिकरण
B. इलेक्ट्रॉन की तरंग प्रकृति
C. विद्युत चुम्बकीय क्षेत्रों में चार्ज कण का मोशन
D. फैराडे का विद्युत चुम्बकीय प्रेरण का नियम

Q.18 किसी भी ग्रह पर गुरुत्वाकर्षण के कारण होने वाला त्वरण निम्नलिखित में से किस पर निर्भर नहीं करता है?
A. ग्रह की त्रिज्या
B. ग्रह का द्रव्यमान
C. ग्रह का घनत्व
D. वस्तु का द्रव्यमान

Q.19 निम्नलिखित में से कौन सी घटना विद्युत जनरेटर का आधार है?
A. विद्युत चुम्बकीय प्रेरण
B. फेरोइलेक्ट्रिक प्रभाव
C. टेलर की धाराएँ
D. इलेक्ट्रोल्यूमिनेशन

Q.20 एक प्रतिचुम्बकीय पदार्थ की प्रवणता क्या है?
A. धनात्मक और छोटा
B. धनात्मक और बड़े
C. ऋणात्मक
D. इनमें से कोई नहीं

Q.21 शहद में मौजूद शर्करा का नाम _______ है।
A. लेवुलोज़
B. माल्टोज़
C. डेक्सट्रोज़
D. उपरोक्त सभी

Q.22 जब पानी 0°C से 10°C तक गर्म होता है, तो इसका आयतन ___________।
A. वृद्धि होगी
B. कमी होगी
C. पहले घटता है, फिर बढ़ता है
D. स्थिर रहेगा

Q.23 प्लास्टर ऑफ पेरिस में _______ सल्फेट का महीन सफेद पाउडर होता है।
A. सोडियम
B. कैल्शियम

C. मैगनीशियम   **D.** बेरियम

Q.24 टूथपेस्ट को सफ़ेद बनाने के लिए कौन-से रसायन का उपयोग किया जाता है?

A. कैल्शियम कार्बोनेट
B. सोडियम कार्बोनेट
C. टाइटेनियम डाइऑक्साइड
D. जिंक आक्साइड

Q.25 संपीड़ित प्राकृतिक गैस (CNG) मुख्यत है:

A. एथेन   **B.** प्रोपेन   **C.** मीथेन   **D.** ब्यूटेन

Q.26 डायोप्टर ______ की इकाई है।

A. लेंस की शक्ति   **B.** लेंस की फोकल लंबाई
C. प्रकाश की तीव्रता   **D.** ध्वनि की तीव्रता

Q.27 अवोगाद्रो स्थिरांक का मान _____ $\times 10^{23}$ है।

A. 7.022   **B.** 5.022   **C.** 8.022   **D.** 6.022

Q.28 चश्मा बनाने के लिए किस कांच का उपयोग किया जाता है?

A. सोडा कांच   **B.** पोटाश कांच
C. क्रूक कांच   **D.** जेना कांच

Q.29 शीतल पेय में पाया जाने वाला अम्ल है:

A. कार्बोनिक अम्ल   **B.** टारटरिक अम्ल
C. मैलिक अम्ल   **D.** सैलीसिलिक अम्ल

Q.30 बिना कोशिका भित्ति वाली पादप कोशिका को ____ कहा जाता है।

A. प्रोप्लास्ट   **B.** प्रोटोप्लास्ट
C. न्यूक्लियोप्लाज्म   **D.** एक्सप्लांट

// स्मार्ट उत्तर पुस्तिका //

सही उत्तर उन छात्रों का प्रतिशत जिन्होंने प्रश्नों का सही उत्तर दिया था।　　**छोड़ दिया** उन छात्रों का प्रतिशत जिन्होंने प्रश्नों को छोड़ दिया था।

प्रश्न संख्या	उत्तर	सही उत्तर / छोड़ दिया	प्रश्न संख्या	उत्तर	सही उत्तर / छोड़ दिया	प्रश्न संख्या	उत्तर	सही उत्तर / छोड़ दिया	प्रश्न संख्या	उत्तर	सही उत्तर / छोड़ दिया	प्रश्न संख्या	उत्तर	सही उत्तर / छोड़ दिया	प्रश्न संख्या	उत्तर	सही उत्तर / छोड़ दिया
1	A	78.3 % / 10.46 %	6	B	80.53 % / 12.47 %	11	D	88.83 % / 10.93 %	16	C	85.93 % / 11.64 %	21	D	88.95 % / 10.4 %	26	A	89.77 % / 10.23 %
2	A	85.15 % / 14.03 %	7	A	88.7 % / 10.12 %	12	B	81.71 % / 14.12 %	17	B	78.77 % / 10.31 %	22	C	86.33 % / 13.49 %	27	D	77.75 % / 21.31 %
3	B	88.8 % / 10.67 %	8	A	86.37 % / 11.22 %	13	A	81.73 % / 16.57 %	18	D	81.31 % / 16.32 %	23	B	87.02 % / 12.65 %	28	C	85.23 % / 12.62 %
4	D	87.32 % / 10.63 %	9	B	86.53 % / 12.01 %	14	A	84.81 % / 14.57 %	19	A	76.54 % / 14.7 %	24	C	89.84 % / 10.12 %	29	A	84.18 % / 13.2 %
5	B	89.72 % / 10.05 %	10	D	86.8 % / 11.84 %	15	B	79.74 % / 10.84 %	20	C	83.48 % / 11.03 %	25	C	89.11 % / 10.31 %	30	B	78.24 % / 14.72 %

//संकेत और समाधान//

1. ब्लू व्हेल एक समुद्री स्तनपायी जीव है। इसकी लंबाई 30 मीटर तक पायी गई है। यह वर्तमान जानवरों में सबसे बड़ा जानवर है।

अतः विकल्प (A) सही है।

2. रेशम एक प्राकृतिक प्रोटीन फाइबर है, जिसके कुछ रूपों को वस्त्रों में बुना जा सकता है।

रेशम का प्रोटीन फाइबर मुख्य रूप से फाइब्रोइन से बना होता है और कोकून बनाने के लिए कुछ कीट लार्वा द्वारा निर्मित होता है।
अतः विकल्प (A) सही है।

3. यदि जमीन के संपर्क में क्षेत्र सबसे छोटा है तो जमीन पर डाला गया दबाव सबसे ज्यादा होगा।

इसलिए, जब कोई व्यक्ति अपने पैर की उंगलियों पर खड़ा होता है, तो दबाव सबसे ज्यादा होगा।
अतः विकल्प (B) सही है।

4. अन्य तत्वों की तुलना में चांदी के इलेक्ट्रॉनों प्रवाह करने के लिए अधिक स्वतंत्र है, इसलिए बिजली का सबसे अच्छा चालक चांदी है।
अतः विकल्प (D) सही है।

5. जैसे-जैसे अर्धचालकों का तापमान बढ़ता है, वैलेंस बैंड के इलेक्ट्रॉनों को अपने परमाणुओं के संधि से बचने के लिए पर्याप्त ऊर्जा मिलती है। नतीजतन, अर्धचालक के ताप में वृद्धि से विद्युत चालकता बढ़ जाती है, प्रतिरोध कम हो जाता है।
अतः विकल्प (B) सही है।

6. एनेमोफिली या पवन परागण, परागण का एक रूप है जिससे पराग को हवा से वितरित किया जाता है। लगभग सभी जिम्नोस्पर्म एनेमोफिलस होते हैं, जैसा कि ऑर्डर पोल्स में कई पौधे हैं, जिसमें घास, सेज और रश शामिल हैं।
अतः विकल्प (B) सही है।

7. एक इमल्सन दो या दो से अधिक तरल पदार्थों का मिश्रण होता है जो सामान्य रूप से अमिश्रणीय (अनब्लेंडेबल) होते हैं। इमल्सन का उपयोग तब किया जाता है जब फैलाव और निरंतर चरण दोनों तरल होते हैं। इमल्सन के उदाहरणों में धातु के काम के लिए कुछ काटने वाले तरल पदार्थ, विनैग्रेट, दूध शामिल हैं।
अतः विकल्प (A) सही है।

8. सिंथेटिक पॉलिमर के एक परिवार के लिए नायलॉन एक सामान्य पदनाम है, विशेष रूप से स्निग्ध या अर्ध-सुगंधित पॉलीमाइड्स। उन्हें तंतुओं, फिल्मों या आकृतियों में संसाधित किया जा सकता है।
अतः विकल्प (A) सही है।

9. पोलियो एक विषाणु के कारण होने वाला एक अत्यधिक संक्रामक रोग है। इसके प्रेरक एजेंट, पोलियोवायरस, की पहचान 1908 में कार्ल लैंडस्टीनर ने की थी। पोलियो वायरस तंत्रिका तंत्र पर आक्रमण करता है और कुछेक घंटे में कुल पक्षाघात का कारण बन सकता है।
अतः विकल्प (B) सही है।

10. विद्युत शक्ति को दर, प्रति यूनिट समय के रूप में परिभाषित किया जाता है, जिस पर विद्युत ऊर्जा को एक विद्युत परिपथ द्वारा स्थानांतरित किया जाता है। शक्ति की SI इकाई वाट, प्रति सेकंड एक जूल है।

एम्पीयर- विद्युत धारा

वोल्ट- विद्युत क्षमता (वोल्टेज)

कूलॉम- विद्युत आवेश

अतः विकल्प (D) सही है।

11. जिस आवृत्ति पर मनुष्य ध्वनि का अनुभव कर सकता है वह 20 हर्ट्ज और 20,000 हर्ट्ज के बीच है। यह इन आवृत्तियों के भीतर है कि लोग एक-दूसरे से संवाद कर सकते हैं और संगीत सुन सकते हैं।
अतः विकल्प (D) सही है।

12. मानव आँख में अंध स्थल ऑप्टिक तंत्रिका और रेटिना के जंक्शन पर स्थित हो सकता है।

अंध स्थल: आंख का लेंस आंख की पश्च भाग पर प्रकाश को केंद्रित करता है, एक परत पर जिसे रेटिना कहा जाता है। रेटिना में कई तंत्रिका कोशिकाएं होती हैं। तंत्रिका कोशिकाओं द्वारा महसूस की गई संवेदनाएं फिर ऑप्टिक तंत्रिका के माध्यम से मस्तिष्क में प्रेषित होती हैं। ऑप्टिक तंत्रिका और रेटिना के जंक्शन पर, संवेदी कोशिकाएं नहीं होती हैं, इसलिए उस स्थान पर कोई दृष्टि संभव नहीं है। इसे अंध स्थल कहा जाता है।

अतः विकल्प (B) सही है।

13. इस्पात निर्माण लौह अयस्क और स्क्रैप से इस्पात के उत्पादन की प्रक्रिया है।

इस्पात निर्माण में, कच्चे लोहे से नाइट्रोजन, सिलिकॉन, फास्फोरस, सल्फर, और अतिरिक्त कार्बन जैसी अशुद्धियों को हटा दिया जाता है, और इस्पात के विभिन्न ग्रेड का उत्पादन करने के लिए मैंगनीज, निकल, क्रोमियम और वेनेडियम जैसे मिश्र धातु तत्व जोड़े जाते हैं।

लिक्विड स्टील से डाले जाने वाले उत्पादों की गुणवत्ता सुनिश्चित करने के लिए और नाइट्रोजन और ऑक्सीजन जैसी घुली हुई गैसों और इस्पात में मिली हुई अशुद्धियों ("निष्कर्ष") को सीमित करना भी महत्वपूर्ण है।

एक टन इस्पात का निर्माण करने के लिए निम्नलिखित आवश्यक हैं:

- 8 टन कोयला
- 4 टन लौह अयस्क
- 1 टन चूना पत्थर

अतः विकल्प (A) सही है।

14. हेलोफाइट एक पौधा है जो उच्च लवणता वाले पानी में पनपता है, खारे पानी में इसकी जड़ों के माध्यम से या नमक के स्प्रे के संपर्क में आता है, जैसे कि नमकीन अर्ध-रेगिस्तान, मैंग्रोव दलदल, दलदल और गलियों और समुद्री तटों में।

अतः विकल्प (A) सही है।

15. गाजर का रंग नारंगी होता है क्योंकि इसमें β-कैरोटीन होता है। β-कैरोटीन पौधों और फलों में प्रचुर मात्रा में रंग का लाल-नारंगी रंगद्रव्य होता है। यह एक कार्बनिक यौगिक है।

अतः विकल्प (B) सही है।

16. जब एक हीलियम परमाणु इलेक्ट्रॉनों को खो देता है, तो इसे सकारात्मक चार्ज मिलता है क्योंकि हीलियम परमाणु में प्रोटॉन की संख्या इलेक्ट्रॉनों की संख्या से अधिक हो जाती है। जब हीलियम परमाणु एक इलेक्ट्रॉन खो देता है तो यह +1 आवेश के साथ धनात्मक आयन बन जाता है।

अतः विकल्प (C) सही है।

17. इलेक्ट्रॉन माइक्रोस्कोप इलेक्ट्रॉनों के वेव नेचर के सिद्धांत पर काम करता है। इलेक्ट्रॉन सूक्ष्मदर्शी हमारी आंखों के बजाय दृश्य प्रकाश और इलेक्ट्रॉन डिटेक्टर के बजाय एक इलेक्ट्रॉन बीम का उपयोग करते हैं। एक इलेक्ट्रॉन बीम हमें बहुत छोटे पैमानों पर देखने की अनुमति देता है क्योंकि इलेक्ट्रॉन भी अपनी तरंग प्रकृति के कारण प्रकाश के रूप में व्यवहार कर सकते हैं।

अतः विकल्प (B) सही है।

18. किसी भी ग्रह पर गुरुत्वाकर्षण के कारण त्वरण का मान ग्रह की त्रिज्या और घनत्व पर निर्भर करता है और यह ग्रह की सतह पर रखे गए वस्तु के द्रव्यमान, आकार और घनत्व पर निर्भर नहीं करता है।

अतः विकल्प (D) सही है।

19. विद्युत चुम्बकीय प्रेरण घटना विद्युत जनरेटर का आधार है एक विद्युत जनरेटर में, यांत्रिक ऊर्जा का उपयोग चुंबकीय क्षेत्र में एक कंडक्टर को घुमाने पर बिजली के उत्पादन के लिए किया जाता है। विद्युत चुम्बकीय प्रेरण एक ऐसी घटना है जिसमें तारो की कुंडली के बीच में बदलता चुंबकीय प्रवाह प्रेरित विद्युत् वाहक बल उत्पन्न करता है। जब एक चुंबक और कुंडली के बीच सापेक्ष गति होती है, तो चुंबकीय प्रवाह बदल जाता है और इसलिए कुंडली में एक विद्युत प्रभावन बल उत्पन्न होता है। यह विद्युत प्रभावन बल प्रेरित धारा उत्पन्न करता है।

अतः विकल्प (A) सही है।

20. चुंबकीय प्रवणता एक डिग्री है जिसे किसी पदार्थ को बाहरी चुंबकीय क्षेत्र में चुंबकित किया जा सकता है। प्रवणता की दृष्टि से χ एक प्रतिचुम्बकीय पदार्थ है यदि यह ऋणात्मक है और अनुचंबकीय यदि धनात्मक और छोटी है तथा लौहचंबकीय यदि यह बड़ी और धनात्मक है।

अतः विकल्प (C) सही है।

21. शहद में मौजूद शर्करा लेवुलोज़, माल्टोज़, डेक्सट्रोज़ है।

शहद फ्लेवोनॉइड्स में भी समृद्ध है, जिसके कारण गाढ़ा तरल उत्कृष्ट सूजनरोधी गुणों को प्रदर्शित करता है और उच्च स्वास्थ्य लाभ प्रदान करता है। शहद एक ह्यापरोस्मोटिक एजेंट होने के कारण घाव से तरल पदार्थ निकालता है और इसे जल्दी भर देता है और हानिकारक बैक्टीरिया भी वहीं मर जाते हैं।

अतः विकल्प (D) सही है।

22. जब पानी 0°C से 10°C तक गर्म होता है, तो इसका आयतन पहले घटता है, फिर बढ़ता है।अधिकतर तरल पदार्थों को गर्म करने पर उनके आयतन में वृद्धि और घनत्व में कमी होती है, लेकिन पानी का व्यवहार 0°C से 4°C के बीच बिल्कुल विपरीत होता है। यदि पानी को एक बर्तन में गरम किया जाता है, तो आयतन 0°C से 4°C तक कम होता है और घनत्व बढ़ता है।

अतः विकल्प (C) सही है।

23. प्लास्टर ऑफ पेरिस में कैल्शियम सल्फेट का महीन सफेद पाउडर होता है। प्लास्टर ऑफ पेरिस एक सफेद पाउडरयुक्त रासायनिक यौगिक है जो हाइड्रेटेड कैल्शियम सल्फेट है जो आमतौर पर कैल्सीनिंग जिप्सम से प्राप्त होता है। 18वीं शताब्दी में पेरिस प्लास्टर उत्पादन का केंद्र बना, इस प्रकार इसे प्लास्टर ऑफ पेरिस के नाम से जाना जाता है। प्लास्टर ऑफ पेरिस को जिप्सम प्लास्टर के नाम से भी जाना जाता है।

अतः विकल्प (B) सही है।

24. टूथपेस्ट को सफ़ेद बनाने के लिए उपयोग किया जाने वाला रसायन टाइटेनियम डाइऑक्साइड। टाइटेनियम डाइऑक्साइड में "उच्च अपवर्तक सूचकांक" होता है। टाइटेनियम ऑक्साइड या टाइटेनियम डाइऑक्साइड एक खनिज है जो प्राकृतिक रूप से क्रिस्टलीय रूप में होता है।टाइटेनियम ऑक्साइड के रासायनिक गुण इसे "श्वेतक कारक" के रूप में टूथपेस्ट का एक व्यवहार्य घटक बनाते हैं।जब इसका उपयोग एक रंजक के रूप में किया जाता है, तो यह टाइटेनियम सफ़ेद, रंजक सफ़ेद 6 (PW₆) कहलाता है।

टाइटेनियम डाइऑक्साइड का सूत्र TiO_2 है।

अतः विकल्प (C) सही है।

25. मीथेन मुख्यत संपीड़ित प्राकृतिक गैस (CNG) हैसंपीड़ित प्राकृतिक गैस (CNG), प्राकृतिक गैस को संपीड़ित करके बनाई जाती है जो मुख्य रूप से मीथेन, CH₄ से बनी होती है। यह पेट्रोल या डीजल से बेहतर ईंधन है क्योंकि इसके दहन से पेट्रोल या डीजल की तुलना में कम अवांछनीय गैसें निकलती हैं।ईंधन के रूप में CNG को व्यापक रूप से अपनाने के लिए ईंधन भंडारण टैंक की लागत और स्थान प्रमुख बाधा है। पारंपरिक गैसोलीन से चलने वाले वाहनों की तुलना में CNG वाहनों को ईंधन भंडारण के लिए बहुत अधिक जगह की आवश्यकता होती है।

अतः विकल्प (C) सही है।

26. डायोप्टर एक लेंस की शक्ति की इकाई है।

फोकल लंबाई की SI इकाई मीटर (m) है।

इसलिए, शक्ति की SI इकाई = 1/ फोकल लंबाई की SI इकाई $= m^{-1} =$ डायोप्टर (D)

$1\ m^{-1} = 1\ D$

अतः विकल्प (A) सही है।

27. अवोगाद्रो स्थिरांक का मान 6.022×10^{23} है। मोल किसी पदार्थ की मात्रा के माप की एक मौलिक इकाई है।परमाणुओं के लिए, अवोगाद्रो के कणों की संख्या का द्रव्यमान ग्राम में उनके परमाणु द्रव्यमान के बराबर होता है।अणुओं के लिए, अवोगाद्रो के कणों की संख्या का द्रव्यमान ग्राम में उनके आणविक द्रव्यमान के बराबर होता है।

अतः विकल्प (D) सही है।

28. चश्मा बनाने के लिए क्रूक कांच का उपयोग किया जाता हैक्रोक ग्लास में सेरियम ऑक्साइड होता है, जो सूरज की रोशनी से पराबैंगनी किरणों को तेजी से अवशोषित कर लेता है, इसलिए इसका उपयोग चश्मा बनाने में किया जाता है। कांच गैर-क्रिस्टलीय और पारदर्शी या कम पारदर्शी पदार्थों के विभिन्न क्षारीय धातुओं के सिलिकेट्स का समरूप मिश्रण है। ग्लास का निर्माण सबसे पहले मिस्र में हुआ था।क्रूक के ग्लास में सीज़ियम ऑक्साइड होता है। इसका उपयोग स्पेक्ट्रम के निर्माण में भी किया जाता है क्योंकि यह यूवी किरणों को अवशोषित करता है।

अतः विकल्प (C) सही है।

29. शीतल पेय में पाया जाने वाला अम्ल कार्बोनिक अम्ल हैशीतल पेय में पाए जाने वाले तीन सबसे आम अम्ल साइट्रिक, कार्बोनिक और फॉस्फोरिक अम्ल हैं।कार्बोनिक अम्ल घुलित कार्बन डाइऑक्साइड से बनता है, जो लगभग सभी शीतल पेय में पाया जाता है।

रासायनिक सूत्र H_2O और CO_2 का मिश्रण है, जिसके परिणामस्वरूप H_2CO_3 बनता है।

$$CO_2\ (g) + H_2O\ (l) \longrightarrow H_2CO_3(aq)$$

शीतल पेय को फ़िज़ी बनाने के लिए, कार्बोनिक अम्ल मिलाया जाता है। जब बोतल खोली जाती है, तो दाब कम हो जाता है और कार्बोनिक अम्ल कार्बन डाइऑक्साइड और जल में घुल जाता है, जिससे यह फ़िज़ हो जाता है।

अतः विकल्प (A) सही है।

30. बिना कोशिका भित्ति वाली पादप कोशिका को प्रोटोप्लास्ट कहते हैं।

प्रोटोप्लास्ट पादप कोशिकाओं से एंजाइमी विधि का उपयोग करके कोशिका भित्ति को भंग करके प्राप्त किया जाता है - एंजाइम सेल्युलेस और पेक्टिनेज का उपयोग करके या यांत्रिक विधि द्वारा। कोशिकाओं को पत्ती के मेसोफिल भाग से प्राप्त किया जाता है।

प्रोटोप्लास्ट मुख्य रूप से प्रोटोप्लास्ट संलयन या दैहिक संकरण के लिए उपयोग किए जाते हैं, जहां पारंपरिक प्रजनन विधियों को लागू नहीं किया जा सकता है।

अतः विकल्प (B) सही है।

Q.1 तमिलनाडु के तंजावुर में बृहदीश्वर मंदिर का निर्माण किसने करवाया था?

A. राजराजा चोल प्रथम   **B.** विजयालय
C. सुंदरा चोल   **D.** राजेंद्र चोल प्रथम

Q.2 कांचीपुरम में कैलासनाथर मंदिर को किस शासन काल के दौरान बनाया गया था?

[RRB (NTPC), 2017]

A. पंड्या   **B.** चोल   **C.** पल्लव   **D.** चेर

Q.3 सिंधु घाटी सभ्यता के बारे में निम्नलिखित में से कौन सा कथन सही नहीं है?

A. मोहनजोदड़ो सिंधु नदी के तट पर स्थित था।
B. लोथल साइट नर्मदा नदी के तट पर स्थित था।
C. चंहुदारो पाकिस्तान की सीमाओं के भीतर स्थित था।
D. लोथल खंभात की खाड़ी के मुख पर था।

Q.4 निम्नलिखित में से किस स्थान पर घोड़े की हड्डियों के अवशेष पाए गए हैं?

A. सुरकोटदा   **B.** धोलावीरा
C. लोथल   **D.** मोहनजोदड़ो

Q.5 प्रसिद्ध राजा पुलकेशिन द्वितीय, निम्न में से किस राजवंश से संबंधित थे?

A. चोल   **B.** चेरा   **C.** राष्ट्रकूट   **D.** चालुक्य

Q.6 निम्नलिखित में से कौन-सा, सम्राट अशोक के धम्म का भाग नहीं था?

[UPSC NDA, 2021]

A. राजा का सम्मान करना
B. अपने धर्म से भिन्न धर्मों के प्रति सहिष्णुता
C. ब्राह्मणों का सम्मान करना
D. अपनी प्रजा के कल्याण को बढ़ावा देना

Q.7 निम्नलिखित में से सिंधु घाटी में खुदाई के बाद, निम्न में से क्या वाणिजियेक और आर्थिक विकास को दर्शाता है?

A. मिट्टी के बर्तन   **B.** मोहर
C. नाव   **D.** घर

Q.8 निम्नलिखित में से कौन सी चट्टानों को काट कर बनाई गई सबसे पुरानी गुफाएँ हैं जो अभी भी अस्तित्व में हैं?

A. अजन्ता की गुफाएँ
B. एलोरा गुफाएं
C. उदयगिरि और खंडगिरी गुफा
D. बाराबर पहाड़ी की गुफा

Q.9 नयनार कौन थे?

[Indian Military Academy (IMA), 2019], [Officers Training Academy (OTA), 2019]

A. जो विष्णु की भक्ति में डूबे हुए थे
B. वे जो बुद्ध के भक्त थे
C. वे अग्रणी (लीडर) जो शिव के भक्त थे
D. वे अग्रणी जो बसवेश्वर के भक्त थे

Q.10 आलवार कौन थे?

[Indian Military Academy (IMA), 2019], [Officers Training Academy (OTA), 2019]

A. वे जो विष्णु की भक्ति में डूबे हुए थे
B. शिव के भक्त
C. वे जो ईश्वर के निराकार रूप की उपासना करते थे
D. शक्ति के भक्त

Q.11 1857 में प्रथम स्वतंत्रता संग्राम का प्रारम्भ कहाँ से हुआ?

[UPSESSB PGT History, 2015]

A. लखनऊ   **B.** झाँसी   **C.** मेरठ   **D.** कानपुर

Q.12 हिन्दुस्तान सोशलिस्ट रिपब्लिकन एसोसिएशन गठित की गई थी-

[UPSESSB PGT History, 2015]

A. सुभाष चन्द्र बोस द्वारा   **B.** रासबिहारी बोस द्वारा
C. चन्द्रशेखर आजाद द्वारा   **D.** सरदार भगत सिंह द्वारा

Q.13 व्यापार के लिए आने वाले यूरोपीय लोगों में सर्वप्रथम कौन थे?

[UPSESSB PGT History, 2015]

A. डच   **B.** अंग्रेज   **C.** फ्रांसीसी   **D.** पुर्तगाली

Q.14 महात्मा गाँधी द्वारा भारत में आरम्भ किया गया प्रथम सत्याग्रह था-

[UPSESSB PGT History, 2015]

A. चम्पारन सत्याग्रह   **B.** खेड़ा सत्याग्रह
C. रौलेट सत्याग्रह   **D.** इनमें से कोई नहीं

Q.15 महात्मा गाँधी का ज्येष्ठ पुत्र कौन था?

[UPSESSB PGT History, 2011]

A. मणिलाल गाँधी   **B.** हरिलाल गाँधी
C. देवदास गाँधी   **D.** फिरोज गाँधी

Q.16 'पाकिस्तान' शब्द का सर्वप्रथम प्रयोग किसने किया?

[UPSESSB PGT History, 2011]

A. सर सेय्यद अहमद   **B.** मोहम्मद इकबाल
C. मोहम्मद अली जिन्ना   **D.** चौधरी रहमत अली

Q.17 अखिल भारतीय कांग्रेस के 1889 ई. के बम्बई अधिवेशन में कितनी भारतीय महिलाओं ने भाग लिया था?

[UPSESSB PGT History, 2011]

A. दस   **B.** आठ   **C.** पाँच   **D.** सात

Q.18 तराइन के प्रथम युद्ध में पृथ्वीराज चौहान ने किसे पराजित किया था?

A. अहमद शाह अब्दाली   **B.** मुहम्मद गजनी
C. शेर शाह सूरी   **D.** मुहम्मद गोरी

Q.19 मुगल काल की आधिकारिक भाषा थी:
A. उर्दू   **B.** फ़ारसी   **C.** तुर्की   **D.** अरबी

Q.20 रजिया सुल्तान को किस वर्ष गद्दी से हटाया गया था?

[Rajasthan Police Constable, 2020]

A. 1236 में   **B.** 1238 में   **C.** 1240 में   **D.** 1242 में

Q.21 मोठ की मस्जिद का निर्माण किसके शासनकाल के दौरान किया गया था?

[Rajasthan Police Constable, 2020]

A. सिकंदर लोदी   **B.** मुहम्मद तुगलक

C. अलाउद्दीन खिलजी   **D.** कुतुबुद्दीन ऐबक

Q.22 पानीपत का पहला युद्ध किस वर्ष लड़ा गया था?

[Rajasthan Police Constable, 2020]

A. 1226 में   **B.** 1530 में   **C.** 1526 में   **D.** 1556 में

Q.23 फिरोज शाह तुगलक के शासन के दौरान, खरज कर _______ पर लगाया जाता था।

A. भूमि   **B.** गैर मुस्लिम लोग
C. संपत्ति   **D.** युद्ध

Q.24 सगुण भक्ति परंपराओं के संबंध में निम्नलिखित में से कौन-सा/कौन-से कथन सही है/हैं?

1. सगुण भक्ति परंपराएँ विशिष्ट देवताओं, जैसे, विष्णु या उनके अवतारों की आराधना पर केंद्रित हैं।

2. सगुण भक्ति परंपराओं में, देवी एवं देवताओं की अवधारणा मानवाकृतीय (मानवरूपी) रूपों में की जाती है।

नीचे दिए गए कूट का प्रयोग कर सही उत्तर चुनिए:

[UPSC NDA, 2021]

A. केवल 1   **B.** केवल 2
C. 1 और 2 दोनों   **D.** न तो 1, न ही 2

Q.25 निम्नलिखित में से किसे मीराबाई का गुरु माना जाता था?

[UPSC NDA, 2021]

A. दादू   **B.** रैदास   **C.** रामानन्द   **D.** सूरदास

Q.26 आइन- ए-अकबरी के संबंध में निम्नलिखित में से कौन-सा कथन सही नहीं है?

[UPSC NDA, 2021]

A. इसके रचयिता अबुल फज़ल थे।
B. यह एक बृहत् कृति अकबर नामा का एक भाग है।
C. इसमें उल्लेख किया गया है कि मुग़ल साम्राज्य में विविध जनसमुदाय थे और सामासिक संस्कृति थी।
D. बाद में, शाहजहाँ के आदेश पर सदुल्लाह खान द्वारा इसमें संशोधन किए गए।

Q.27 महिला भारतीय संघ (WIA) की स्थापना का वर्ष क्या है?
A. 1947   **B.** 1937   **C.** 1927   **D.** 1917

Q.28 मोहनदास करमचंद गांधी का जन्म 2 अक्टूबर ------को हुआ था:
A. 1869   **B.** 1859   **C.** 1888   **D.** 1900

Q.29 निम्नलिखित में से कौन सा साम्राज्य सबसे लंबे समय तक चला?
A. पलास   **B.** प्रतिहारों   **C.** राष्ट्रकूट   **D.** सेना

Q.30 सेन वंश का संस्थापक कौन था ?
A. बल्लाल सेना   **B.** हेमंत सेन
C. लक्ष्मण सेन   **D.** विजय सेन

// स्मार्ट उत्तर पुस्तिका //

सही उत्तर — उन छात्रों का प्रतिशत जिन्होंने प्रश्नों का सही उत्तर दिया था।   **छोड़ दिया** — उन छात्रों का प्रतिशत जिन्होंने प्रश्नों को छोड़ दिया था।

प्रश्न संख्या	उत्तर	सही उत्तर / छोड़ दिया	प्रश्न संख्या	उत्तर	सही उत्तर / छोड़ दिया	प्रश्न संख्या	उत्तर	सही उत्तर / छोड़ दिया	प्रश्न संख्या	उत्तर	सही उत्तर / छोड़ दिया	प्रश्न संख्या	उत्तर	सही उत्तर / छोड़ दिया	प्रश्न संख्या	उत्तर	सही उत्तर / छोड़ दिया
1	A	82.73 % / 14.89 %	6	A	77.84 % / 19.85 %	11	C	88.29 % / 10.21 %	16	D	85.66 % / 12.1 %	21	A	82.65 % / 16.54 %	26	D	84.38 % / 12.63 %
2	C	81.07 % / 11.53 %	7	B	82.73 % / 11.91 %	12	C	88.5 % / 10.16 %	17	A	87.51 % / 10.67 %	22	C	85.65 % / 12.19 %	27	D	77.17 % / 12.79 %
3	B	76.15 % / 15.12 %	8	D	85.91 % / 10.29 %	13	D	86.08 % / 13.16 %	18	D	85.28 % / 13.39 %	23	A	87.92 % / 11.97 %	28	A	85.73 % / 10.12 %
4	A	76.94 % / 22.85 %	9	C	77.24 % / 10.61 %	14	A	87.42 % / 10.34 %	19	B	76.56 % / 15.92 %	24	C	84.03 % / 15.29 %	29	C	77.34 % / 12.69 %
5	D	83.44 % / 12.73 %	10	A	76.08 % / 15.76 %	15	B	78.96 % / 10.21 %	20	C	83.38 % / 11.33 %	25	B	89.75 % / 10.04 %	30	B	85.59 % / 10.43 %

//संकेत और समाधान//

1. तमिलनाडु के तंजावुर में बृहदीश्वर मंदिर का निर्माण राजराजा चोल प्रथम ने करवाया था।

वह चोल साम्राज्य के सबसे महान सम्राटों में से एक थे। उनके शासनकाल में, चोलों का विस्तार दक्षिण भारत से आगे उत्तर में कलिंग से लेकर दक्षिण में श्रीलंका तक फैला था। उसने उत्तर में चालुक्यों और दक्षिण में पांड्यों के साथ कई लड़ाइयाँ लड़ीं। उन्होंने तंजावुर में भगवान शिव को समर्पित बृहदीश्वर मंदिर का निर्माण कराया था।

अतः विकल्प (A) सही है।

2. कांचीपुरम में कैलासनाथर मंदिर को पल्लव शासन काल के दौरान बनाया गया था।

कांची कैलासनाथर मंदिर कांचीपुरम की सबसे पुरानी संरचना है। यह तमिलनाडु, भारत में स्थित है। मंदिर पल्लव राजवंश के एक राजसिम्हा शासक द्वारा 685-705 ईस्वी में बनाया गया था। यह द्रविड़ स्थापत्य शैली में एक हिंदू मंदिर (भगवान शिव को समर्पित) है।

अतः विकल्प (C) सही है।

3. खंभात की खाड़ी में, साबरमती की एक सहायक नदी, भोगवा नदी के साथ लोथल के हड़प्पा बंदरगाह-शहर के पुरातात्विक अवशेष स्थित हैं।

अतः विकल्प (B) सही है।

4. सुरकोटदा में घोड़े की हड्डियों के अवशेष पाए गए थे।

घोड़े का प्रमाण मोहनजोदड़ो के सतही स्तर से और लोथल से एक संदिग्ध टेराकोटा मूर्ति से आता है। घोड़े के अवशेष पश्चिमी गुजरात में स्थित सुरकोटडा से रिपोर्ट किए गए हैं और लगभग 2000 बी.C के हैं। लेकिन पहचान संदिग्ध है। किसी भी मामले में, हड़प्पा संस्कृति घोड़े-केंद्रित नहीं थी।

यह वर्तमान में गुजरात में मौजूद एक सिंधु घाटी स्थल है।

अतः विकल्प (A) सही है।

5. प्रसिद्ध राजा पुलकेशिन द्वितीय चालुक्य वंश के थे।

पुलकसी ।। ने बादामी के चालुक्यों पर शासन किया, जो एक भारतीय शाही राजवंश था जिसने छठी और बारहवीं शताब्दी के बीच दक्षिणी और मध्य भारत के बड़े हिस्सों पर शासन किया था।

पुलकेशिन द्वितीय ने 610 से 642 CE तक शासन किया।

अतः विकल्प (D) सही है।

6. अशोक का धम्म न तो कोई नया धर्म था और न ही कोई नया राजनीतिक दर्शन, यह जीवन का एक तरीका था। अशोक ने अंधविश्वास के प्रभाव में होने वाले सभी बेकार समारोहों और बलिदानों की निंदा की। अशोक के शिलालेखों की एक विशेषता यह है कि वह स्वयं को लोगों के लिए पिता तुल्य मानते हैं। इसलिए, राजा का सम्मान करना धम्म नहीं था।

अशोक का प्रमुख धम्म 14 शिलालेखों में अंकित है। कुछ महत्वपूर्ण धम्म हैं:

- पशु बलि का निषेध।
- यह सभी धर्मों के बीच सहिष्णुता की याचना करता है।
- दूसरों का सम्मान और दासों और नौकरों के लिए भी सम्मान और श्रमणों और ब्राह्मणों को दान।
- विभिन्न धर्मों के बीच सहिष्णुता के लिए प्रभावी दलील।
- औषधीय जड़ी बूटियों और पेड़ों का रोपण और सड़कों के किनारे कुओं की खुदाई, जो लोगों के कल्याण को बढ़ावा देने का वर्णन करती है।

अत: विकल्प (A) सही है।

7. मोहर वाणिज्यिक और आर्थिक विकास को दर्शाती है।

उनका उपयोग व्यापार में किया जाता था। वे सिरेमिक या मिट्टी के सामानों पर बने होते थे जो सामानों के बंडलों के आसपास रस्सी पर मोहर मारते थे।

अतः विकल्प (B) सही है।

8.

- बाराबर पहाड़ी की गुफाएं चट्टानों को काट कर बनाई गई सबसे पुरानी गुफाएँ हैं, जो अभी भी अस्तित्व में हैं।
- यह मखदुमपुर प्रांत, बिहार के जहानाबाद जिले में स्थित है।
- ऐसी गुफाएँ बारबार (चार गुफाएँ) और नागार्जुन (तीन गुफाएँ) पहाड़ी जोड़े में पाई जाती हैं।
- अजंता की गुफाएँ चट्टानों को काट कर बनाई गई बौद्ध गुफाएँ हैं।
- चट्टानों को काट कर बनाई गई यह दुनिया की सबसे बड़ी ऐसी गुफाएं हैं जो मठों के मन्दिरों में बनी हैं।
- उदयगिरि और खंडगिरी गुफाएँ, पुरातात्विक गुफाएँ हैं, जो आंशिक रूप से प्राकृतिक और आंशिक रूप से कृत्रिम हैं।

अतः विकल्प (D) सही है।

9. नयनार शिव के भक्त थे।

- अलवर विष्णु के भक्त थे।
- बसवेश्वरा के अनुयायियों को लिंगायत कहा जाता था।
- नयनार और अलवर दोनों सातवीं से आठवीं शताब्दी तक भक्ति आंदोलन से प्रभावित थे।
- लिंगायत बसवेश्वर के 12वीं सदी के अनुयायी हैं, जो 12वीं शताब्दी के एक समाज सुधारक थे, जो अपने कथनों को वचन कहते थे।
- उन्होंने शरनाओं के साथ ब्राह्मणवादी आधिपत्य के खिलाफ एक सुदृढ़ धार्मिक और आध्यात्मिक विद्रोह शुरू किया जो सभी की समानता का प्रचार करता है।
- बुद्ध ने आत्मनिरति और आत्मसंयम के बीच के मध्य मार्ग का प्रचार किया।

अतः विकल्प (C) सही है।

10. सातवीं से नौवीं शताब्दी में नयनारों (शिव को समर्पित संत) और अलवर (विष्णु को समर्पित संत) के नेतृत्व में नए धार्मिक आंदोलनों का उदय हुआ।

- वे सभी जातियों से आए थे जिनमें पुलाईयर और पनार जैसे "अछूत" माने गए थे।
- वे बौद्धों और जैनों के तीव्र आलोचक थे और शिव या विष्णु के उद्धार के मार्ग के रूप में प्रबल प्रेम का उपदेश देते थे।
- उन्होंने संगम साहित्य में पाया जाने वाला प्रेम और वीरता के आदर्शों (तमिल साहित्य का सबसे पहला उदाहरण, सामान्य युग की प्रारंभिक शताब्दियों के दौरान रचित) के रूप में आकर्षित किया और उन्हें भक्ति के मूल्यों के साथ मिश्रित किया।
- नयनार और अल्वार एक स्थान से दूसरे स्थान पर जाते थे, जहाँ वे गाँवों में विराजमान देवताओं की स्तुति में उत्तम कविताओं की रचना करते थे और उन्हें संगीत की ओर अग्रसर करते थे।
- 63 नयनार थे, जो कुम्हार, "अछूत" श्रमिकों, किसानों, शिकारियों, सैनिकों, ब्राह्मणों और प्रमुखों जैसे विभिन्न जाति की पृष्ठभूमि के थे।
- उनमें से सबसे प्रसिद्ध थे अप्पार, सांभरदार, सुंदरार और मणिकावसागर। उनके गीतों के संकलन में दो समूह हैं - थेवरम और तिरुवक्कम।
- 12 अलवर थे, जो समान रूप से विवादास्पद पृष्ठभूमि से आए थे, सबसे प्रसिद्ध पेरियालवर, उनकी बेटी अंदल, टोंडारादिपोदी

अलवर और नम्मलवार। उनके गीत दिव्य प्रभुधाम में संकलित किए गए थे।

अतः विकल्प (A) सही है।

11. अंग्रेजों को देश से खदेड़ने के लिए प्रथम स्वतंत्रता संग्राम की नींव सन् 1857 में मेरठ में रखी गई, जो कि बाद में पूरे देश में आग की तरह फैल गई। इसी ने अंग्रेजों के पैर भारत से उखाड़ने की भूमिका तैयार की और आखिर में 1947 में भारत को आजादी मिली।

अतः विकल्प (C) सही है।

12. हिन्दुस्तान सोशलिस्ट रिपब्लिकन एसोसिएशन का गठन अक्टूबर 1924 में भारतीय स्वतन्त्रता संग्राम के क्रान्तिकारी रामप्रसाद बिस्मिल, योगेश चन्द्र चटर्जी, चंद्रशेखर आजाद और शचींद्रनाथ सान्याल आदि ने कानपुर में की थी।

अतः विकल्प (C) सही है।

13. व्यापार के लिए आने वाले यूरोपीय लोगों में सर्वप्रथम पुर्तगाली थे। इनके पश्चात डच अंग्रेज डेनिश तथा फ्रांसीसी आये। भारत के लिए नए समुद्री मार्ग की खोज पुर्तगाली व्यापारी वास्कोडिगामा ने 17 मई 1948 को भारत के पश्चिमी तट पर अवस्थित बंदरगाह कालीकट पहुँच कर की।

अतः विकल्प (D) सही है।

14. गांधीजी के नेतृत्व में बिहार के चम्पारण जिले में सन् 1917 में एक सत्याग्रह हुआ। इसे चम्पारन सत्याग्रह के नाम से जाना जाता है। गांधीजी के नेतृत्व में भारत में किया गया यह पहला सत्याग्रह था।

अतः विकल्प (A) सही है।

15. हरिलाल गांधी (23 अगस्त 1888 - 18 जून 1948) मोहनदास करमचंद गांधी के सबसे बड़े पुत्र थे। उनके तीन छोटे भाई मणिला गांधी, रामदास गांधी और देवदास गांधी थे। हरिलाल का जन्म 23 अगस्त 1888 को हुआ था जब उनके पिता उच्च शिक्षा के लिए इंग्लैंड गए थे।

अतः विकल्प (B) सही है।

16. चौधरी रहमत अली पाकिस्तान की माँग करने वाले सबसे पहले समर्थकों में से एक थे। 28 जनवरी, 1933 को पाकिस्तान शब्द दुनिया के सामने आया और ये शब्द चौधरी रहमत अली द्वारा दिया गया था।

अतः विकल्प (D) सही है।

17. अखिल भारतीय कांग्रेस के 1889 ई. के बम्बई अधिवेशन में दस भारतीय महिलाओं ने भाग लिया था। यह अधिवेशन पूणे में आयोजित था लेकिन वहां अकाल के कारण बम्बई में गोकुलदास तेजपाल संस्कृत विद्यालय में हुआ।

अतः विकल्प (A) सही है।

18. तराइन के प्रथम युद्ध में पृथ्वीराज चौहान ने मुहम्मद गोरी ने पराजित किया था।

मुहम्मद गोरी का असली नाम शहाबुद्दीन उर्फ मुइजुद्दीन मुहम्मद गोरी था। उसने 1175 ई. में मुल्तान के साथ एक मुस्लिम शासक के खिलाफ अपनी यात्रा शुरू की और विजयी हुआ। उसने दो महत्वपूर्ण लड़ाइयाँ लड़ीं, अर्थात् 1191 ई. में तराइन का प्रथम युद्ध हुआ, जिसमें वह पृथ्वीराज चौहान से पराजित हुआ। 1192 ई. में तराइन का द्वितीय युद्ध जहां पृथ्वीराज चौहान पराजित हुआ और उसके द्वारा मारा गया था।

अतः विकल्प (D) सही है।

19.

- मुगल साम्राज्य की आधिकारिक भाषा फारसी थी क्योंकि पहला मुगल सम्राट बाबर, अफगानिस्तान से आया था।

- फ़ारसी ईरान की एक मूल भाषा है और अफगानिस्तान में भी इस्तेमाल की गई थी।

- इसलिए जब मुगल भारत आए, तो उन्होंने अपने साथ फारसी भाषा को खरीदा।

अतः विकल्प (B) सही है।

20. रजिया सुल्तान को 1240 में गद्दी से हटाया गया था।

रज़िया सुल्तान (1236 ई.-1240 ई.) गुलाम वंश की थी। वह मध्यकालीन भारत की पहली और अंतिम मुस्लिम महिला शासक थीं। उसने जमालुद्दीन याकूत को घुड़सवार सेना का सर्वोच्च अधिकारी नियुक्त किया। रज़िया सुल्तान ने परदा त्याग दिया और पुरुष परिधान में जनता के सामने आई। उसने मंगोल आक्रमण से साम्राज्य को बचाया। उनकी मृत्यु वर्ष 1240 ई. में हुई।

अतः विकल्प (C) सही है।

21. मोठ की मस्जिद का निर्माण सिकंदर लोदी के शासनकाल के दौरान किया गया था।

मोठ की मस्जिद 1505 में वज़ीर मिया भोइया द्वारा बनाई गई थी जो सुल्तान सिकंदर लोदी के शाही दरबार में एक प्रधानमंत्री थे।

सिकंदर लोदी (1489 ई.-1517 ई.) बहलोल लोदी का पुत्र था जिसने बिहार और पश्चिमी बंगाल पर विजय प्राप्त की। तीन लोदी शासकों में श्रेष्ठ, असली नाम निज़ाम खान (बहलुल लोदी का पुत्र) था। उन्होंने 1504 ई. में बिहार और बंगाल पर विजय प्राप्त की। उन्होंने आगरा नाम से एक नया शहर बनाया और इसे अपनी राजधानी बनाया। उन्होंने अपनी राजधानी को दिल्ली से आगरा स्थानांतरित कर दिया, उनके द्वारा स्थापित एक शहर। उसने नगरकोट में ज्वालामुखी मंदिर की पवित्र मूर्तियों को तोड़ दिया और मथुरा के मंदिरों को नष्ट करने का आदेश दिया। उन्होंने खेती में खेतों को मापने के लिए 32 अंकों के गज-ए-सिकंदरी (सिकंदर का यार्ड) की शुरुआत की। वह एक कवि थे और उन्होंने फ़ारसी में गुलरुख नाम से एक कविता लिखी थी। उन्होंने कुतुब मीनार की मरम्मत की।

अतः विकल्प (A) सही है।

22. पानीपत का पहला युद्ध (21 अप्रैल 1526) पानीपत हरियाणा के एक छोटे से गाँव के पास लड़ा गया था।

युद्ध इब्राहिम लोदी के शासन के दौरान ज़हीर-उद-दीन बाबर और लोदी साम्राज्य की हमलावर सेनाओं के बीच लड़ा गया था। काबुलिस्तान के शासक बाबर की मुगल सेना ने दिल्ली के सुल्तान इब्राहिम लोदी की शासक सेना को हराया था। तुलुगमा और अराबा के बाबर की रणनीति ने उसे जीत के लिए प्रेरित किया था।

अतः विकल्प (C) सही है।

23. फिरोजशाह तुगलक के शासन के दौरान, खरज कर भूमि पर लगाया जाता था। भूमि कर भूमि की उपज के दसवें हिस्से के बराबर था। फिरोजशाह तुगलक, तुगलक वंश के तीसरे शासक थे जिन्होंने 1320 से 1400 ईस्वी तक दिल्ली पर शासन किया था।

अतः विकल्प (A) सही है।

24. एक अलग स्तर पर, धर्म के इतिहासकारों ने भक्ति परंपराओं को दो व्यापक श्रेणियों में वर्गीकृत किया:

- सगुण (गुणों के साथ): सगुण में शिव, विष्णु और उनके अवतार (अवतार) जैसे विशिष्ट देवताओं की पूजा पर केंद्रित परंपराएं शामिल थीं। इसलिए, कथन 1 सही है।

- देवी या देवी के रूप, सभी को अक्सर मानवरूपी रूपों में परिकल्पित किया जाता है। इसलिए, कथन 2 सही है।

- निर्गुण (विशेषताओं के बिना): दूसरी ओर निर्गुण भक्ति भगवान के एक अमूर्त रूप की पूजा थी।

अतः विकल्प (C) सही है।

25. रैदास को मीराबाई का गुरु माना जाता था।

काशी के पास मंडूर में जन्मे, भक्त कवि रैदास एक मोची के पुत्र थे। यह एक आम सहमति है कि उनका जन्म संवत 1433 (1377 ईस्वी) में माघ सूद 15 (पूर्णिमा) को हुआ था। चूंकि दिन रविवार था, इसलिए उनका नाम रविदास रखा गया, जो बाद में हिंदी में रैदास और गुजराती में रोहिदास बन गए।

अत: विकल्प (B) सही है।

26. "बाद में, शाहजहाँ के आदेश पर सदुल्लाह खान द्वारा इसमें संशोधन किए गए।" कथन आइन-ए-अकबरी के संबंध में सही नहीं है।

आइन-ए-अकबरी 16वीं शताब्दी में अबुल फजल द्वारा फारसी भाषा में लिखी गई थी।

अकबरनामा तीन पुस्तकों में विभाजित है: तीसरी है आइन-ए-अकबरी।

- यह अकबर के प्रशासन, सेना, राजस्व, गृहस्थी और उसके साम्राज्य के भूगोल से संबंधित है।
- यह भारत में रहने वाले लोगों की परंपराओं और संस्कृति के बारे में समृद्ध विवरण प्रदान करता है।
- इसे फसलों, पैदावार, कीमतों, मजदूरी और राजस्व के बारे में सांख्यिकीय विवरण भी मिला।

अत: विकल्प (D) सही है।

27. महिला भारतीय संघ (WIA) की स्थापना का वर्ष 1917 है

8 मई 1917 को अडयार, मद्रास में, महिलाओं के एक बहुजातीय समूह ने महिला भारतीय संघ (डब्ल्यूआईए) की स्थापना की। डब्ल्यूआईए भारतीय महिलाओं की सामाजिक और यौन अधीनता को पितृसत्ता, गरीबी और राजनीतिक बेदखली के साथ साहसपूर्वक जोड़ने वाले पहले संगठनों में से एक था।

अत: विकल्प (D) सही है।

28. मोहनदास करमचंद गांधी का जन्म 2 अक्टूबर 1969 को हुआ था।

राष्ट्र के लिए उनके योगदान का जश्न मनाने के लिए, 2 अक्टूबर को हर साल राष्ट्रीय अवकाश के रूप में मनाया जाता है। इस दिन को संयुक्त राष्ट्र द्वारा अंतरराष्ट्रीय अहिंसा दिवस के रूप में भी मनाया जाता है। 2 अक्टूबर 1869 को जन्मे, मोहनदास करमचंद गांधी स्वतंत्रता आंदोलन के भारत के सबसे बड़े नेता थे।

अतः विकल्प (A) सही है।

29. राष्ट्रकूट साम्राज्य सबसे लंबे समय तक चला।

राष्ट्रकूट (755 - 975 ईस्वी) कन्नड़ मूल के थे और कन्नड़ भाषा उनकी मातृभाषा थी।

अत: सही विकल्प (C) है।

30. हेमंतसेन राजवंश के संस्थापक थे।

यह मूल रूप से पाल वंश की सहायक नदी थी। 11वीं शताब्दी के मध्य में उन्होंने अपनी स्वतंत्रता की घोषणा की और खुद को राजा के रूप में स्थापित किया।

अत: सही विकल्प (B) है।

Q.1 ऊपर से नीचे तक वायुमंडल की परतों को व्यवस्थित कीजिए।

A. क्षोभमंडल - समतापमंडल - मध्यमंडल - तापमंडल

B. आयनमंडल- क्षोभमंडल - समतापमंडल - मध्यमंडल

C. आयनमंडल- मध्यमंडल - समतापमंडल - क्षोभमंडल

D. क्षोभमंडल - समतापमंडल - तापमंडल- मध्यमंडल

Q.2 निम्नलिखित में से कौन-सा नदी द्वारा अपरदित स्थलरूप है?

A. लोयस

B. U-आकार घाटी

C. V-आकार घाटी

D. प्राकृतिक तटबंध

Q.3 अदृश्य रेखा जो उत्तरी ध्रुव को दक्षिणी ध्रुव से जोड़ती है, कहलाती है:

A. मध्याह्न

B. अक्षांश

C. भूमध्य रेखा

D. अक्षीय तल

Q.4 विषुव एक ऐसी अवस्था है जिसमें दिन और रात की अवधि बराबर होती है। यह होता है:

A. 22 मार्च और 31 सितंबर

B. 10 मार्च और 13 सितंबर

C. 21 मार्च और 23 सितंबर

D. 21 जून और 22 दिसंबर

Q.5 जीपीएस एक उपकरण है जिसका उपयोग _____ ज्ञात करने के लिए किया जाता है।

A. एक क्षेत्र के पार अनुभागीय माप

B. किसी क्षेत्र की स्थिति

C. किसी क्षेत्र की सापेक्ष राहत

D. चित्रमय माप और झुकाव

Q.6 दिन और रात की अवधि में अंतर बढ़ता जाता है, जैसे-जैसे कोई आगे बढ़ता है:

A. पश्चिम से पूर्व तक

B. प्रधान मध्याह्न के पूर्व और पश्चिम तक

C. ध्रुवों से भूमध्य रेखा तक

D. भूमध्य रेखा से ध्रुवों तक

Q.7 सौरमंडल का दूसरा सबसे बड़ा पिंड है:

A. सूर्य **B.** पृथ्वी **C.** बृहस्पति **D.** शनि ग्रह

Q.8 निम्नलिखित में से कौन से ग्रह आंतरिक ग्रह की श्रेणी में आते है?

A. पृथ्वी, मंगल, शनि **B.** बुध, शुक्र, बृहस्पति

C. बुध, शुक्र, पृथ्वी **D.** शनि, मंगल, यूरेनस

Q.9 निम्नलिखित में से कौन सा कथन ग्रीष्म संक्रांति से संबंधित शर्त को पूरा करता है:

A. दक्षिणी गोलार्ध में रहने वाले लोग अधिकांशतः दिन के उजाले में रहते हैं

B. उत्तरी गोलार्ध में रहने वाले लोगों के लिए दिन और रात बराबर होते हैं

C. उत्तरी गोलार्ध में रहने वाले लोग अधिकांशतः दिन के उजाले में रहते हैं

D. भूमध्य रेखा पर दिन की अवधि छोटी होती है

Q.10 टिम्बर वनस्पति आमतौर पर निम्नलिखित में से किस क्षेत्र में नहीं पाई जाती है?

[Indian Military Academy (IMA), 2020], [Officers Training Academy (OTA), 2020]

A. उपोष्णकटिबंधीय क्षेत्र **B.** शीतोष्ण क्षेत्र

C. अल्पाइन क्षेत्र **D.** टुंड्रा क्षेत्र

Q.11 भारत का सबसे बड़ा भौगोलिक क्षेत्र निम्नलिखित में से किस प्रकार की मिट्टी से आच्छादित है?

[Indian Military Academy (IMA), 2020], [Officers Training Academy (OTA), 2020]

A. इन्सेप्टिसोल **B.** एंटिसोल

C. अल्फिसोल **D.** वर्टिसोल

Q.12 निम्नलिखित में से कौन सा शहर भूमध्य रेखा के सबसे नजदीक है?

[Indian Military Academy (IMA), 2020], [Officers Training Academy (OTA), 2020]

A. मोगादिशू **B.** सिंगापुर **C.** कोलम्बो **D.** मनीला

Q.13 निम्नलिखित में से कौन सा एक प्रवाल भित्ति द्वीप नहीं है?

[Indian Military Academy (IMA), 2020], [Officers Training Academy (OTA), 2020]

A. महान बैरियर रीफ, ऑस्ट्रेलिया

B. इंद्रधनुष की चट्टान, फिजी

C. स्वराज द्वीप, भारत

D. क्यूशू द्वीप, जापान

Q.14 आज़ोव का सागर _____ से जुड़ा है।

[Indian Military Academy (IMA), 2020], [Officers Training Academy (OTA), 2020]

A. काला सागर **B.** बाल्टिक सागर

C. भूमध्य - सागर **D.** उत्तरी सागर

Q.15 मोलिब्डेनम का सबसे बड़ा उत्पादक क्लाइमेक्स खदान, _______ में स्थित है।

[Indian Military Academy (IMA), 2020], [Officers Training Academy (OTA), 2020]

A. कनाडा **B.** अमेरीका

C. ऑस्ट्रेलिया **D.** दक्षिण अफ्रीका

Q.16 भारत के निम्नलिखित केंद्र शासित प्रदेशों में से कौन सा भौगोलिक क्षेत्र में सबसे छोटा है?

[Indian Military Academy (IMA), 2020], [Officers Training Academy (OTA), 2020]

A. चंडीगढ़

B. पुडुचेरी

C. दादरा और नगर हवेली और दमन और दीव

D. लक्षद्वीप

Q.17 पाक जलडमरूमध्य और _____ द्वारा गठित समुद्र के एक संकीर्ण चैनल द्वारा श्रीलंका को भारत से अलग किया गया है।

A. सिंहल की खाड़ी **B.** कुचु की खाड़ी

C. मन्नार की खाड़ी **D.** जिब्राल्टर की खाड़ी

Q.18 निम्नलिखित में से कौन सा देश अभ्रक का प्रमुख उत्पादक है?

A. भारत **B.** अमेरीका **C.** ब्राज़ील **D.** चीन

Q.19 निम्नलिखित में से कौन विश्व का दूसरा सबसे बड़ा महासागर है?

A. अटलांटिक महासागर **B.** प्रशांत महासागर

C. हिंद महासागर **D.** अंटार्कटिक महासागर

Q.20 पश्चिमी विक्षोभ के कारण उत्तर भारत में शीतकालीन वर्षा होती है:
A. हिमालय
B. अरब सागर
C. हिंद महासागर
D. भूमध्यसागरीय क्षेत्र

Q.21 सबसे ठंडी वायुमंडलीय परत कौन सी है?
A. क्षोभ मंडल
B. आयन मंडल
C. बहिर्मंडल
D. मध्यमण्डल

Q.22 भारत में मैंग्रोव वनस्पति _______ में सबसे व्यापक है।
A. मालाबार
B. कच्छ का रण
C. सुंदरवन
D. इनमें से कोई नहीं

Q.23 सूर्य से निकटतम पहले चार ग्रहों को किस रूप में जाना जाता है
A. स्थलीय ग्रह
B. जोवियन ग्रह
C. गैसीय ग्रह
D. गैस-विशालकाय ग्रह

Q.24 विश्व का सबसे बड़ा द्वीप कौन सा है?
A. ग्रीनलैंड
B. मेडागास्कर
C. कनाडा
D. बोर्नियो

Q.25 दक्षिण अमेरिका के मध्य अक्षांशीय घास के मैदान का क्या नाम है:
[Super TET Paper - I, 2018], [Bihar PSC, 2017]

A. प्रेयरी
B. पम्पास
C. वेल्ड
D. स्टेपी

Q.26 कितने भारतीय राज्य म्यांमार के साथ सीमा साझा करते हैं?
A. 4
B. 5
C. 3
D. 6

Q.27 चिल्का झील निम्नलिखित में से किस राज्य में स्थित है?
A. उड़ीसा
B. पश्चिम बंगाल
C. आंध्र प्रदेश
D. तेलंगाना

Q.28 "मुंबई हाई" के साथ संबद्ध है:
A. इस्पात
B. पेट्रोलियम
C. लोहा
D. जूट

Q.29 रिहंद नदी घाटी परियोजना में है:
A. हिमाचल प्रदेश
B. हरियाणा
C. उत्तर प्रदेश
D. असम

Q.30 राजीव गांधी अंतर्राष्ट्रीय हवाई अड्डा कहाँ स्थित है?
A. हैदराबाद, तेलंगाना
B. लखनऊ, उत्तर प्रदेश
C. वाराणसी, उत्तर प्रदेश
D. कोलकाता, पश्चिम बंगाल

// स्मार्ट उत्तर पुस्तिका //

सही उत्तर — उन छात्रों का प्रतिशत जिन्होंने प्रश्नों का सही उत्तर दिया था। **छोड़ दिया** — उन छात्रों का प्रतिशत जिन्होंने प्रश्नों को छोड़ दिया था।

प्रश्न संख्या	उत्तर	सही उत्तर / छोड़ दिया	प्रश्न संख्या	उत्तर	सही उत्तर / छोड़ दिया	प्रश्न संख्या	उत्तर	सही उत्तर / छोड़ दिया	प्रश्न संख्या	उत्तर	सही उत्तर / छोड़ दिया	प्रश्न संख्या	उत्तर	सही उत्तर / छोड़ दिया	प्रश्न संख्या	उत्तर	सही उत्तर / छोड़ दिया
1	C	84.39 % / 15.54 %	6	D	86.06 % / 12.09 %	11	A	80.36 % / 11.44 %	16	D	86.32 % / 11.45 %	21	D	82.27 % / 15.18 %	26	A	84.23 % / 10.17 %
2	C	79.93 % / 11.56 %	7	C	86.77 % / 11.58 %	12	B	81.67 % / 12.4 %	17	C	79.31 % / 14.6 %	22	C	86.42 % / 12.91 %	27	A	79.6 % / 16.53 %
3	A	85.2 % / 10.14 %	8	C	79.28 % / 10.64 %	13	D	87.46 % / 11.59 %	18	D	88.48 % / 10.11 %	23	A	86.9 % / 12.87 %	28	B	76.19 % / 18.68 %
4	C	82.41 % / 13.35 %	9	C	88.63 % / 10.29 %	14	A	86.28 % / 10.25 %	19	A	79.23 % / 13.11 %	24	A	85.96 % / 13.03 %	29	C	83.21 % / 10.67 %
5	B	83.79 % / 12.42 %	10	D	81.35 % / 16.08 %	15	B	79.03 % / 13.19 %	20	D	78.8 % / 20.41 %	25	B	76.34 % / 16.71 %	30	A	83.1 % / 12.62 %

//संकेत और समाधान//

1. ऊपर से नीचे तक वायुमंडल की परतों को व्यवस्थित क्रम: आयनमंडल - मध्य मण्डल - समतापमंडल - क्षोभमंडल।

पृथ्वी को घेरती हुई जितने स्थान में वायु रहती है उसे वायुमंडल कहते हैं।

वायुमंडल के निचले भाग को (जो प्राय: चार से आठ मील तक फैला हुआ है) क्षोभमंडल, उसके ऊपर के भाग को समतापमंडल और उसके और ऊपर के भाग को मध्य मण्डल और मध्य मण्डल से ऊपरी भाग को आयनमंडल कहते हैं।

अत: विकल्प (C) सही है।

2. भूदृश्य लगातार दो प्रक्रियाओं से परिवर्तित हो रहा है - अपक्षय और अपरदन। अपरदन पानी, हवा और बर्फ जैसे विभिन्न कारकों द्वारा भूदृश्य का दूर ले जाया जाना है।

- उच्चतर प्रवणता के कारण, नीचे की ओर, ऊर्ध्वाधर अपरदन अधिक प्रभावी होता है। यह V-आकार की घाटियों का निर्माण करता है
- V-आकार की घाटी एक की खासियत है यह बहते पानी से निर्मित होती है।
- कटाव अधिक स्पष्ट होता है जब पानी का प्रवाह एक भारी होता है, और पानी निलंबित कणों (तलछटी भार) को वहन करता है।

अत: विकल्प (C) सही है।

3. देशांतर और अक्षांश दोनों एक मूल के रूप में पृथ्वी के केंद्र के साथ मापा जाने वाले कोण हैं। देशांतर प्राइम मेरिडियन से एक कोण है, जिसे पूर्व में मापा जाता है (पश्चिम के लिए अनुदैर्घ्य ऋणात्मक हैं)। अक्षांश भूमध्य रेखा से एक कोण को मापते हैं (दक्षिण में अक्षांश नकारात्मक हैं)।

- उत्तरी और दक्षिणी ध्रुव को मिलाने वाली रेखा को प्राइम मेरिडियन (मध्याह्न) कहा जाता है।
- A (भौगोलिक) मेरिडियन (या देशांतर की रेखा) पृथ्वी की सतह पर एक काल्पनिक महान चक्र का आधा हिस्सा है।
- यह उत्तरी ध्रुव और दक्षिणी ध्रुव द्वारा समाप्त एक समन्वय रेखा है, जो समान देशांतर के बिंदुओं को जोड़ती है, जैसा कि प्राइम मेरिडियन (मध्याह्न) के पूर्व या पश्चिम में कोणीय डिग्री में मापा जाता है।

अत: विकल्प (A) सही है।

4. एक विषुव एक ऐसी घटना है जिसमें किसी ग्रह का उप-बिंदु उसके विषुवत रेखा से होकर गुजरता है। विषुव एक ही समय है जब उत्तरी और दक्षिणी दोनों गोलार्ध दिन और रात के समय लगभग बराबर मात्रा में अनुभव करते हैं।

- हर साल दो विषुव होते हैं: एक 21 मार्च के आसपास और दूसरा 23 सितंबर के आसपास।
- कभी-कभी, विषुव "उपनाम विषुव" (वसंत विषुव) और "शरद विषुव" (गिरावट विषुव) का नाम दिया जाता है।
- विषुव के दौरान, सौर घोषणा 0° है। सौर घोषणा पृथ्वी के अक्षांश का वर्णन करती है जहां दोपहर के समय सूरज सीधे उपरिव्यय होता है।
- निर्वहक बिंदु एक ऐसा क्षेत्र है जहां सूर्य की किरणें एक समकोण पर पृथ्वी की सतह पर लंबवत चमकती हैं।
- केवल विषुव के दौरान पृथ्वी की 23.5° धुरी सूर्य की ओर या उससे दूर नहीं झुकी है: सूर्य की डिस्क का कथित केंद्र भूमध्य रेखा के समान ही है।

अत: विकल्प (C) सही है।

5. ग्लोबल पोजिशनिंग सिस्टम (जीपीएस) उपग्रहों और प्राप्त करने वाले उपकरणों का एक नेटवर्क है जिसका उपयोग पृथ्वी पर किसी चीज़ के स्थान को निर्धारित करने के लिए किया जाता है। कुछ जीपीएस रिसीवर इतने सटीक होते हैं कि वे 1 सेंटीमीटर (0.4 इंच) के भीतर अपना स्थान स्थापित कर सकते हैं। जीपीएस रिसीवर अक्षांश, देशांतर और ऊंचाई में स्थान प्रदान करते हैं।

अत: विकल्प (B) सही है।

6. पृथ्वी हर 365 दिन में एक बार सूर्य की परिक्रमा करती है और हर 24 घंटे में एक बार अपनी धुरी पर घूमती है। दिन और रात पृथ्वी के अपनी धुरी पर घूमने के कारण होते हैं, न कि यह सूर्य के चारों ओर परिक्रमा करते हैं।

- पृथ्वी के अपनी धुरी में घूमने के कारण दिन और रात की घटनाएँ होती हैं।
- एक पूर्ण परिभ्रमण को पूरा करने के लिए पृथ्वी को 23 घंटे और 56 मिनट लगते हैं।
- अपनी धुरी में घूमने के दौरान (23.5° झुकाव) जब एक हिस्सा सूर्य के सामने आता है, तो उस स्थान पर दिन का समय माना जाता है, और रात उस स्थान के विपरीत दिशा में रहती है।
- झुकाव भी पृथ्वी की सतह पर प्राप्त ऊर्जा में भिन्नता का कारण बनता है।
- सूर्य की किरणें पूरे वर्ष में भूमध्यरेखीय क्षेत्र के लिए लगभग लंबवत रहती है, लेकिन यह ध्रुव की ओर तिरछी हो जाती है।
- भूमध्य रेखा पर दिन और रात की अवधि लगभग समान है।
- इसलिए भूमध्य रेखा से ध्रुवों की ओर बढ़ने पर दिन और रात की अवधि में अंतर बढ़ता है।
- यहाँ पृथ्वी ग्रह पर, सूर्योदय, सूर्यास्त, और दिन और रात के चक्र के बारे में अधिक जानकारी (जीवन चक्र) सिर्फ जीवन के सरल तथ्य हैं।
- हर गुजरते साल के साथ होने वाले मौसमी बदलावों के परिणामस्वरूप, दिन और रात की लंबाई अलग-अलग हो सकती है और कुछ घंटों तक लंबी या कम हो सकती है।

अत: विकल्प (D) सही है।

7. सूर्य से दूरी से ग्रहों का सही क्रम बुध, शुक्र, पृथ्वी, मंगल, बृहस्पति, शनि, यूरेनस, नेप्च्यून है।

सबसे छोटे से सबसे बड़े तक सही क्रम बुध, मंगल, शुक्र, पृथ्वी, नेप्च्यून, यूरेनस, शनि और बृहस्पति है। बृहस्पति का व्यास पृथ्वी से लगभग 11 गुना है और सूर्य का व्यास बृहस्पति के व्यास का लगभग 10 गुना है।

अत: विकल्प (C) सही है।

8. बुध, शुक्र और पृथ्वी को आंतरिक ग्रह के रूप में जाना जाता है।

इंटरनेशनल एस्ट्रोनॉमिकल यूनियन (आईएयू) ने 2006 में प्लूटो की स्थिति को एक बौने ग्रह की स्थिति में डाउनग्रेड कर दिया क्योंकि यह आईएयू द्वारा पूर्ण आकार के ग्रह को परिभाषित करने के लिए उपयोग किए जाने वाले तीन मानदंडों को पूरा नहीं करता था।

ग्रह: एक तारे के चारों ओर एक अण्डाकार कक्षा में घूमने वाले खगोलीय पिंड को ग्रह के रूप में जाना जाता है।

हमारे सौर मंडल का ग्रह दो समूहों में विभाजित है:

आंतरिक ग्रह या स्थलीय ग्रह: वे चट्टानों और धातुओं से बने होते हैं और अपेक्षाकृत उच्च घनत्व वाले होते हैं।

अत: विकल्प (C) सही है।

9. पृथ्वी अपनी धुरी पर घूमती है और एक अण्डाकार कक्षा में सूर्य की परिक्रमा करती है। पृथ्वी के इस घूर्णन के लिए, सूर्य की किरणें कभी भी समान रूप से वितरित नहीं होती है। ग्लोब पर रात से दिन को विभाजित करने वाले

चक्र को प्रदीप्ति चक्र कहा जाता है। एक निश्चित अवधि के लिए, उत्तरी गोलार्ध को अधिक प्रकाश मिलता है जबकि दक्षिणी गोलार्ध को कम और इसके विपरीत होता है।

ग्रीष्म संक्रांति:

- जिस दिन पृथ्वी का उत्तरी ध्रुव सूर्य के सबसे नजदीक होता है उसे ग्रीष्म संक्रांति कहा जाता है।
- उत्तरी गोलार्ध में रहने वाले लोगों के लिए यह वर्ष का सबसे लंबा दिन (सबसे अधिक दिन का समय) है।
- यह वह दिन भी है जब सूर्य आकाश में अपने उच्चतम बिंदु पर पहुंच जाता है।
- उत्तरी गोलार्ध का एक बड़ा हिस्सा सूर्य से प्रकाश प्राप्त करता है, भूमध्य रेखा के उत्तर में स्थित क्षेत्रों में गर्मी होती है।
- इन स्थानों पर सबसे लंबा दिन और सबसे छोटी रात 21 जून को होती है।

इस प्रकार यह स्पष्ट है कि उत्तरी गोलार्ध में रहने वाले लोग अधिकांशतः दिन के उजाले में रहते हैं।

अत: विकल्प (C) सही है।

10. टिम्बर वनस्पति आमतौर पर टुंड्रा क्षेत्र में नहीं पाई जाती है।

- टिम्बर एक प्रकार की लकड़ी है जिसे बीम और तख्तों में संसाधित किया गया है।
- इसे अमेरिका और कनाडा में 'लंबर' के नाम से भी जाना जाता है
- न्यूनतम आयामी आकार देने में सक्षम किसी भी लकड़ी को लकड़ी या लकड़ी कहा जा सकता है। यह लकड़ी के उत्पादन की प्रक्रिया का एक चरण है।
- समयबद्धक का उपयोग संरचनात्मक उद्देश्यों के लिए किया जाता है। वे लकड़ी जो निर्माण के उद्देश्य से अनुकूलित की जाती हैं, वे लकड़ी की होती हैं। तैयार लकड़ी उद्योग के लिए मानक आकारों में आपूर्ति की जाती है।
- टिम्बर का उपयोग घर बनाने और फर्नीचर बनाने के लिए किया जाता है।
- टिम्बर वनस्पति आमतौर पर उपोष्णकटिबंधीय, शीतोष्ण और अल्पाइन क्षेत्रों में पाई जाती है।
-

टुंड्रा एक बेस्वाद ध्रुवीय रेगिस्तान है जो मुख्य रूप से अलास्का, कनाडा, रूस, ग्रीनलैंड, आइसलैंड और स्कैंडिनेविया, साथ ही उप-अंटार्कटिक द्वीपों में उच्च अक्षांशों में पाया जाता है। इस क्षेत्र के लंबे, शुष्क सर्दियों में महीनों में कुल अंधेरा और अत्यधिक तापमान होता है।

अतः विकल्प (D) सही है।

11. भारत का सबसे बड़ा भौगोलिक क्षेत्र इंसेप्टिसोल मिट्टी से आच्छादित है।

इन्सेप्टिसोल:

- ये आमतौर पर कमजोर रूप से विकसित तरुण मिट्टी हैं हालांकि वे एंटिसोल से अधिक विकसित हैं
- क्षेत्रफल (हज़ार हेक्टेयर में): 130372.9
- भारत के कुल क्षेत्रफल का प्रतिशत: 39.74

एंटिसोल:

- आमतौर पर युवा या अविकसित क्षितिज के ऊर्ध्वाधर विकास में कमी। ये कम उपजाऊ मिट्टी हैं

- क्षेत्रफल (हज़ार हेक्टेयर में): 92131.71
- भारत के कुल क्षेत्रफल का प्रतिशत: 28.08

अल्फिसोल्स:

- हल्के, भूरे रंग के भूरे रंग के और लाल रंग के मूल-उच्च भंडार के साथ भूरे रंग के लाल होते हैं और उपजाऊ होते हैं। यद्यपि उनकी उत्पादकता नमी और तापमान पर निर्भर करती है। वे चूने और अन्य रासायनिक उर्वरकों के मध्यम आवेदन के पूरक हैं
- क्षेत्रफल (हज़ार हेक्टेयर में): 44448.68
- भारत के कुल क्षेत्रफल का प्रतिशत: 13.55

वर्टिसोल :

- ये विस्तार योग्य मिट्टी की मिट्टी हैं, जो 30% से अधिक मिट्टी से बनती हैं। वर्टिसोल क्ले काले होते हैं जब गीले होते हैं और सूखने पर लोहे के सख्त हो जाते हैं। सूखने पर, वर्टिसोल्स दरार, और दरारें चौड़ी हो जाती हैं और मिट्टी सूख जाती है; यह 2 से 3 सेमी चौड़ी दरार पैदा करता है। ये उत्पादक मिट्टी हैं। भारत की रेगुर मिट्टी वर्टिसोल का एक उदाहरण है
- क्षेत्रफल (हज़ार हेक्टेयर में): 27960
- भारत के कुल क्षेत्रफल का प्रतिशत: 8.52.

अतः विकल्प (A) सही है।

12. दिए गए शहरों में, सिंगापुर भूमध्य रेखा के सबसे नजदीक है।

सिंगापुर समुद्री दक्षिण पूर्व एशिया में एक संप्रभु द्वीप शहर-राज्य है। यह भूमध्य रेखा के उत्तर में लगभग एक डिग्री अक्षांश (137 किलोमीटर या 85 मील), मलय प्रायद्वीप के दक्षिणी सिरे पर, पश्चिम में मलक्का जलडमरूमध्य, दक्षिण में रियाउ द्वीप (इंडोनेशिया) में स्थित है।

अतः विकल्प (B) सही है।

13. क्यूशू द्वीप (जापान) एक कोरल रीफ द्वीप नहीं है।

- प्रवाल द्वीप एक प्रकार का द्वीप है जो प्रवाल संधि और संबद्ध कार्बनिक पदार्थों से बनता है। यह उष्णकटिबंधीय और उप-उष्णकटिबंधीय क्षेत्रों में होता है, आमतौर पर प्रवाल भित्तियों के हिस्से के रूप में जो समुद्र के नीचे एक बड़े क्षेत्र को कवर करने के लिए बढ़े हैं।
- महान बैरियर रीफ दुनिया का सबसे बड़ा कोरल रीफ तंत्र है जो लगभग 344,400 वर्ग किमी के क्षेत्र में 2900 से अधिक व्यक्तिगत चट्टानों और 2,300 किमी तक फैले 900 द्वीपों से बना है। यह चट्टान ऑस्ट्रेलिया के क्वींसलैंड के तट से दूर कोरल सागर में स्थित है।
- इंद्रधनुष रीफ, तिवुनी के फिजियन द्वीपों और वनुआ लेवु के बीच सोमोसोमो स्ट्रेट में एक चट्टान है। यह दक्षिण प्रशांत में सबसे प्रसिद्ध गोता साइटों में से एक है।
- स्वराज द्वीप भारत के अंडमान द्वीप समूह में रिची के द्वीपसमूह का हिस्सा है। यह अपने गोता स्थलों और समुद्र तटों के लिए जाना जाता है, जैसे एलिफेंट बीच, अपने प्रवाल भित्तियों के साथ।

अतः विकल्प (D) सही है।

14. आज़ोव का सागर काला सागर से जुड़ा है।

- आज़ोव का सागर काला, मरमरा, एजियन और भूमध्य सागर से होकर गुजरता हुआ अटलांटिक महासागर में जाने वाला एक आंतरिक समुद्र है। यह केर्च की जलडमरूमध्य द्वारा काला सागर से जुड़ा हुआ है, जिसकी सबसे कम चौड़ाई 4 किलोमीटर (2.5 मील) और अधिकतम गहराई 15 मीटर (49 फीट) है।
- काला सागर: यूरोप और एशिया के बीच स्थित अटलांटिक महासागर का एक सीमांत सागर है; बाल्कन के पूर्व, पूर्वी यूरोप में

पूर्वी यूरोपीय मैदान के दक्षिण में, काकेसस के पश्चिम में, और पश्चिमी एशिया में अनातोलिया के उत्तर में। यह प्रमुख नदियों द्वारा आपूर्ति की जाती है, मुख्यतः डेन्यूब, नीपर और डॉन।

- **बाल्टिक सागर:** यह अटलांटिक महासागर का एक हाथ है, जो डेनमार्क, एस्टोनिया, फिनलैंड, जर्मनी, लातविया, लिथुआनिया, स्वीडन, पोलैंड, रूस और उत्तरी और मध्य यूरोपीय मैदान से घिरा है। समुद्र 53°N से 66°N अक्षांश और 10°E से 30°E देशांतर तक फैला है।

- **भूमध्य सागर:** अटलांटिक महासागर से जुड़ा एक समुद्र है, जो भूमध्यसागरीय बेसिन से घिरा हुआ है और लगभग पूरी तरह से भूमि से घिरा हुआ है: उत्तर में पश्चिमी और दक्षिणी यूरोप और अनातोलिया, दक्षिण में उत्तरी अफ्रीका और पूर्व में लेवांत द्वारा घिरा हुआ है।

- **उत्तरी सागर:** ग्रेट ब्रिटेन, जटलैंड, नॉर्वे, जर्मनी के दो राज्यों, नीदरलैंड, बेल्जियम और हौट्स-डी-फ्रांस के बीच अटलांटिक महासागर का एक समुद्र है। यूरोपीय महाद्वीपीय शेल्फ पर एक एपेरिक समुद्र दक्षिण में अंग्रेजी चैनल और उत्तर में नॉर्वेजियन सागर के माध्यम से महासागर से जोड़ता है।

अतः विकल्प (A) सही है।

15. मोलिब्डेनम का सबसे बड़ा उत्पादक क्लाइमेक्स खदान, अमेरीका में स्थित है।

- पश्चिमी अमेरिकी राज्य कोलोराडो में शुष्क रेगिस्तान, नदी घाटी और बर्फ से ढंके चट्टानी पर्वत के विविध परिदृश्य हैं, जो आंशिक रूप से रॉकी पर्वत राष्ट्रीय उद्यान द्वारा संरक्षित हैं।

- अन्य जगहों पर, मेसा वर्डे राष्ट्रीय उद्यान में पैतृक पुब्लोबन क्लिफ आवास हैं। समुद्र तल से एक मील ऊपर, डेनवर, कोलोराडो की राजधानी और सबसे बड़ा शहर, एक जीवंत शहर क्षेत्र पेश करता है।

अतः विकल्प (B) सही है।

16. भारत के निम्नलिखित केंद्र शासित प्रदेशों में से लक्षद्वीप भौगोलिक क्षेत्र में सबसे छोटा है। लक्षद्वीप भारत का सबसे छोटा केंद्र शासित प्रदेश है। हमारा देश, भारतीय 28 राज्यों और 8 केंद्र शासित प्रदेशों से मिलकर बना है।

- भारत में केंद्र शासित प्रदेश लक्षद्वीप की राजधानी कवरत्ती है।

- भारत का सबसे छोटा केंद्र शासित प्रदेश लक्षद्वीप एक द्वीपसमूह है जिसमें 36 द्वीप हैं जिनका क्षेत्रफल 36 वर्ग किमी है। इसलिए विकल्प (D) सही है।

- इस द्वीप पर आबादी लगभग 65,000 है।

अतः विकल्प (D) सही है।

17. पाक जलडमरूमध्य भारत (तमिलनाडु) और श्रीलंका (जाफना) के बीच एक जलडमरुमध्य है। मन्नार की खाड़ी श्रीलंका के मन्नार द्वीप के पास स्थित है। पाक जलडमरूमध्य और मन्नार की खाड़ी ऐडम्स ब्रिज (राम सेतु) के माध्यम से जुड़े हुए हैं, जो 50 किमी लंबा है।

मन्नार की खाड़ी हिंद महासागर में लक्षद्वीप सागर का हिस्सा बनने वाली एक बड़ी उथली खाड़ी है। यह कोरोमंडल तट क्षेत्र में भारत के दक्षिणपूर्वी सिरे और श्रीलंका के पश्चिमी तट के बीच स्थित है।

अतः विकल्प (C) सही है।

18. 2021 में दुनिया में सबसे बड़ा अभ्रक उत्पादक चीन था, जो अनुमानित 95,000 मीट्रिक टन अभ्रक का उत्पादन करता था।

अभ्रक एक सिलिकेट खनिज है, जिसे शीट सिलिकेट के रूप में जाना जाता है क्योंकि वे अलग-अलग परतों में बनते हैं। अभ्रक ऊष्मा प्रतिरोधी है और विद्युत का संचालन नहीं करता है। 37 विभिन्न प्रकार के अभ्रक खनिज हैं।

उदाहरण पर्पल लेपिडोलाइट, ब्लैक बायोटाइट, ब्राउन फ्लोगोपाइट और क्लियर मस्कोवाइट।

अतः विकल्प (D) सही है।

19. अटलांटिक महासागर दुनिया का दूसरा सबसे बड़ा महासागर है, जिसका क्षेत्रफल लगभग 106,460,000 किमी² (41,100,000 वर्ग मील) है।

यह पृथ्वी की सतह के लगभग 20 प्रतिशत और इसके जल सतह क्षेत्र के लगभग 29 प्रतिशत को घेरता है। यह विश्व के यूरोपीय संज्ञान में "पुरानी दुनिया" को "नई दुनिया" से अलग करने के रूप में जाना जाता है। अटलांटिक महासागर का सबसे बड़ा समुद्र सरगासो सागर है।

अत: विकल्प (A) सही है।

20. पश्चिमी विक्षोभ एक अतिरिक्त-उष्णकटिबंधीय तूफान है जो भूमध्यसागरीय क्षेत्र में उत्पन्न होता है जिससे भारतीय उपमहाद्वीप के उत्तरी भागों में अचानक सर्दियों में बारिश होती है।

इन तूफानों में नमी आमतौर पर भूमध्य सागर, कैस्पियन सागर और काला सागर से उत्पन्न होती है। पश्चिमी विक्षोभ (WD) जैसा कि नाम से पता चलता है कि यह एक अतिरिक्त उष्णकटिबंधीय तूफान है, जिसकी उत्पत्ति भूमध्य सागर में हुई है, यानी यह विक्षोभ "पश्चिम" से "पूर्व" दिशा तक जाता है।

अत: विकल्प (D) सही है।

21. मध्यमण्डल सबसे ठंडी वायुमंडलीय परत है।

मध्यमण्डल पृथ्वी की सतह से 50 से 80 किलोमीटर (लगभग) के बीच स्थित है। मध्यमंडल का औसत तापमान माइनस 85 डिग्री सेल्सियस के आसपास होता है।

अतः सही विकल्प (D) है।

22. देश की अधिकांश मैंग्रोव वनस्पतियाँ पूर्वी और पश्चिमी तटों पर पाई जाती हैं।

भारतीय सुंदरवन वन क्षेत्र दुनिया में तीसरा सबसे बड़ा परिवृत्त मैंग्रोव पारिस्थितिक क्षेत्र है। मैंग्रोव वन मुख्य रूप से 25° उत्तर और 25° दक्षिण अक्षांशों के बीच गर्म और उपोष्णकटिबंधीय क्षेत्रों में पाए जाते हैं।

अत: विकल्प (C) सही है।

23. सूर्य के सबसे निकट के चार ग्रह - बुध, शुक्र, पृथ्वी और मंगल स्थलीय ग्रह कहलाते हैं।

यह ग्रह पृथ्वी को तरह ठोस और चट्टानी हैं। जोवियन ग्रह या बाहरी ग्रह बृहस्पति, शनि, यूरेनस और नेप्च्यून हैं क्योंकि वे सभी पृथ्वी की तुलना में विशाल हैं, और उनके पास गैसीय प्रकृति है।

अत: विकल्प (A) सही है।

24. ग्रीनलैंड, दुनिया का सबसे बड़ा द्वीप, उत्तरी अटलांटिक महासागर में स्थित है। इसमें 2,130,800 किमी² (970 वर्ग मील) का क्षेत्र शामिल है।

ग्रीनलैंड अपने विशाल टुंड्रा और विशाल हिमनदों के लिए विख्यात है।

हालांकि ग्रीनलैंड डेनमार्क के राज्य का हिस्सा बना हुआ है, द्वीप की गृह-शासन सरकार अधिकांश घरेलू मामलों के लिए जिम्मेदार है। ग्रीनलैंडिक लोग मुख्य रूप से इनुइट (एस्किमो) हैं।

अत: विकल्प (A) सही है।

25. पम्पास दक्षिण अमेरिका में मध्य अक्षांशीय घास का मैदान है।

पम्पास उपजाऊ दक्षिण अमेरिकी तराई क्षेत्र हैं जो 1,200,000 वर्ग किलोमीटर (460,000 वर्ग मील) से अधिक को कवर करते हैं और इसमें ब्यूनस आयर्स, ला पम्पा, सांता फ़े, एंट्रे रियोस और कॉर्डोबा के अर्जेंटीना प्रांत शामिल हैं; उरुग्वे के सभी; और ब्राजील का सबसे दक्षिणी राज्य, रियो ग्रांडे डो सुल शामिल है।

अत: विकल्प (B) सही है।

26. म्यांमार भारत के साथ कुल 1643 किलोमीटर की सीमा साझा करता है।

म्यांमार के साथ अंतर्राष्ट्रीय सीमा साझा करने वाले भारतीय राज्य अरुणाचल प्रदेश, नागालैंड, मिजोरम और मणिपुर हैं।

म्यांमार की सीमाएँ इसके उत्तर-पश्चिम में बांग्लादेश और भारत, उत्तर-पूर्व में चीन, पूर्व और दक्षिण-पूर्व में लाओस और थाईलैंड और इसके दक्षिण और दक्षिण-पश्चिम में अंडमान सागर और बंगाल की खाड़ी से लगती हैं। यह एशिया का 10वां सबसे बड़ा देश है।

अत: विकल्प (A) सही है।

27. चिल्का झील एक खारे पानी की झील है और पूर्वी भारत में उड़ीसा राज्य के पुरी, खुर्दा और गंजम जिलों में फैली हुई मुहाना चरित्र के साथ एक उथला लैगून है।

चिल्का एशिया का सबसे बड़ा और दुनिया का दूसरा सबसे बड़ा लैगून है। यह भारत के पूर्वी तट पर ओडिशा राज्य में स्थित है, जो बंगाल की शक्तिशाली खाड़ी से रेत की एक छोटी सी पट्टी से अलग है।

अत: विकल्प (A) सही है।

28. मुंबई हाई पेट्रोलियम और प्राकृतिक गैस के तेल क्षेत्रों के लिए प्रसिद्ध है। भारत का लगभग 63 प्रतिशत पेट्रोलियम उत्पादन मुंबई हाई से होता है। इससे भारतीय गैस उत्पादन को गति मिली है।

अत: विकल्प (B) सही है।

29. रिहंद नदी घाटी परियोजना उत्तर प्रदेश में है।

यह रिहंद नदी पर है जो सोन नदी की सहायक नदी है। इसे गोविंद बल्लभ पंत सागर के रूप में भी जाना जाता है, जो आयतन की दृष्टि से जल संग्रहण में भारत का सबसे बड़ा बांध है।

इस बांध का जलग्रहण क्षेत्र उत्तर प्रदेश, मध्य प्रदेश और छत्तीसगढ़ में फैला हुआ है।

अत: विकल्प (C) सही है।

30. राजीव गांधी अंतर्राष्ट्रीय हवाई अड्डा भारतीय राज्य तेलंगाना की राजधानी हैदराबाद में स्थित है। यह हैदराबाद से लगभग 24 किलोमीटर (15 मील) दक्षिण में शमशाबाद में स्थित है।

अत: विकल्प (A) सही है।

Q.1 'मटकी' निम्नलिखित में से कहाँ का लोकप्रिय लोक नृत्य है?
A. असम   **B.** मध्य प्रदेश   **C.** बिहार   **D.** राजस्थान

Q.2 पुष्कर मेला कहाँ आयोजित किया जाता है?
A. उदयपुर   **B.** जैसलमेर   **C.** जोधपुर   **D.** अजमेर

Q.3 कौन सी चित्रकला राजस्थानी और मुगल का मिश्रण है?
A. कांगड़ा चित्रकला   **B.** पहाड़ी चित्रकला
C. मधुबनी चित्रकला   **D.** बसोली चित्रकला

Q.4 कथकली नृत्य शैली किससे संबंधित है?
A. कर्नाटक   **B.** केरल   **C.** तमिलनाडु   **D.** आंध्र प्रदेश

Q.5 चारकुला कहाँ का प्रसिद्ध लोक नृत्य है?
A. बुंदेलखंड
B. ब्रजभूमि
C. अवध
D. उपरोक्त में से कोई भी नहीं

Q.6 निम्नलिखित में से कौन सा उत्तराखंड का संगीत का उपकरण है?
A. वीणा   **B.** सितार   **C.** हुड़का   **D.** तानपुरा

Q.7 भारत के किस राज्य से 'खुदेड़' लोकगीत सम्बंधित हैं?
A. छत्तीसगढ़   **B.** ओडिशा   **C.** झारखण्ड   **D.** उत्तराखंड

Q.8 उत्तराखंड संस्कृति में "ठुलो ढुस्को" (ठुलो खेल) _________ है।
A. परिक्रमण   **B.** विवाह-संस्कार
C. कुश्ती   **D.** पहाड़ी रामायण

Q.9 निम्नलिखित में से कौन उत्तराखंड का एक प्रमुख आदिवासी समूह है?
A. जौनसारी जनजाति   **B.** थारू जनजाति
C. राजी जनजाति   **D.** उपर्युक्त सभी

Q.10 झोरा लोक नृत्य किस राज्य का है?
A. उत्तराखंड   **B.** कर्नाटक   **C.** असम   **D.** राजस्थान

Q.11 उजली या अनेरी होली संबंधित है:
A. जौनसारी जनजाति   **B.** भोटिया जनजाति
C. थारू जनजाति   **D.** राजी जनजाति

Q.12 तीजन बाई किस कला से संबंधित हैं?
A. बुर्रा कथा   **B.** पंडवानी   **C.** लावणी   **D.** नौटंकी

Q.13 निम्न में से कौन सा सुमेलित है?
A. एलोरा गुफाएं - शक
B. मीनाक्षी मंदिर - पल्लव
C. खजुराहो मंदिर - चंदेल
D. महाबलीपुरम मंदिर - राष्ट्रकूट

Q.14 कठपुतली किस राज्य से सम्बन्धित है?
A. राजस्थान   **B.** कर्नाटक   **C.** मध्य प्रदेश   **D.** उत्तराखंड

Q.15 भारत में पेंटिंग के संदर्भ में निम्न में से कौन-सा युग्म सुमेलित नहीं है?
[SSC Sub Inspector (CPO), 2020]
A. सौरा चित्रकला – ओडिशा
B. बाघ चित्रकला – मध्य प्रदेश

C. फड़ चित्रकला – राजस्थान
D. गुलेर चित्रकला – कर्णाटक

Q.16 'गांधार' कला शैली निम्न में से किस यूरोपीय देश की कला से प्रभावित थी?
[SSC Sub Inspector (CPO), 2020]
A. इटली   **B.** बेल्जियम   **C.** हंगरी   **D.** यूनान

Q.17 भांड पाथेर रंगमंच मुख्य रूप से भारत के निम्न में से किस राज्य/केन्द्र शासित प्रदेश की परंपरा है?
[SSC Sub Inspector (CPO), 2020]
A. दादरा और नगर हवेली   **B.** गोवा
C. जम्मू और कश्मीर   **D.** केरल

Q.18 'आलू पोस्तो' निम्न में से किस भारतीय राज्य का पारंपरिक व्यंजन है?
[SSC Sub Inspector (CPO), 2020]
A. हरियाणा   **B.** उत्तराखंड
C. गुजरात   **D.** पश्चिम बंगाल

Q.19 निम्न में से कौन वैशेषिक दर्शन विद्यालय से संबंधित था?
[SSC Sub Inspector (CPO), 2020]
A. कणाद   **B.** पतंजलि   **C.** गौतम   **D.** जैमिनी

Q.20 मधुबनी चित्रकला क्या दर्शाती हैं?
A. भगवान बुद्ध का जीवन
B. पश्चिमी संस्कृति
C. प्रकृति और हिंदू धार्मिक मूर्ति
D. बिरसा मुंडा का जीवन

Q.21 मोहिनीअट्टम नृत्य रूप कहाँ विकसित हुआ?
A. ओडिशा   **B.** कर्नाटक   **C.** तमिलनाडु   **D.** केरल

Q.22 प्रसिद्ध बृहदेश्वर मंदिर कहाँ है?
A. मदुरै   **B.** तंजावुर   **C.** कांचीपुरम   **D.** रामेश्वरम

Q.23 'घूमर' _____ राज्य का एक लोक-नृत्य है।
A. झारखंड   **B.** बिहार   **C.** त्रिपुरा   **D.** राजस्थान

Q.24 कामाख्या मंदिर निम्नलिखित में से किस राज्य में स्थित है?
A. कर्नाटक   **B.** केरल   **C.** असम   **D.** मेघालय

Q.25 अजंता के चित्र किस धर्म से संबंधित हैं?
A. जैन   **B.** सनातन   **C.** बौद्ध   **D.** ईसाई

Q.26 सूरजकुंड उत्सव किस राज्य में मनाया जाता है?
A. राजस्थान   **B.** मध्य प्रदेश   **C.** हरियाणा   **D.** गुजरात

Q.27 निम्नलिखित में से कौन दक्षिण भारत में मनाया जाने वाला फसल उत्सव है?
A. पोंगल, ओणम और बिहु   **B.** पोंगल और बिहु
C. पोंगल और ओणम   **D.** ओणम और बिहु

Q.28 शांति देवी, फुलवा फिल्मा राजस्थान के निम्नलिखित में से किस नृत्य से संबंधित हैं?
A. चकरी नृत्य   **B.** गवरी नृत्य

C. शंकरिया नृत्य　　　　　D. बम नृत्य

Q.29 ढोल लोक नृत्य किस क्षेत्र से संबंधित है?

A. बांसवाड़ा　　　B. झालावाड़　　　C. जालोर　　　D. उदयपुर

Q.30 भाम्बी समुदायों द्वारा राजस्थान का कौन सा नृत्य किया जाता है?

A. चारी　　　　　　　　　B. घूमर
C. कालबेलिया　　　　　　D. कच्ची घोड़ी

// स्मार्ट उत्तर पुस्तिका //

| सही उत्तर | उन छात्रों का प्रतिशत जिन्होंने प्रश्नों का सही उत्तर दिया था। | | छोड़ दिया | उन छात्रों का प्रतिशत जिन्होंने प्रश्नों को छोड़ दिया था। |

प्रश्न संख्या	उत्तर	सही उत्तर / छोड़ दिया	प्रश्न संख्या	उत्तर	सही उत्तर / छोड़ दिया	प्रश्न संख्या	उत्तर	सही उत्तर / छोड़ दिया	प्रश्न संख्या	उत्तर	सही उत्तर / छोड़ दिया	प्रश्न संख्या	उत्तर	सही उत्तर / छोड़ दिया	प्रश्न संख्या	उत्तर	सही उत्तर / छोड़ दिया
1	B	79.99 % / 14.45 %	6	C	82.93 % / 11.45 %	11	C	82.33 % / 11.19 %	16	D	84.65 % / 14.43 %	21	D	78.62 % / 15.01 %	26	C	83.48 % / 12.93 %
2	D	80.42 % / 19.13 %	7	D	77.13 % / 18.16 %	12	B	86.18 % / 10.08 %	17	C	88.99 % / 10.68 %	22	B	86.93 % / 10.82 %	27	C	80.82 % / 17.36 %
3	A	79.26 % / 14.6 %	8	D	79.08 % / 12.5 %	13	C	85.7 % / 12.26 %	18	D	85.46 % / 10.23 %	23	D	76.17 % / 20.57 %	28	A	88.41 % / 11.32 %
4	B	85.47 % / 10.56 %	9	D	87.81 % / 11.21 %	14	A	78.92 % / 14.59 %	19	A	85.37 % / 11.5 %	24	C	86.99 % / 10.18 %	29	C	89.99 % / 10.01 %
5	B	78.05 % / 21.04 %	10	A	61.35 % / 37.78 %	15	D	89.04 % / 10.37 %	20	C	86.3 % / 12.38 %	25	C	79.57 % / 20.26 %	30	D	78.76 % / 15.33 %

//संकेत और समाधान//

1. मटकी मध्य प्रदेश का एक लोकप्रिय लोक नृत्य है।

- मटकी नृत्य रूप मध्य प्रदेश में खानाबदोश जनजातियों द्वारा विकसित किया गया है।
- एक छोटे से घड़े का उपयोग करके किया जाने वाला एक लोक नृत्य है जो मध्य भारत से उत्पन्न हुआ जिसे "मटकी नृत्य" के रूप में जाना जाता है।
- यह "घड़ा नृत्य" मध्य प्रदेश राज्य से संबंधित है, और मुख्य रूप से मालवा क्षेत्र में किया जाता है।

अत: विकल्प (B) सही है।

2. राजस्थान के अजमेर जिले के पुष्कर में आयोजित होने वाला पुष्कर मेला भारत भर में प्रसिद्ध है। पुष्कर मेले को पुष्कर ऊंट मेला भी कहा जाता है। यह भारत के सबसे बड़े मेलों में से एक है। यह एक अनूठा पशु मेला, जो अन्य मेले समान नहीं हैं। यह महत्वपूर्ण मेला राजस्थान के छोटे लेकिन खूबसूरत शहर पुष्कर में मनाया जाता है।

अत: विकल्प (D) सही है।

3. कांगड़ा चित्रकला राजस्थान और मुगल का मिश्रण है। कांगड़ा की चित्रात्मक कला भारत को कला की दुनिया के बेहतरीन उपहारों में से एक है। यह 18वीं शताब्दी में निचले हिमालय में एक छोटे पहाड़ी राज्य 'गुलेर' में उत्पन्न हुआ था जब कश्मीरी चित्रकारों के एक परिवार ने मुगल शैली की चित्रकला में प्रशिक्षित होकर गुलेर के राजा दलीप सिंह के दरबार में आश्रय लिया था।

अतः विकल्प (A) सही है।

4. कथकली शास्त्रीय भारतीय नृत्य का एक प्रमुख रूप है। यह कला की एक "कहानी का खेल" शैली है, लेकिन पारंपरिक रूप से पुरुष अभिनेता-नर्तकियों द्वारा पहने जाने वाले विस्तृत रंगीन मेकअप, वेशभूषा और चेहरे के मुखौटे से अलग है। कथकली केरल के मलयालम भाषी दक्षिण-पश्चिमी क्षेत्र में एक हिंदू प्रदर्शन कला है।

अतः विकल्प (B) सही है।

5. चारकुला, उत्तर प्रदेश के ब्रज क्षेत्र में किया जाने वाला नृत्य है। इस नृत्य में, कृष्ण के गीतों पर नृत्य करती बड़ी-बड़ी बहुस्तरीय वृत्ताकार लकड़ी के पिरामिडों को अपने सिर पर बाँधती महिलाएँ।

अतः विकल्प (B) सही है।

6. उत्तराखंड के पारंपरिक संगीत के उपकरण उत्तराखंड के लोगों के मूल्यों को दर्शाता है। दमामा, हुड़का, तुरतुरी या तुरही, बीनी, मशक बीन या बैगपाइप, और बांसुरी उत्तराखंड में सबसे प्रसिद्ध संगीत उपकरण हैं। उत्तराखंड के पारंपरिक संगीत उपकरण काफी सरल हैं, लेकिन वे भावनाओं में अद्वितीय हैं।

अत: विकल्प (C) सही है।

7. "खुदेड़" उत्तराखंड के प्रसिद्ध लोक गीतों में से एक है। यह गीत एक महिला के दुख और दर्द का वर्णन करता है जो अपने पति से अलग रह रही है। यह गाना बहुत ही दुखदाई और भावनात्मक है। यह उस महिला की पीड़ा को प्रतिध्वनित करता है जो अपने पति के नौकरी की तलाश में दूसरी जगह चले जाने के बाद अकेली रह जाती है। यह गीत एक कम आय वाले परिवार के जीवन को दर्शाता है जहाँ पति को बेहतर नौकरी की तलाश में बाहर जाना पड़ता है ताकि वह अपने परिवार को चला सके। इस लोकगीत के एक-एक शब्द के साथ बहुत गहरा अर्थ जुड़ा हुआ है।

अत: विकल्प (D) सही है।

8. उत्तराखंड संस्कृति में "ठुलो ढुस्को" (ठुलो खेल) पहाड़ी रामायण है। ठुलो ढुस्को पूर्वी कुमाऊं, उत्तराखंड में एक लोककथा है। इसका अर्थ राम का खेल है। इस नाटक में राम की कहानी को दर्शाया गया है।

ठुलो खेल के 2 अलग-अलग संस्करण हैं। इसने संस्करण 1 को 15 उपख्यानों में और संस्करण 2 को 11 उपख्यानों में विभाजित किया है। इन दोनों संस्करणों को बखानी नामक प्रमुख गायकों के परिवारों द्वारा पांडुलिपियों में संरक्षित किया जाता है।

ठुलो खेल मुख्य रूप से तीन धुनों में गाया जाता है, प्रमुख को ढुस्को कहा जाता है। धुस्का शास्त्रीय संगीत पर आधारित है। अन्य मुख्य धुनों को खेल और चलाली कहा जाता है। ठुलो खेल में साथ में आने वाले संगीत वाद्ययंत्र हुडका और मिजारा (झांझ की जोड़ी) हैं।

अत: विकल्प (D) सही है।

9. उत्तराखंड की जनजातियों में मुख्य रूप से जौनसारी जनजाति, थारू जनजाति, राजी जनजाति, बुक्सा जनजाति और भोटिया नाम के पांच प्रमुख समूह शामिल हैं।

- जनसंख्या की दृष्टि से, जौनसारी जनजाति राज्य का सबसे बड़ा जनजातीय समूह है।
- उत्तराखंड की जनजातियाँ राज्य में रहने वाले जातीय समूहों का प्रतिनिधित्व करती हैं।
- उत्तराखंड के हर जिले में आदिवासियों की आबादी का प्रतिशत कम या ज्यादा है।
- उत्तराखंड राज्य में, आदिवासी आबादी की मुख्य एकाग्रता ग्रामीण क्षेत्रों में है।
- रिकॉर्ड के अनुसार, कुल आदिवासी आबादी का लगभग 94.50 प्रतिशत ग्रामीण क्षेत्रों में रहता है और शेष प्रतिशत जनजातीय आबादी शहरी केंद्रों में रहती है।
- उत्तराखंड की इन जनजातियों को भारत के संविधान में निर्धारित किया गया है।

अत: विकल्प (D) सही है।

10. झोरा नृत्य की उत्पत्ति उत्तराखंड के कुमाऊं क्षेत्र में हुई थी। यह एक जादुई लोक नृत्य है जो सभी जातियों के लोगों को बांधता है। झोरा नृत्य आमतौर पर वसंत के मौसम में किया जाता है। झोरा नृत्य आमतौर पर शाम को शादियों या मेलों में देखा जाता है। पुरुष और महिलाएं हाथ मिलाते हैं और गोलाकार रूप में चलते हैं। वे अपने शरीर को सुचारू रूप से मोड़ते हैं।

अत: विकल्प (A) सही है।

11. उजली या अनेरी होली त्योहार थारू जनजाति से जुड़े हुए हैं। यह समुदाय निचले हिमालय के शिवालिकों के बीच तराई क्षेत्र से संबंधित है। उनमें से अधिकांश निवासी हैं और कुछ कृषि का अभ्यास करते हैं। माना जाता है कि थारू शब्द स्थवीर से लिया गया है, जिसका अर्थ थेरवाद बौद्ध धर्म के अनुयायी है। थारू भारत और नेपाल दोनों में रहते हैं।

अत: विकल्प (C) सही है।

12. पंडवानी महाभारत के दृश्यों / प्रसंगों का एक गेय लोक है, जो बिना रंगमंच की सामग्री के उपयोग के है। इसमें आमतौर पर एक प्रमुख गायक / कथावाचक और वाद्ययंत्र के साथ दो संगीतकार होते हैं। यह छत्तीसगढ़ में जनजातियों में विशेष रूप से पारधी समुदाय में लोकप्रिय है। परंपरागत रूप से, यह केवल पुरुषों द्वारा अभ्यास किया गया था, लेकिन 1980 के दशक के बाद से महिलाएं भी प्रदर्शन कर रही हैं।

पंडवानी की दो शैलियाँ हैं: वेदमती और कापालिक।

वेदमती में, कलाकार फर्श पर बैठता है और सरल तरीके से अभिनय करता है। कपालिक में, प्रदर्शन जीवंत है, जहां कलाकार दृश्यों / पात्रों को लागू करता है और बहुत अधिक कामचलाऊ व्यवस्था है। झाड़ूराम देवांगन (वेदमंत्री शैली) और तीजन बाई (कपालिक शैली) पंडवानी के संबसे प्रसिद्ध कलाकार हैं। कुछ समकालीन कलाकार रितु वर्मा, शांतिबाई चेलक और उषा बरले हैं।

अतः विकल्प (B) सही है।

13. एलोरा की गुफाएँ औरंगाबाद (महाराष्ट्र) से 25 किमी दूर पश्चिम में उत्तरी दिशा में स्थित हैं। यह रॉक-कट गुफा मंदिरों के लिए प्रसिद्ध है। यहाँ पर कुल 34 रॉक-कट गुफाएँ पाई जाती हैं। ये गुफाएँ विभिन्न काल में निर्मित हैं, लेकिन शाक मीनाक्षी मंदिर से जुड़ी नहीं थी। पांडवों द्वारा निर्मित और महाबलीपुरम मंदिर का निर्माण पल्लवों द्वारा किया गया था खजुराहो के मंदिरों का निर्माण चंदेलों द्वारा किया गया था इसलिए, विकल्प (C) का सही मिलान किया गया है।

अतः विकल्प (C) सही है।

14. कठपुतली, स्ट्रिंग कठपुतली राजस्थान से संबंधित है।

कठपुतली विश्व के प्राचीनतम रंगमंच पर खेला जाने वाले मनोरंजक कार्यक्रम में से एक है कठपुतलियों को विभिन्न प्रकार की गुड्डे गुड़िया, जोकर आदि पात्रों के रूप में बनाया जाता है इसका नाम कठपुतली इस कारण पड़ा क्योंकि पूर्व में भी लकड़ी अर्थात काष्ठ से बनाया जाता था इस प्रकार काष्ठ से बनी पुतली का नाम कठपुतली पड़ा। प्रत्येक वर्ष 21 मार्च को विश्व कठपुतली दिवस भी मनाया जाता है।

अतः विकल्प (A) सही है।

15. गुलेर चित्रकला हिमाचल प्रदेश से संबंधित है।

- यह एक प्रकार की पहाड़ी चित्रकला है।
- गुलेर को काँगड़ा चित्रों की जन्मभूमि कहा जाता है।
- गुलेर शब्द ग्वाला से लिया गया है जिसका अर्थ चरवाहे होता है।

अतः विकल्प (D) सही है।

16. 'गंधार' कला शैली यूनान की कला से प्रभावित थी।

- गांधार कला, बौद्ध दृश्य कला की एक शैली है जो वर्तमान उत्तर पश्चिमी पाकिस्तान और पूर्वी अफगानिस्तान में 1 शताब्दी ईसा पूर्व और सातवीं शताब्दी के बीच विकसित हुई थी।
- ग्रीसो-रोमन मूल की शैली, कुषाण वंश के दौरान बड़े पैमाने पर विकसित हुई थी और यह मथुरा (उत्तर प्रदेश, भारत) में कुषाण कला के एक महत्वपूर्ण लेकिन असमान स्कूल के समकालीन था।
- गांधार स्कूल ने शास्त्रीय रोमन कला से कई रूपांकनों और तकनीकों को अपनाया था, जिसमें बेल स्क्रॉल, माला धारण करने वाले स्वर्गदूत, ट्राइबॉन, और सेंटॉर्स शामिल हैं। हालांकि, मूल आइकनोग्राफी भारतीय ही बनी रही।

अतः विकल्प (D) सही है।

17. भांड पाथेर रंगमंच मुख्यत: भारत के जम्मू और कश्मीर की परंपरा है।

- भांड पाथेर, कश्मीर का लोक रंगमंच है। भांड पाथेर लोक रंगमंच का एक लोकप्रिय रूप है और भांड शब्द का अर्थ खड़ा होता है जबकि पाथेर का अर्थ नाटक होता है।
- यह विशेष रूप से भांडों या लोक थिएटर अभिनेताओं के समुदाय से जुड़ा हुआ है।
- भांड बारह प्रकार के भांड पाथेर के बारे में बताते हैं और घाटी में, भांड एक सुव्यवस्थित लोक रंगमंच समुदाय बनाते हैं।

अतः विकल्प (C) सही है।

18. 'आलू पोस्तो' भारत के पश्चिम बंगाल राज्य का पारंपरिक व्यंजन है।

- बंगाली आलू पोस्तो एक साधारण व्यंजन है जो मसालेदार आलू के साथ बनाया जाता है और मिर्च, हल्दी और खसखस में पकाया जाता है। किसी भी अवसर के लिए एक बढ़िया सह भोजन या भोजन है।
- पश्चिम बंगाल के कुछ अन्य प्रसिद्ध व्यंजन- लुची-अलुर डोम, कोशा मंगशो, डाब चिंगरी, कीमार दोई बोरा, भेटकी माकर पटुरी, शुक्टो आदि है।

अतः विकल्प (D) सही है।

19. कणाद वैशेषिक दर्शन विद्यालय से संबंधित था।

- संस्कृत के दार्शनिक कणाद कश्यप (दूसरी-तीसरी शताब्दी) ने इसके सिद्धांतों को उजागर किया और इन्हें विद्यालय की स्थापना का श्रेय दिया जाता है।
- भारतीय दर्शन की छह प्रणालियों (दर्शन) में से एक, वैशेषिक, इसके प्रकृतिवाद के लिए महत्वपूर्ण है।
- वैशेषिक विद्यालय उन संस्थाओं और उनके संबंधों को पहचानने, उनका आविष्कार करने और उनका वर्गीकरण करने का प्रयास करता है जो स्वयं को मानवीय अनुभूतियों के लिए प्रस्तुत करते हैं।

अतः विकल्प (A) सही है।

20. मधुबनी चित्रकला प्रकृति और हिंदू धार्मिक मूर्ति दर्शाती हैं

मधुबनी चित्रकला कई प्रसिद्ध भारतीय कला रूपों में से एक है। चूंकि बिहार और नेपाल के मिथिला क्षेत्र में प्रचलित है, इसे मिथिला या मधुबनी कला कहा जाता है।

मधुबनी चित्रों में प्रयुक्त रंग आमतौर पर पौधों और अन्य प्राकृतिक स्रोतों से प्राप्त होते हैं। त्योहारों को मनाने के लिए महिलाएं आमतौर पर अपने घरों को रंगती हैं और चित्रकला की थीम प्रकृति से लेकर मिथकों तक भिन्न हो सकती है।

अत: विकल्प (C) सही है।

21. मोहिनीअट्टम नृत्य रूप केरल में विकसित हुआ

मोहिनीअट्टम एक भारतीय शास्त्रीय नृत्य है, जो केरल राज्य में विकसित हुआ। मोहिनीअट्टम राज्य की दो लोकप्रिय नृत्य कलाओं में से एक है, दूसरी कथकली है।

माना जाता है कि यह 16 वीं शताब्दी में उत्पन्न हुआ था। यह संगीत नाटक अकादमी द्वारा मान्यता प्राप्त आठ भारतीय शास्त्रीय नृत्य रूपों में से एक है।

अत: विकल्प (D) सही है।

22. प्रसिद्ध बृहदेश्वर मंदिर तंजावुर में है।

बृहदेश्वर मंदिर हिन्दुओं का मंदिर है जो भगवान शिव को समर्पित है। यह तमिलनाडु राज्य के तंजावुर में स्थित है। इसे तमिल राजा राजा चोल प्रथम ने बनवाया था। इसे पेरिया कोविल, राजाराजेश्वर मंदिर और राजाराजेश्वरम मंदिर भी कहा जाता है। यह भारत के सबसे बड़े मंदिरों में से एक है।

अत: विकल्प (B) सही है।

23. 'घूमर' राजस्थान राज्य का एक लोक-नृत्य है।

घूमर राजस्थान, भारत और सिंध, पाकिस्तान का एक पारंपरिक लोक नृत्य है। यह नृत्य मुख्य रूप से घूँघट में महिलाओं द्वारा किया जाता है जो घाघरा नामक लहराते हुए कपड़े पहनती हैं।

नृत्य में आम तौर पर एक विस्तृत वृत्त के अंदर और बाहर जाने के दौरान कलाकारों एक पैर पर घूमते हैं। घूमना शब्द नर्तकियों के घूमने की गति का वर्णन करता है और घूमर शब्द का आधार है।

अत: विकल्प (D) सही है।

24. कामाख्या मंदिर भारत के असम राज्य में स्थित है।

कामाख्या मंदिर को कामरूप भी कहा जाता है - कामाख्या शक्ति पीठों में से एक है।

यह असम में गुवाहाटी शहर में नीलाचल पहाड़ी पर स्थित है। मंदिर की अधिष्ठात्री देवी कामाख्या देवी 'रक्त देवी' के रूप में प्रतिष्ठित हैं।

अत: विकल्प (C) सही है।

25. अजंता के चित्र बौद्ध धर्म से संबंधित हैं।

यह महाराष्ट्र के औरंगाबाद में स्थित है। यह दूसरी शताब्दी ईसा पूर्व से 5वीं शताब्दी ईस्वी तक निर्मित एक प्राचीन शैलकर्तित गुफा है।अजंता में बौद्ध से संबंधित कुल 29 गुफाएं हैं जिन्हें मूर्तियों और चित्रों से सजाया गया था।

अत: विकल्प (C) सही है।

26. सूरजकुंड उत्सव हरियाणा राज्य में मनाया जाता है।

सूरजकुंड मेला फरवरी के महीने में आयोजित किया जाता है। यह हरियाणा के फरीदाबाद जिले में मनाया जाता है। यह विश्व का सबसे बड़ा शिल्प मेला और भारत का सबसे बड़ा सांस्कृतिक मेला है। यह हर साल पंद्रह दिनों के लिए आयोजित किया जाता है।

अत: विकल्प (C) सही है।

27. पोंगल और ओणम दक्षिण भारत में मनाया जाने वाला फसल उत्सव है।

पोंगल केरल और तमिलनाडु का फसल उत्सव है। 'पोंगला' नाम का अर्थ है 'उबालना' और चावल, मीठे भूरे गुड़, नारियल की झंझरी, नट और किशमिश से बने दलिया की अनुष्ठानिक भेंट को संदर्भित करता है। आमतौर पर महिला भक्त इस अनुष्ठान में भाग लेती हैं। तमिल लोग पोंगल के रूप में मनाते हैं। ओणम केरल का एक प्रमुख त्योहार है। ओणम का उत्सव चिंगम (सिंघम/सिंहम) मास में भगवान वामन की जयन्ती और राजा बलि के स्वागत में प्रति वर्ष आयोजित किया जाता है जो दस दिनों तक चलता है।

अत: विकल्प (C) सही है।

28. शांति देवी, फुलवा फिल्मा राजस्थान के चकरी नृत्य से संबंधित हैं।

यह बूंदी, कोटा और बारां जिले के हाडोती क्षेत्र में विवाह और त्योहारों के अवसर पर कंजर जनजाति की महिलाओं द्वारा किया जाता है।चकरी नृत्य को मध्य प्रदेश के 'बरियास जनजाति' के राई नृत्य के समान माना जाता है। देवीलाल सागर ने इस नृत्य को लोकप्रिय बनाया।शांति देवी और फुलवा फिल्मा चकरी नृत्य से जुड़े हैं।

अतः विकल्प (A) सही है।

29. ढोल लोक नृत्य जालोर क्षेत्र से संबंधित है।

यह जालोर में केवल पुरुषों द्वारा विवाह पर किया जाता है। इस नृत्य में, पांच लोग विशाल ड्रमों को पीटते हैं जो उनके गले में बंधे होते हैं।एक नर्तकी भी ड्रम वालों के साथ अपने हाथों में एक विशाल झांझ पकड़े हुए रहती हैं। एक नर्तक अपने मुंह पर नग्न तलवार रखता है, और अन्य तीन नर्तकियों के साथ बाजीगरी करता है।

अतः विकल्प (C) सही है।

30. भाम्बी समुदायों द्वारा राजस्थान का कच्ची घोड़ी नृत्य किया जाता है।

नर्तकियां डमी घोड़ों पर सवार होकर ढोल की थाप पर थिरकती हैं। कामधोली, सरघरा, भांबी जनजाति समुदायों में नृत्य का प्रचलन है।कच्ची घोड़ी नृत्य रूप राजस्थान के शेखावाटी क्षेत्र में प्रसिद्ध है।

अत: विकल्प (D) सही है।

Q.1 निम्नलिखित में से किस अनुच्छेद को डॉ. बी. आर. अम्बेडकर ने 'संविधान का हृदय और आत्मा' कहा था?

A. अनुच्छेद 32
B. अनुच्छेद 19
C. अनुच्छेद 350
D. अनुच्छेद 363

Q.2 निम्नलिखित में से कौन सा संवैधानिक संशोधन शिक्षा के अधिकार के लिए प्रदान करता है?

A. 88वां संशोधन
B. 89वां संशोधन
C. 87वां संशोधन
D. 86वां संशोधन

Q.3 निम्नलिखित में से कौन ग्राम पंचायत के सचिव की नियुक्ति करता है?

A. पंचायत समिति
B. जिला परिषद
C. पंचायत अध्यक्ष
D. राज्य सरकार

Q.4 भारत में ग्राम पंचायत के चुनाव कितने साल बाद होते हैं?

A. 4
B. 3
C. 5
D. 6

Q.5 निम्नलिखित में से कौन भारत में राजनीतिक शक्ति का प्रमुख स्रोत है?

A. संविधान
B. उच्चतम न्यायालय
C. लोग
D. संसद

Q.6 भारत के संविधान में पंचवर्षीय योजनाओं की अवधारणा _______ से ली गई है।

[SSC Constable (GD), 2019]

A. रूस
B. इंग्लैंड
C. संयुक्त राज्य
D. जर्मनी

Q.7 निम्नलिखित में से कौन भारत में पंचायती राज व्यवस्था वाला पहला राज्य है?

A. मध्य प्रदेश
B. राजस्थान
C. पश्चिम बंगाल
D. उत्तर प्रदेश

Q.8 भारत के संविधान में निम्नलिखित में से कौन सा संशोधन 'पंचायती राज व्यवस्था' को संवैधानिक दर्जा प्रदान करता है?

A. 71 वां संशोधन
B. 72 वां संशोधन
C. 73 वां संशोधन
D. 75 वां संशोधन

Q.9 निम्नलिखित में से किस अनुच्छेद में चुनाव आयोग का प्रावधान शामिल है?

A. अनुच्छेद 324
B. अनुच्छेद 143
C. अनुच्छेद 243
D. अनुच्छेद 233

Q.10 बिहार पंचायती राज अधिनियम किस वर्ष पारित किया गया था?

A. 2006
B. 2003
C. 1997
D. 2011

Q.11 लोकसभा और राज्य परिषद की संयुक्त बैठक किसके द्वारा बुलाई जाती है?

A. राष्ट्रपति
B. लोकसभा अध्यक्ष
C. संसद
D. राज्यसभा के सभापति

Q.12 निम्नलिखित में से किसे राज्य के राज्यपाल द्वारा नियुक्त किया जाता है?

A. वित्त आयोग
B. यूपीएससी
C. राज्य चुनाव आयोग
D. अंतर राज्य परिषद

Q.13 भारतीय संविधान के अनुसार, निम्नलिखित में से किसे अवशिष्ट शक्तियाँ प्रदान की गई हैं?

[UPTET Social Studies, 2019]

A. केंद्र
B. राज्य और केंद्र
C. स्थानीय निकाय
D. राज्य

Q.14 भारत के संविधान में पहला संशोधन किस वर्ष किया गया था?

A. 1951
B. 1952
C. 1950
D. 1953

Q.15 भारत के संविधान की निम्नलिखित अनुसूचियों में से किस एक में दलबदल विरोधी से संबंधित प्रावधान हैं?

A. दूसरी अनुसूची
B. पांचवी अनुसूची
C. आठवीं अनुसूची
D. दसवीं अनुसूची

Q.16 भारतीय राष्ट्रीय कांग्रेस ने पहली बार _________ में एक संविधान सभा की मांग की।

A. 1934
B. 1938
C. 1946
D. 1949

Q.17 मध्य स्तर की पंचायतों को सामान्यतः क्या कहा जाता है?

A. ग्राम सभा
B. पंचायत समिति
C. ग्राम पंचायत
D. जिला परिषद

Q.18 अनुच्छेद 352 के तहत जारी आपातकाल की घोषणा को _________ के भीतर संसद द्वारा अनुमोदित किया जाना चाहिए।

A. 1 महीना
B. 6 सप्ताह
C. 2 माह
D. तीन माह

Q.19 वार्षिक वित्तीय विवरण ___________ द्वारा संसद के दोनों सदनों के समक्ष रखे जाने के कारण होता है।

A. राष्ट्रपति
B. वक्ता
C. उप-राष्ट्रपति
D. वित्त मंत्री

Q.20 भारत के संविधान में "संघीय" शब्द का प्रयोग कहाँ किया जाता है?

A. प्रस्तावना
B. भाग 3
C. अनुच्छेद 368
D. संविधान में कहीं नहीं

Q.21 संविधान के किस संशोधन के अंतर्गत अन्य पिछड़ा (OBC) वर्ग को शिक्षण संस्थाओं में प्रवेश हेतु 27 प्रतिशत का आरक्षण का प्रावधान किया गया?

[Uttarakhand Public Service Commission (UKPSC), 2014]

A. 92 वें
B. 93 वें
C. 94 वें
D. 96 वें

Q.22 डॉ भीम राव अम्बेडकर द्वारा संविधान के किस अनुच्छेद को 'हृदय और आत्मा' के रूप में संदर्भित किया गया था?

A. अनुच्छेद 4
B. अनुच्छेद 32
C. अनुच्छेद 28
D. अनुच्छेद 30

Q.23 निम्नलिखित में से कौन सा प्राधिकरण राष्ट्रपति और मंत्रिपरिषद के बीच संचार का प्रमुख माध्यम है?

A. उपाध्यक्ष
B. लोकसभा अध्यक्ष
C. प्रधानमंत्री
D. इनमें से कोई नहीं

Q.24 'देश से बाहर जाने का अधिकार और देश में वापस आने का अधिकार' संविधान के किस अनुच्छेद में निहित है?

A. अनुच्छेद 19
B. अनुच्छेद 14
C. अनुच्छेद 25
D. अनुच्छेद 21

Q.25 प्रस्तावना में सामाजिक, आर्थिक और राजनीतिक न्याय का आदर्श किस देश से लिया गया है?

A. यूएसए   B. ब्रिटेन   C. रूस   D. कनाडा

Q.26 निम्नलिखित में से कौन सा राज्य भारतीय संविधान की छठी अनुसूची के अंतर्गत नहीं आता है?

A. त्रिपुरा   B. मिजोरम   C. असम   D. सिक्किम

Q.27 भारत की पंचायती राज व्यवस्था में कितने स्तर हैं?

A. एक स्तरीय   B. दो-स्तरीय
C. त्रिस्तरीय   D. चार स्तरीय

Q.28 73वें संविधान संशोधन द्वारा संविधान में कौन सी अनुसूची जोड़ी गई?

A. 6वां   B. 7वां   C. 9वां   D. 11वां

Q.29 संविधान में भारत का वर्णन किस तरह किया गया है?

A.   एक संघ राज्य
B.   अर्द्ध संघीय
C.   राज्यों और प्रदेशों के संघ
D.   आंशिक एकात्मक और आंशिक संघीय

Q.30 मध्य प्रदेश में ग्राम पंचायतों का कार्यकाल कितने वर्ष का होता है?

A. 4 वर्ष   B. 5 वर्ष   C. 6 वर्ष   D. 3 वर्ष

// स्मार्ट उत्तर पुस्तिका //

सही उत्तर	उन छात्रों का प्रतिशत जिन्होंने प्रश्नों का सही उत्तर दिया था।		छोड़ दिया	उन छात्रों का प्रतिशत जिन्होंने प्रश्नों को छोड़ दिया था।

प्रश्न संख्या	उत्तर	सही उत्तर / छोड़ दिया	प्रश्न संख्या	उत्तर	सही उत्तर / छोड़ दिया	प्रश्न संख्या	उत्तर	सही उत्तर / छोड़ दिया	प्रश्न संख्या	उत्तर	सही उत्तर / छोड़ दिया	प्रश्न संख्या	उत्तर	सही उत्तर / छोड़ दिया	प्रश्न संख्या	उत्तर	सही उत्तर / छोड़ दिया
1	A	83.17 % / 14.12 %	6	A	79.94 % / 18.69 %	11	A	78.28 % / 20.44 %	16	A	84.76 % / 11.96 %	21	B	83.12 % / 14.48 %	26	D	88.2 % / 11.25 %
2	D	77.36 % / 20.01 %	7	B	84.53 % / 11.59 %	12	C	87.37 % / 11.48 %	17	B	76.39 % / 18.29 %	22	B	88.1 % / 10.29 %	27	C	81.32 % / 11.19 %
3	D	87.88 % / 11.63 %	8	C	86.89 % / 11.14 %	13	A	89.57 % / 10.29 %	18	A	86.28 % / 13.48 %	23	C	81.1 % / 11.79 %	28	D	88.46 % / 10.99 %
4	C	76.94 % / 13.12 %	9	A	83.59 % / 12.75 %	14	A	88.66 % / 10.5 %	19	A	77.48 % / 16.05 %	24	D	78.24 % / 19.72 %	29	A	82.59 % / 10.11 %
5	C	80.95 % / 11.42 %	10	A	86.72 % / 10.05 %	15	D	89.18 % / 10.47 %	20	D	81.65 % / 11.49 %	25	C	76.05 % / 13.83 %	30	B	83.69 % / 12.35 %

//संकेत और समाधान//

1. डॉ. बी.आर. अम्बेडकर ने भारतीय संविधान के अनुच्छेद 32 यानी संवैधानिक उपचार के अधिकार को 'संविधान का दिल और आत्मा' कहा।

यह इसलिए बनाया गया था क्योंकि मौलिक अधिकारों के प्रवर्तन के लिए प्रभावी मशीनरी के एक टुकड़े के बिना मौलिक अधिकार की घोषणा निरर्थक होती।साथ ही, जिस अधिकार का कोई उपाय नहीं है, वह एक बेकार घोषणा है।

इस प्रकार, हमारे संविधान के निर्माताओं ने अनुच्छेद 32 में विशेष प्रावधानों को अपनाया जो नागरिकों के उल्लंघन किए गए मौलिक अधिकारों के लिए उपचार प्रदान करते हैं।

अतः विकल्प (A) सही है।

2. 2002 में भारत के संविधान में 86वें संशोधन ने शिक्षा के अधिकार को संविधान के भाग-III में मौलिक अधिकार के रूप में प्रदान किया।

संशोधन ने अनुच्छेद 21A को सम्मिलित किया जिसने शिक्षा के अधिकार को 6 — 14 वर्ष के बीच के बच्चों के लिए मौलिक अधिकार बना दिया।

86वें संशोधन में शिक्षा का अधिकार विधेयक 2008 और अंत में शिक्षा का अधिकार अधिनियम, 2009 के लिए अनुवर्ती कानून का प्रावधान किया गया।

अतः विकल्प (D) सही है।

3. ग्राम पंचायत में एक सचिव होता है जो ग्राम सभा का सचिव भी होता है। यह व्यक्ति निर्वाचित व्यक्ति नहीं है बल्कि सरकार द्वारा नियुक्त किया जाता है। सचिव ग्राम सभा और ग्राम पंचायत की बैठक बुलाने और कार्यवाही का रिकॉर्ड रखने के लिए जिम्मेदार है। ग्राम पंचायत का सचिव राज्य सरकार द्वारा मनोनीत किया जाता है।

अतः विकल्प (D) सही है।

4. एक ग्राम पंचायत का कार्यकाल पांच वर्ष का होता है। गांव में हर पांच साल में चुनाव होते हैं। 18 वर्ष से अधिक आयु के सभी लोग जो उस गांव की ग्राम पंचायत के क्षेत्र के निवासी हैं, मतदान कर सकते हैं।

अतः विकल्प (C) सही है।

5. लोकतंत्र को लोगों की, लोगों द्वारा और लोगों के लिए सरकार के रूप में परिभाषित किया गया है। लोग भारत में राजनीतिक शक्ति का मुख्य स्रोत हैं।

प्रस्तावना इसे बहुत स्पष्ट करती है जब यह कहती है कि "हम, भारत के लोग, भारत को एक संप्रभु समाजवादी धर्मनिरपेक्ष लोकतांत्रिक गणराज्य बनाने और उसके सभी नागरिकों को सुरक्षित करने का संकल्प लेते हैं।" अधिनियमित शब्द "हम, हमारी संविधान सभा में भारत के लोग। इस संविधान को अपनाने, अधिनियमित करने और खुद को देने के लिए लोकतांत्रिक सिद्धांत का प्रतीक है" कि सत्ता अंततः लोगों के हाथों में है। यह इस बात पर भी जोर देता है कि संविधान किसके द्वारा बनाया गया है और भारतीय लोगों के लिए और उन्हें किसी बाहरी शक्ति (जैसे ब्रिटिश संसद) द्वारा नहीं दिया गया है।

अतः विकल्प (C) सही है।

6. भारत के संविधान में पंचवर्षीय योजनाओं की अवधारणा रूस से ली गई है।

भारत के संविधान ने अपने अधिकांश प्रावधानों को दुनिया के विभिन्न देशों के संविधान से लिया है। डॉ. बी. आर. अम्बेडकर के अनुसार, भारत के संविधान को दुनिया के सभी ज्ञात संविधान के संशोधन करने के बाद बनाया गया है।

रूस से लिए गए महत्वपूर्ण प्रावधान हैं:

- पंचवर्षीय योजना
- मौलिक कर्तव्य

अतः विकल्प (A) सही है।

7. भारतीय संविधान के भाग IX में पंचायती राज व्यवस्था का वर्णन किया गया है। राजस्थान पहला राज्य है जहां पहली बार 1959 में नागौर जिले में इस प्रणाली को लागू किया गया था। बाद में, यह राज्य के सभी जिलों में इस प्रणाली को लागू करने वाला पहला राज्य भी बन गया। 73वां संशोधन 1992 भारत में इसी प्रणाली से जुड़ा है।

अतः विकल्प (B) सही है।

8. संसद ने भारतीय संविधान के अनुच्छेद 243 और भाग IX को जोड़कर भारत में पंचायती राज संस्थानों को विधायी दर्जा देने के लिए 73 वां संवैधानिक संशोधन अधिनियम पारित किया। अनुच्छेद 243 के अनुसार सभी राज्य सरकारों पर संवैधानिक प्रावधानों के अनुपालन में अपने पंचायत कानूनों में संशोधन करने के लिए अधिनियम लागू किया गया था।

अतः विकल्प (C) सही है।

9. अनुच्छेद 324 में चुनाव आयोग का प्रावधान शामिल है।

- अनुच्छेद 324(1) में कहा गया है कि "संसद और प्रत्येक राज्य के विधानमंडल के सभी चुनावों और राष्ट्रपति और उपराष्ट्रपति के कार्यालयों के चुनावों के लिए निर्वाचक नामावली की तैयारी और संचालन का अधीक्षण, निर्देशन और नियंत्रण- इस संविधान के तहत आयोजित राष्ट्रपति एक आयोग में निहित होंगे"।

- अनुच्छेद 324(2) में कहा गया है कि "चुनाव आयोग में मुख्य चुनाव आयुक्त और कई अन्य चुनाव आयुक्त शामिल होंगे"।

अतः विकल्प (A) सही है।

10. 2006 में बिहार पंचायती राज अधिनियम पारित किया गया था। 73वें संविधान (संशोधन) अधिनियम, 1992 में किए गए प्रावधानों के अनुसरण में, बिहार पंचायत राज अधिनियम, 2006 अधिनियमित किया गया है, जिसमें ग्राम स्तर पर ग्राम पंचायत, ब्लॉक स्तर पर पंचायत समिति और जिला स्तर पर जिला परिषद की स्थापना का प्रावधान है।

अतः विकल्प (A) सही है।

11. लोक सभा और राज्य परिषद की संयुक्त बैठक राष्ट्रपति द्वारा बुलाई जाती है। अध्यक्ष संयुक्त बैठक की अध्यक्षता करता है। संयुक्त बैठक का गठन करने के लिए गणपूर्ति सदन के कुल सदस्यों की संख्या का $\frac{1}{10}$वां है।

भारतीय संविधान का अनुच्छेद 108 कुछ मामलों में दोनों सदनों की संयुक्त बैठक से संबंधित है।

- यदि किसी विधेयक के एक सदन द्वारा पारित होने के बाद दूसरे सदन को प्रेषित किया जाता है।

- विधेयक को दूसरे सदन द्वारा खारिज कर दिया जाता है।

- बिल में किए जाने वाले संशोधनों के बारे में सदनों ने अंततः असहमति जताई है।

- दूसरे सदन द्वारा विधेयक को पारित किए बिना उसे स्वीकार किए जाने की तारीख से छह महीने से अधिक समय बीत चुका है।

अतः विकल्प (A) सही है।

12. राज्य चुनाव आयोग की नियुक्ति किसी राज्य के राज्यपाल द्वारा की जाती है।

राज्य चुनाव आयोग को राज्य में स्थानीय सरकारी निकायों के लिए स्वतंत्र, समान और निष्पक्ष चुनाव कराने का काम सौंपा गया है।

संविधान के अनुच्छेद 324 में यह प्रावधान है कि संसद, राज्य विधानसभाओं, भारत के राष्ट्रपति के कार्यालय और भारत के उपराष्ट्रपति के कार्यालय के चुनावों के अधीक्षण, निर्देशन और नियंत्रण की शक्ति चुनाव आयोग में निहित होती है।

अतः विकल्प (C) सही है।

13. भारत के संविधान में अनुच्छेद 248 के अनुसार समवर्ती सूची, या राज्य सूची में उल्लिखित किसी भी मामले के संबंध में कानून की अवशिष्ट शक्तियां संसद को कोई भी कानून बनाने का विशेष अधिकार है।

भारत के राष्ट्रपति की अध्यक्षता में भारत का सर्वोच्च कानून बनाने वाला निकाय, अवशिष्ट शक्ति रखता है। इसका मतलब है कि संसद को उन मामलों पर कानून बनाने का अधिकार है जो राज्य और संघ की सूची में शामिल नहीं हैं और समवर्ती भी हैं।

अतः विकल्प (A) सही है।

14. भारत के संविधान में पहला संशोधन 1951 में किया गया था।

इसमें अनुसूचित जातियों, जनजातियों और पिछड़े वर्गों के कल्याण के लिए संशोधन किया गया था।

इसने शैक्षिक/शैक्षणिक संस्थानों में आर्थिक रूप से कमजोर वर्गों के लिए 10 प्रतिशत कोटा प्रदान किया।

इसने अनुच्छेद 15,19,85,87,174,176,341,342,372 और 376 में संशोधन किया। इसने भारतीय संविधान की नौवीं अनुसूची को भी सम्मिलित किया। अनुच्छेद 31 A और 31 B भी डाला गया।

अतः विकल्प (A) सही है।

15. दसवीं अनुसूची को 1985 में 52वें संशोधन अधिनियम द्वारा संविधान में शामिल किया गया था।

यह दल-बदल विरोधी कानून यानी दल-बदल के आधार पर अयोग्यता के प्रावधानों से संबंधित है।

दलबदल के आधार पर निरर्हता संबंधी प्रश्नों पर निर्णय:

- यदि कोई प्रश्न उठता है कि क्या सदन का कोई सदस्य इस अनुसूची के तहत अयोग्यता के अधीन हो गया है, तो प्रश्न को सभापति या, जैसा भी मामला हो, ऐसे सदन के अध्यक्ष के निर्णय के लिए भेजा जाएगा और उसका निर्णय अंतिम होगा।

- परन्तु जहां यह प्रश्न उत्पन्न हुआ है कि क्या किसी सदन का सभापति या अध्यक्ष ऐसी निरर्हता के अधीन हो गया है, प्रश्न को सदन के ऐसे सदस्य के निर्णय के लिए भेजा जाएगा जिसे सदन इस निमित्त निर्वाचित करे और उसका निर्णय अंतिम होगा।

अतः विकल्प (D) सही है।

16. 1934 में, पहली बार, भारतीय राष्ट्रीय कांग्रेस ने एक संविधान सभा की मांग की। भारत की संविधान सभा को भारत के संविधान के निर्माण के लिए चुना गया था। इसे 'प्रांतीय सभा' द्वारा चुना गया था। 1950 में ब्रिटिश सरकार से भारत की स्वतंत्रता के बाद, इसके सदस्यों ने देश की पहली संसद के रूप में कार्य किया।

1934 में भारत में कम्युनिस्ट आंदोलन के अग्रदूत और कट्टरपंथी लोकतंत्र के पैरोकार एम.एन. रॉय द्वारा एक संविधान सभा के लिए एक विचार प्रस्तावित किया गया था।

अतः विकल्प (A) सही है।

17. पंचायत समिति (जिसे तालुका पंचायत या ब्लॉक पंचायत भी कहा जाता है।) पंचायती राज संस्थानों में मध्यवर्ती स्तर। पंचायत समिति ग्राम पंचायत (गांव) और जिला पंचायत (जिला) के बीच कड़ी के रूप में कार्य करती है। इन प्रखंडों में पंचायत समिति परिषद की सीटों के लिए चुनाव नहीं होते हैं।

अतः विकल्प (B) सही है।

18. प्रधान मंत्री के मंत्रियों के अनुरोध पर राष्ट्रपति द्वारा आपातकाल लगाया जाता है। भारतीय संविधान के अनुच्छेद 352 में कहा गया है कि सशस्त्र विद्रोह, युद्ध या बाहरी आक्रमण के कारण राष्ट्रीय सुरक्षा के लिए आसन्न खतरे की स्थिति में आपातकाल को बुलाया जा सकता है। प्रत्येक उद्घोषणा को संसद के प्रत्येक सदन के समक्ष रखने की आवश्यकता होती है, यह अपने मुद्दे की तारीख से एक महीने के बाद काम करना बंद कर देगा, जब तक कि इस बीच इसे संसद द्वारा अनुमोदित नहीं किया जाता, उद्घोषणा राष्ट्रपति द्वारा 6 महीने की अवधि के लिए जारी रह सकती है।

अतः विकल्प (A) सही है।

19. वार्षिक वित्तीय विवरण को राष्ट्रपति द्वारा संसद के दोनों सदनों के समक्ष रखे जाने के कारण होता है। भारतीय संविधान के अनुच्छेद 112 में कहा गया है कि हर साल "भारत के राष्ट्रपति को संसद के दोनों सदनों" "वार्षिक वित्तीय विवरण" के सामने रखा जाएगा। यह लोकप्रिय रूप से बजट के रूप में जाना जाता है। बजट उस वर्ष के लिए भारत सरकार की अनुमानित प्राप्तियों और व्यय की पूरी तस्वीर देता है। यह तस्वीर वास्तव में पिछले वर्षों के बजट आंकड़ों पर आधारित है।

अतः विकल्प (A) सही है।

20. यद्यपि भारत में संघीय शासन प्रणाली है, संविधान में 'संघीय' शब्द का कहीं उल्लेख नहीं है। इसके बजाय, अनुच्छेद -1 भारत को "राज्यों के संघ" के रूप में परिभाषित करता है।

अतः विकल्प (D) सही है।

21. 93 वें संवैधानिक संशोधन, 2005 के अंतर्गत सामाजिक और शैक्षिक रूप से कमजोर लोगों के शैक्षिक संस्थानों में प्रवेश से संबंधित आरक्षण का प्रावधान करता है।

27% आरक्षण का विस्तार:

93 वाँ संवैधानिक संशोधन सरकार को "किसी भी सामाजिक और शैक्षणिक रूप से पिछड़े वर्गों के नागरिकों की उन्नति" के लिए विशेष प्रावधान करने की अनुमति देता है, जिसमें सहायता प्राप्त या गैर-निजी शैक्षणिक संस्थानों में उनका प्रवेश भी शामिल है।

अतः विकल्प (B) सही है।

22. प्रारूप समिति के अध्यक्ष डॉ भीम राव अम्बेडकर ने भारतीय संविधान के 'हृदय और आत्मा' के रूप में संवैधानिक उपचारों के मौलिक अधिकार को बताया। इस अधिकार के अनुसार, एक व्यक्ति अपने मौलिक अधिकारों का उल्लंघन होने के मामले में सर्वोच्च न्यायालय जा सकता है। भारतीय संविधान में, अनुच्छेद 32 के अनुसार 5 रिटें हैं जो सर्वोच्च न्यायालय को किसी व्यक्ति के मौलिक अधिकार को लागू करने के लिए सशक्त बनाता है।

अतः विकल्प (E) सही है।

23. प्रधानमंत्री राष्ट्रपति और मंत्रिपरिषद के बीच संचार का प्रमुख माध्यम है।

राष्ट्रपति के संबंध में प्रधान मंत्री को निम्नलिखित शक्तियां प्राप्त हैं:

- संघ के मामलों के प्रशासन और कानून के प्रस्तावों से संबंधित मंत्रिपरिषद के सभी निर्णयों को राष्ट्रपति को सूचित करना।

- संघ के मामलों के प्रशासन और कानून के प्रस्तावों से संबंधित ऐसी जानकारी प्रस्तुत करने के लिए जो राष्ट्रपति मांगे।

- यदि राष्ट्रपति की आवश्यकता होती है, तो किसी भी मामले को मंत्रिपरिषद के विचार के लिए प्रस्तुत करना, जिस पर एक मंत्री द्वारा निर्णय लिया गया हो, लेकिन जिस पर परिषद द्वारा विचार नहीं किया गया हो।

- वह राष्ट्रपति को भारत के महान्यायवादी, भारत के नियंत्रक और महालेखा परीक्षक, यूपीएससी के अध्यक्ष और सदस्यों, चुनाव आयुक्तों, अध्यक्ष और वित्त आयोग के सदस्यों जैसे महत्वपूर्ण अधिकारियों की नियुक्ति के संबंध में सलाह देता है।

अतः विकल्प (C) सही है।

24. आंदोलन की स्वतंत्रता के दो आयाम हैं, आंतरिक (देश के अंदर जाने का अधिकार) और बाहरी (देश से बाहर जाने का अधिकार और देश में वापस आने का अधिकार)। अनुच्छेद 19 केवल प्रथम आयाम की रक्षा करता है। दूसरा आयाम अनुच्छेद 21 (जीवन और व्यक्तिगत स्वतंत्रता का अधिकार) द्वारा निपटाया गया है।

अनुच्छेद 21 घोषित करता है कि कानून द्वारा स्थापित प्रक्रिया के अनुसार किसी भी व्यक्ति को उसके जीवन या व्यक्तिगत स्वतंत्रता से वंचित नहीं किया जाएगा। सुप्रीम कोर्ट ने कई अन्य अधिकारों को 'राइट टू लाइफ' का हिस्सा घोषित किया।

अतः विकल्प (D) सही है।

25. प्रस्तावना में सामाजिक, आर्थिक और राजनीतिक न्याय का आदर्श रूस से लिया गया है। यह भारत के संपूर्ण संविधान के अधिनियमन के बाद अधिनियमित किया गया था।

भारतीय संविधान की प्रस्तावना के बारे में महत्वपूर्ण तथ्य:

- भारतीय संविधान की प्रस्तावना में समाजवादी, धर्मनिरपेक्ष और अखंडता को 42वें संविधान संशोधन अधिनियम 1976 द्वारा जोड़ा गया था।
- प्रस्तावना भारत के सभी नागरिकों को विश्वास, आस्था और उपासना की स्वतंत्रता प्रदान करती है।
- यह हमें मौलिक मूल्य और संविधान के मुख्य अंश प्रदान करता है।

अतः विकल्प (C) सही है।

26. भारतीय संविधान की छठी अनुसूची में असम, मेघालय, त्रिपुरा और मिजोरम में जनजातीय क्षेत्र के प्रशासन के प्रावधान शामिल हैं। यह स्वायत्त जिला परिषदों (एडीसी) के गठन के माध्यम से आदिवासी आबादी के अधिकारों की रक्षा करना चाहता है।

अतः विकल्प (D) सही है।

27. भारत की पंचायती राज व्यवस्था त्रिस्तरीय है। पंचायती राज प्रणाली के तीन स्तर हैं: ग्राम पंचायत (ग्राम स्तर), मंडल परिषद या ब्लॉक समिति या पंचायत समिति (ब्लॉक स्तर), और जिला परिषद (जिला स्तर)।

अतः विकल्प (C) सही है।

28. संविधान (73वां संशोधन) अधिनियम, 1992 ने संविधान के 16 अनुच्छेदों और 11वीं अनुसूची से मिलकर एक नया भाग IX जोड़ा है। इस प्रकार 73वें संशोधन में पंचायत राज व्यवस्था की नींव के रूप में ग्राम सभा की परिकल्पना की गई है।

अतः विकल्प (D) सही है।

29. संविधान के अनुच्छेद 1 में कहा गया है कि इंडिया, यानी भारत, राज्यों का एक संघ होगा। भारत का क्षेत्र इसमें शामिल होगा। राज्यों के क्षेत्र, केंद्र शासित प्रदेश और कोई भी क्षेत्र जिसे अधिग्रहित किया जा सकता है। प्रथम अनुसूची में राज्यों और यूनियनों के नामों का वर्णन किया गया है।

अतः विकल्प (A) सही है।

30. मध्य प्रदेश में ग्राम पंचायतों का कार्यकाल 5 वर्ष का होता है। पंचायत ग्रामीण क्षेत्रों के लिए अनुच्छेद 243B के तहत गठित स्वशासन की एक संस्था है। पंचायत की सभी सीटों का चुनाव सीधे पंचायत क्षेत्र के क्षेत्रीय निर्वाचन क्षेत्रों से किया जाएगा। पंचायत पहली बैठक की तारीख से 5 साल के लिए चुनी जाती है। इसे राज्य के कानून द्वारा निर्धारित प्रक्रिया के अनुसार पहले भंग किया जा सकता है। यदि पंचायत अपने कार्यकाल से पहले भंग हो जाती है तो उसके विघटन के 6 महीने के भीतर चुनाव होना चाहिए।

अतः विकल्प (B) सही है।

Q.1 अगस्त 2022 में किस देश ने रूसी राज्य द्वारा संचालित परमाणु ऊर्जा कंपनी 'एएसई' के साथ 2.25 बिलियन डॉलर का समझौता किया है?

[RBI Assistant, 2020], [UPSSSC Rajasva Lekhpal, 2015]

A. भारत **B.** चीन
C. जापान **D.** दक्षिण कोरिया

Q.2 निम्नलिखित में से किसे जुलाई 2022 में भारत के 15वें राष्ट्रपति के रूप में चुना गया है?

A. निर्मला सीतारमण **B.** स्वाति पीरामली
C. हिमा कोहली **D.** द्रौपदी मुर्मू

Q.3 अगस्त 2022 में प्रधान मंत्री कार्यालय (PMO) में निदेशक के रूप में किसे नियुक्त किया गया है?

A. श्वेता सिंह **B.** रवि कुमार
C. रुचि मिश्रा **D.** अनूप कुमार पाठक

Q.4 केंद्र सरकार ने जुलाई 2022 के 1–10 से अपनी 29 अधिकृत शाखाओं के माध्यम से चुनावी बांड जारी करने और भुनाने के लिए किस बैंक को अधिकृत किया है?

A. भारतीय स्टेट बैंक **B.** ऐक्सिस बैंक
C. आईसीआईसीआई बैंक **D.** एचडीएफसी बैंक

Q.5 जून 2022 में सशस्त्र सीमा बल के नए महानिदेशक के रूप में किसे नियुक्त किया गया है?

A. सुजॉय लाल थाओसेन **B.** संजय अरोड़ा
C. संजीव शर्मा **D.** रंजीत सिंह राणा

Q.6 अभिजीत सेन, जिनका 29 अगस्त, 2022 को निधन हो गया, किस क्षेत्र से सम्बन्धित थे?

A. भूगोल **B.** मनोविज्ञान
C. जीव विज्ञान **D.** अर्थशास्त्र

Q.7 अगस्त 2022 में किस राज्य ने 'दही-हांडी' को राज्य में एक आधिकारिक खेल के रूप में मान्यता दी है?

A. महाराष्ट्र **B.** गुजरात **C.** पंजाब **D.** हरयाणा

Q.8 'भारत जल सप्ताह' 2019 कब मनाया गया था?

[Haryana Primary Teacher (PRT), 2020]

A. 15 जनवरी से 21 जनवरी
B. 22 मार्च से 26 मार्च
C. 2 अक्टूबर से 8 अक्टूबर
D. 24 सितम्बर से 28 सितम्बर

Q.9 विश्व पर्यावरण दिवस 2019 का विषय था:

[Haryana Primary Teacher (PRT), 2020]

A. जल प्रदूषण को हराना **B.** ध्वनि प्रदूषण को हराना
C. वायु प्रदूषण को हराना **D.** मृदा संरक्षण

Q.10 विश्व पैरा एथलेटिक्स ग्रां प्री 2022 में देवेंद्र झाझरिया ने कौन सा पदक जीता?

A. स्वर्ण **B.** रजत
C. कांस्य **D.** इनमें से कोई नहीं

Q.11 जुलाई 2022 में टेस्ला के सीईओ एलोन मस्क _______ खरीदने के लिए अपने 44 बिलियन डॉलर के सौदे को समाप्त कर रहे हैं

क्योंकि सोशल मीडिया कंपनी ने विलय समझौते के कई प्रावधानों का उल्लंघन किया था।

A. फेसबुक **B.** टैग **C.** गुडरीड्स **D.** ट्विटर

Q.12 भारत में सोलर फार्म स्थापित करने वाली पहली ई-कॉमर्स कंपनी कौन सी है?

A. वालमार्ट **B.** अमेज़न **C.** फ्लिपकार्ट **D.** ईबे

Q.13 किस केंद्रीय मंत्री ने 24 जुलाई 2022 को अखिल भारतीय आयुर्वेद संस्थान (एआईआईए) में 'बाल रक्षा' मोबाइल ऐप लॉन्च किया?

A. सर्बानंद सोनोवाल **B.** अनुराग ठाकुर
C. अमित शाह **D.** राजनाथ सिंह

Q.14 अगस्त 2022 में, भारत ने यूनेस्को की अमूर्त सांस्कृतिक विरासत सूची में अंकित होने के लिए किस नृत्य शैली को नामित किया है?

A. लूर **B.** गरबा **C.** खोर **D.** घूमर

Q.15 निम्नलिखित में से किस राष्ट्रीय उद्यान में आठ अफ्रीकी चीतों को स्थानांतरित किया गया है?

[Delhi Forest Guard, 2020]

A. कुनो पालपुर नेशनल पार्क
B. जिम कॉर्बेट नेशनल पार्क
C. रणथंभौर नेशनल पार्क
D. काजीरंगा नेशनल पार्क

Q.16 'राष्ट्रीय भ्रष्टाचार विरोधी आयोग विधेयक' किस देश से संबंधित है?

A. यूएसए **B.** भारत
C. ऑस्ट्रेलिया **D.** पाकिस्तान

Q.17 विनेश फोगट को हाल ही में किस राष्ट्रीय पुरस्कार से सम्मानित किया गया है ?

[HTET PGT - Computer Science, 2020]

A. द्रोणाचार्य अवार्ड
B. अर्जुन अवार्ड
C. राजीव गांधी खेल रत्न अवार्ड
D. ध्यानचन्द अवार्ड

Q.18 विशेष ASEAN-भारत विदेश मंत्रियों की बैठक (SAIFMM) 16 और 17 जून 2022 को _________ में आयोजित की जाएगी।

A. नई दिल्ली, भरत **B.** इस्लामाबाद, पाकिस्तान
C. ढाका, बग्लादेश **D.** कोलंबो, श्रीलंका

Q.19 2022 में सयुक्त राष्ट्र महिला कोर बजट में भारत का क्या योगदान है?

[HSSC Canal Patwari, 2021], [Delhi Forest Guard, 2021]

A. यूएसडी 10,000 **B.** यूएसडी 50,000
C. यूएसडी 100,000 **D.** यूएसडी 500,000

Q.20 केंद्रीय मंत्री नितिन गडकरी ने किस शहर में 18 अगस्त 2022 को भारत की पहली इलेक्ट्रिक डबल डेकर बस का अनावरण किया है?

A. बेंगलुरु **B.** भोपाल **C.** मुंबई **D.** नागपुर

Q.21 ब्रिक्स संचार मंत्रियों की 8वीं बैठक _______ की अध्यक्षता में जुलाई 2022 में वर्चुअल मोड में आयोजित की गई थी।

A. ब्राज़िल **B.** रूस

C. चीन   **D.** दक्षिण अफ्रीका

Q.22 किस देश ने 2 अगस्त 2022 को बर्मिंघम में राष्ट्रमंडल खेलों में पुरुषों की टेबल टेनिस स्पर्धा में स्वर्ण पदक जीता है?

A. मलेशिया   **B.** कनाडा

C. भारत   **D.** दक्षिण अफ्रीका

Q.23 चार्टर्ड एकाउंटेंट्स दिवस का कौन सा संस्करण 1 जुलाई 2022 को मनाया गया था?

A. 70वां   **B.** 72वां   **C.** 74वां   **D.** 76वां

Q.24 किस इंडियन इंस्टिट्यूट ऑफ़ टेक्नोलॉजी (आईआईटी) परिसर में, केंद्रीय मंत्री जितेंद्र सिंह ने जुलाई 2022 को भारत की पहली स्वायत्त नेविगेशन सुविधा, 'TiHAN' का उद्घाटन किया?

A. आईआईटी गुवाहाटी   **B.** आईआईटी मद्रास

C. आईआईटी जोधपुर   **D.** आईआईटी हैदराबाद

Q.25 प्रतिकूल मौसम और प्राकृतिक आपदाओं के कारण फसलों को होने वाली नुकसान की भरपाई के लिए, किस राज्य ने अप्रैल 2022 में मुख्यमंत्री बागवानी बीमा योजना पोर्टल लॉन्च किया है?

A. उत्तर प्रदेश   **B.** तमिलनाडु

C. गुजरात   **D.** हरियाणा

Q.26 इंटरनेशनल गर्ल्स इन आईसीटी डे 2022 का विषय क्या था जो हर साल अप्रैल में चौथे गुरुवार को मनाया जाता है?

A. पहुंच और सुरक्षा

B. अगली पीढ़ी को प्रेरणा

C. केस फॉर चेंज, कनेक्टेड वीमेन, IoT और टेक 4 गर्ल्स

D. शक्ति परिवर्तन: नवाचार और रचनात्मकता में महिलाएं

Q.27 निम्नलिखित में से किस राज्य/केंद्र शासित प्रदेश में मार्च-अप्रैल 2021 के दौरान चुनाव नहीं हुआ था?

[SSC CGL, 2022]

A. पश्चिम बंगाल   **B.** बिहार

C. तमिलनाडु   **D.** पुदुचेरी

Q.28 थल सेनाध्यक्ष (COAS) जनरल मनोज पांडे जुलाई 2022 में किस देश की 3 दिवसीय यात्रा पर गए?

A. बांग्लादेश   **B.** म्यांमार   **C.** भूटान   **D.** थाईलैंड

Q.29 अगस्त 2022 में, खेल के तीनों प्रारूपों में प्रत्येक में 100 मैच खेलने वाले पहले भारतीय खिलाड़ी कौन बने हैं?

A. एम एस धोनी   **B.** विराट कोहली

C. रोहित शर्मा   **D.** शिखर धवन

Q.30 खाद्य और सार्वजनिक वितरण विभाग जुलाई 2022 में _____ में भारत में खाद्य और पोषण सुरक्षा पर एक राष्ट्रीय सम्मेलन का आयोजित करेगा।

A. नई दिल्ली   **B.** पुणे   **C.** हैदराबाद   **D.** मुंबई

// स्मार्ट उत्तर पुस्तिका //

| सही उत्तर | उन छात्रों का प्रतिशत जिन्होंने प्रश्नों का सही उत्तर दिया था। |
| छोड़ दिया | उन छात्रों का प्रतिशत जिन्होंने प्रश्नों को छोड़ दिया था। |

प्रश्न संख्या	उत्तर	सही उत्तर / छोड़ दिया	प्रश्न संख्या	उत्तर	सही उत्तर / छोड़ दिया	प्रश्न संख्या	उत्तर	सही उत्तर / छोड़ दिया	प्रश्न संख्या	उत्तर	सही उत्तर / छोड़ दिया	प्रश्न संख्या	उत्तर	सही उत्तर / छोड़ दिया	प्रश्न संख्या	उत्तर	सही उत्तर / छोड़ दिया
1	D	89.37 % / 10.21 %	6	D	80.69 % / 16.8 %	11	D	79.19 % / 12.94 %	16	C	84.73 % / 13.01 %	21	C	78.95 % / 10.98 %	26	A	87.79 % / 10.09 %
2	D	78.05 % / 15.03 %	7	A	77.4 % / 13.54 %	12	B	85.39 % / 10.01 %	17	C	77.92 % / 20.62 %	22	C	76.77 % / 21.86 %	27	B	88.65 % / 11.07 %
3	A	84.59 % / 13.26 %	8	D	80.68 % / 15.52 %	13	A	85.26 % / 10.28 %	18	A	81.79 % / 11.47 %	23	C	86.47 % / 10.34 %	28	A	76.81 % / 15.24 %
4	A	77.35 % / 22.2 %	9	C	82.72 % / 13.47 %	14	B	78.66 % / 12.25 %	19	D	89.72 % / 10.28 %	24	D	85.02 % / 11.86 %	29	B	79.12 % / 18.82 %
5	A	83.27 % / 15.29 %	10	B	83.02 % / 12.78 %	15	A	80.74 % / 13.87 %	20	C	83.57 % / 10.13 %	25	D	79.51 % / 17.98 %	30	A	81.27 % / 10.82 %

//संकेत और समाधान//

1. दक्षिण कोरिया ने अगस्त 2022 में एक रूसी राज्य द्वारा संचालित परमाणु ऊर्जा कंपनी 'एएसई' के साथ 2.25 अरब डॉलर के समझौते पर हस्ताक्षर किए हैं।

- मिस्र के पहले परमाणु ऊर्जा संयंत्र के लिए घटक प्रदान करने के लिए इस पर हस्ताक्षर किए गए हैं।
- एएसई एक सरकारी स्वामित्व वाले रूसी परमाणु समूह रोसाटॉम की सहायक कंपनी है।
- दक्षिण कोरिया ने संयुक्त अरब अमीरात में परमाणु ऊर्जा रिएक्टर बनाने के लिए 20 अरब डॉलर के अनुबंध पर भी हस्ताक्षर किए हैं।

अतः विकल्प (D) सही है।

2. झारखंड के पूर्व राज्यपाल और राष्ट्रीय जनतांत्रिक गठबंधन की उम्मीदवार द्रौपदी मुर्मू को 21 जुलाई 2022 को भारत के 15वें राष्ट्रपति के रूप में चुना गया है।

वह इस पद के लिए चुनी जाने वाली पहली आदिवासी महिला हैं और सबसे कम उम्र की भी हैं।

उन्होंने निर्वाचक मंडल के वोटों का 64.03% जीतकर विपक्षी उम्मीदवार यशवंत सिन्हा को हराया।

अत: विकल्प (D) सही है।

3. भारतीय विदेश सेवा (IFS) अधिकारी श्वेता सिंह को 2 अगस्त 2022 को प्रधान मंत्री कार्यालय (PMO) में निदेशक के रूप में नियुक्त किया गया था।

- सिंह 2008-बैच के IFS अधिकारी हैं।
- कैबिनेट की नियुक्ति समिति (एसीसी) ने सिंह की नियुक्ति की तारीख से तीन साल की अवधि के लिए उनकी नियुक्ति को मंजूरी दी।

अतः विकल्प (A) सही है।

4. केंद्र सरकार ने भारतीय स्टेट बैंक को जुलाई के 1–10 से अपनी 29 अधिकृत शाखाओं के माध्यम से चुनावी बांड जारी करने और भुनाने के लिए अधिकृत किया है।

चुनावी बांड जारी होने की तारीख से पंद्रह कैलेंडर दिनों के लिए वैध होंगे और वैधता अवधि की समाप्ति के बाद चुनावी बांड जमा किए जाने पर किसी भी राजनीतिक दल को कोई भुगतान नहीं किया जाएगा।

अतः विकल्प (A) सही है।

5. सुजॉय लाल थाओसेन को हाल ही में सशस्त्र सीमा बल का नया महानिदेशक नियुक्त किया गया है।

नई दिल्ली, जून 2022 (PTI) IPS अधिकारी सुजॉय लाल थाओसेन को सशस्त्र सीमा बल (SSB) के नए महानिदेशक (DG) के रूप में कार्यभार संभाला, जो नेपाल और भूटान के साथ भारतीय सीमाओं की रक्षा करता है। मध्य प्रदेश कैडर के एक 1988-बैच भारतीय पुलिस सेवा (IPS) अधिकारी थाओसेन को आर के पुरम में बल के मुख्यालय में DG और ITBP प्रमुख संजय अरोड़ा को कार्यवाहक सौंपकर बैटन सौंपा गया था।

अतः विकल्प (A) सही है।

6. भारत के प्रमुख कृषि अर्थशास्त्रियों में से एक अभिजीत सेन का 72 वर्ष की आयु में 29 अगस्त, 2022 को निधन हो गया। पूर्व प्रधानमंत्री मनमोहन सिंह के कार्यकाल के दौरान अभिजीत सेन, 2004 से 2014 तक भारत के योजना आयोग के सदस्य थे।

अतः विकल्प (D) सही है।

7. 'दही-हांडी' को अब अगस्त 2022 में महाराष्ट्र में एक आधिकारिक खेल के रूप में मान्यता दी जाएगी।

- प्रदेश में प्रो-दही-हांडी प्रतियोगिता का भी आयोजन किया जाएगा।
- महाराष्ट्र में खेल श्रेणी के तहत दही-हांडी को मान्यता दी जाएगी।
- 'गोविंदा' को खेल श्रेणी के तहत नौकरी मिलेगी।
- "दही हांडी", जिसका अर्थ है "मिट्टी के बर्तन में दही", जन्माष्टमी से जुड़ा राज्य में एक लोकप्रिय कार्यक्रम है।

अतः विकल्प (A) सही है।

8. 6 वां भारत जल सप्ताह -2019 (IWW-2019) 24 से 28 सितंबर 2019 तक नई दिल्ली के विज्ञान भवन में आयोजित किया गया था।

- यह जल-मंत्रालय, जल संसाधन विभाग, नदी विकास और गंगा कायाकल्प, भारत सरकार द्वारा आयोजित किया जाता है।
- IWW-2019 का आयोजन "जल सहयोग - 21 वीं शताब्दी की चुनौतियों से निपटना" के विषय के साथ किया जा रहा है।
- प्रशासनिक सीमाओं के पार बेसिन की गतिशीलता को बदलने के संदर्भ में स्थायी जल प्रबंधन के लिए आपसी सहयोग के लिए नए विचारों को लाने का उद्देश्य।

अत: विकल्प (D) सही है।

9. विश्व पर्यावरण दिवस हर साल 5 जून को मनाया जाता है।

- यह पहली बार 1974 में (संयुक्त राष्ट्र द्वारा पहला विषय- "ओनली वन अर्थ") (1972 में मानव पर्यावरण पर स्टॉकहोम सम्मेलन के पहले दिन स्थापित) किया गया था।
- यह हर साल एक नए विषय और एक नए मेजबान देश के साथ मनाया जाता है।
- इसका उद्देश्य जागरूकता बढ़ाना और प्रकृति में अनियंत्रित मानव हस्तक्षेपों के नकारात्मक प्रभाव को कम करना है, जैसे कि ग्लोबल वार्मिंग, वन्यजीव अपराध, सतत खपत, समुद्री प्रदूषण, आदि।
- 2019 में थीम "वायु प्रदूषण को हराना" था, मेजबान देश चीन था। वायु प्रदूषण वर्तमान में प्रमुख पर्यावरणीय चिंताओं का कारण है, क्योंकि यह प्रति वर्ष 7 बिलियन से अधिक लोगों को मरने का कारण है, अस्थमा जैसी दीर्घकालिक बीमारियों का कारण बनता है, और बच्चों में संज्ञानात्मक विकास को कम करता है।

अत: विकल्प (C) सही है।

10. भारतीय भाला फेंक खिलाड़ी, देवेंद्र झाझरिया ने मोरक्को में विश्व पैरा एथलेटिक्स ग्रां प्री 2022 में रजत पदक जीता है।

पैरालिंपिक के स्वर्ण पदक विजेता देवेंद्र झाझरिया ने रजत पर कब्जा करने के लिए 60.97 मीटर की दूरी तक भाला फेंका। वह तीन बार के पैरालिंपिक पदक विजेता हैं।

अतः विकल्प (B) सही है।

11. जुलाई में 2022 टेस्ला के सीईओ एलोन मस्क ट्विटर को खरीदने के लिए अपने 44 अरब डॉलर के सौदे को समाप्त कर रहे हैं क्योंकि सोशल मीडिया कंपनी ने विलय समझौते के कई प्रावधानों का उल्लंघन किया था।

ट्विटर मंच पर नकली या स्पैम खातों की जानकारी के लिए कई अनुरोधों का जवाब देने में विफल रहा या मना कर दिया, जो कंपनी के व्यावसायिक प्रदर्शन के लिए मौलिक है।

ट्विटर ने उच्च पदस्थ अधिकारियों और प्रतिभा अधिग्रहण टीम के एक तिहाई को निकाल दिया, अपने वर्तमान व्यावसायिक संगठन के भौतिक घटकों को काफी हद तक बरकरार रखने के लिए ट्विटर के दायित्व का उल्लंघन किया।

अत: विकल्प (D) सही है।

12. ई-कॉमर्स कंपनी अमेज़न ने राजस्थान में तीन नए सोलर फार्म के साथ भारत में अपनी पहली सौर परियोजना की घोषणा की, जिसमें 420 मेगावाट की संयुक्त ऊर्जा क्षमता है।

अमेज़न का लक्ष्य 2025 तक अपने व्यवसाय में 100% नवीकरणीय ऊर्जा का उपयोग करना है। भारतीय परियोजना में रीन्यू पावर द्वारा विकसित की जाने वाली 210 मेगावाट की परियोजना, एएमपी एनर्जी इंडिया द्वारा विकसित की जाने वाली 100 मेगावाट की परियोजना और 110 मेगावाट की परियोजना शामिल है। इसे ब्रुकफील्ड रिन्यूएबल पार्टनर्स द्वारा विकसित किया जाएगा।

अतः विकल्प (B) सही है।

13. केंद्रीय आयुष मंत्री, सर्बानंद सोनोवाल ने 24 जुलाई 2022 को अखिल भारतीय आयुर्वेद संस्थान (एआईआईए) में बाल रक्षा मोबाइल ऐप लॉन्च किया।

ऐप का उद्देश्य आयुर्वेदिक हस्तक्षेप के माध्यम से बाल रोग निवारक स्वास्थ्य देखभाल के बारे में माता-पिता की जागरूकता बढ़ाना है। श्री सोनोवाल ने एआईआईए में 'बच्चों के लिए टीकाकरण केंद्र' का भी उद्घाटन किया।

एआईआईए स्थापित: 2015

निर्देशक: डॉ तनुजा नेसारिक

अतः विकल्प (A) सही है।

14. भारत ने अगस्त 2022 में यूनेस्को की अमूर्त सांस्कृतिक विरासत सूची में अंकित होने के लिए नृत्य रूप गरबा को नामांकित किया है।

2021 में, 'दुर्गा पूजा' को यूनेस्को की अमूर्त सांस्कृतिक विरासत प्रतिनिधि में शामिल किया गया था।

भारत को जुलाई 2022 में अमूर्त सांस्कृतिक विरासत की सुरक्षा के लिए 2003 के कन्वेंशन की विशिष्ट अंतर सरकारी समिति में सेवा देने के लिए यूनेस्को द्वारा चुना गया था।

अतः विकल्प (B) सही है।

15. दक्षिण अफ्रीका के नामीबिया के आठ अफ्रीकी चीतों को मध्य प्रदेश के कुनो पालपुर राष्ट्रीय उद्यान में स्थानांतरित किया गया है।

चीतों के राष्ट्रीय उद्यान में आने के बाद, वे बड़े बाड़ों में स्थानांतरित होने से पहले संगरोध चरण के दौरान छोटे बाड़ों में रहेंगे। 1952 के बाद से भारत में धीरे-धीरे चीते विलुप्त होने शुरू हो गए, उसके बाद तब 2009 में 'अफ्रीकी चीता इंट्रोडक्शन प्रोजेक्ट इन इंडिया' शुरू किया गया था।

अतः विकल्प (A) सही है।

16. 'राष्ट्रीय भ्रष्टाचार विरोधी आयोग विधेयक' ऑस्ट्रेलिया से संबंधित है।

ऑस्ट्रेलिया के अटॉर्नी जनरल ने हाल ही में राष्ट्रीय भ्रष्टाचार विरोधी आयोग विधेयक पेश किया। राष्ट्रीय भ्रष्टाचार विरोधी आयोग सार्वजनिक क्षेत्र में गंभीर या प्रणालीगत भ्रष्टाचार की जांच और रिपोर्ट करने के लिए एक निकाय है।

इसका नेतृत्व एक आयुक्त द्वारा किया जाएगा, जो पांच साल की एक निश्चित अवधि की सेवा करेगा। एनएसीसी के पास राष्ट्रमंडल मंत्रियों, सांसदों, कर्मचारियों, राष्ट्रमंडल एजेंसियों के प्रमुखों और कर्मचारियों, सरकारी ठेकेदारों और उनके कर्मचारियों, रक्षा बल के सदस्यों, वैधानिक कार्यालय धारकों की जांच करने का व्यापक अधिकार क्षेत्र है।

अतः विकल्प (C) सही है।

17. मेजर ध्यानचंद खेल रत्न:

मेजर ध्यान चंद खेल रत्न पुरस्कार (पूर्व राजीव गांधी खेल रत्न) भारत में दिया जाने वाला सबसे बड़ा खेल पुरस्कार है। इस पुरस्कार को भारत एवं विश्व हॉकी के सर्वश्रेष्ठ खिलाड़ी के नाम पर रखा गया है, जो तीन बार ओलम्पिक के स्वर्ण पदक जीतने वाली भारतीय हॉकी टीम के सदस्य रहे।

विनेश फोगट:

विनेश फोगट (जन्म 25 अगस्त 1994) एक भारतीय पहलवान हैं। वह राष्ट्रमंडल और एशियाई खेलों दोनों में स्वर्ण जीतने वाली पहली भारतीय महिला पहलवान बनीं। वह विश्व कुश्ती चैंपियनशिप में कई पदक जीतने वाली एकमात्र भारतीय महिला पहलवान हैं।

अतः विकल्प (C) सही है।

18. ASEAN-भारत वार्ता संबंधों के 30 साल पूरे होने के उपलक्ष्य में विशेष ASEAN-भारत विदेश मंत्रियों की बैठक (एसएआईएफएमएम) 16 और 17 जून 2022 को नई दिल्ली, भारत में आयोजित की जाएगी। इस ऐतिहासिक मान्यता में, वर्ष 2022 को ASEAN-भारत मैत्री वर्ष के रूप में मनाया जा रहा है, जैसा कि अक्टूबर 2021 में 18वें आसियान-भारत शिखर सम्मेलन में आसियान और भारतीय नेताओं द्वारा घोषित किया गया था।

अतः विकल्प (A) सही है।

19. भारत ने अपने मुख्य बजट के लिए संयुक्त राष्ट्र महिला, लैंगिक समानता और महिला सशक्तिकरण के लिए संयुक्त राष्ट्र एजेंसी के लिए 500,000 अमरीकी डालर का योगदान दिया है।

संयुक्त राष्ट्र में भारत के स्थायी प्रतिनिधि टी.एस.तिरुमूर्ति ने घोषणा की कि भारत ने महिलाओं के नेतृत्व वाले विकास और लैंगिक समानता की अपनी साझेदारी की पुष्टि की है। संयुक्त राष्ट्र महिला कार्यकारी निदेशक, सीमा बहौस ने भारत को इसके योगदान के लिए धन्यवाद दिया।

अतः विकल्प (D) सही है।

20. राजमार्ग और सड़क परिवहन मंत्री नितिन गडकरी ने 18 अगस्त 2022 को मुंबई में भारत की पहली इलेक्ट्रिक डबल डेकर बस का अनावरण किया।

अशोक लेलैंड की सहायक कंपनी स्विच मोबिलिटी लिमिटेड ने 'स्विच ईआईवी 22' नामक इस अनूठी इलेक्ट्रिक डबल डेकर बस का निर्माण किया है।

स्विच इलेक्ट्रिक डबल-डेकर सिंगल-डेकर, बस की तुलना में लगभग दोगुने यात्रियों को ले जा सकती है।

अतः विकल्प (C) सही है।

21. ब्रिक्स संचार मंत्रियों की 8वीं बैठक चीन की अध्यक्षता में 6 जुलाई 2022 को वर्चुअल मोड में आयोजित की गई थी।

बैठक में रेल, संचार, इलेक्ट्रॉनिक्स और सूचना प्रौद्योगिकी मंत्री अश्विनी वैष्णव ने भाग लिया। मंत्रियों ने 14वें ब्रिक्स शिखर सम्मेलन में चिन्हित क्षेत्रों में आईसीटी के क्षेत्र में काम करने का निर्णय लिया। मंत्रियों ने एक घोषणापत्र भी अपनाया।

अतिरिक्त जानकारी:

ब्रिक्स:

ब्रिक्स पांच प्रमुख उभरती अर्थव्यवस्थाओं का एक समूह है - ब्राजील, रूस, भारत, चीन और दक्षिण अफ्रीका।

2009 से, ब्रिक्स राज्यों की सरकारें सालाना औपचारिक शिखर सम्मेलनों में मिलती हैं।

भारत ने सबसे हालिया 13वें ब्रिक्स शिखर सम्मेलन की मेजबानी 9 सितंबर 2021 को वस्तुतः की।

मूल रूप से पहले चार को 2010 में दक्षिण अफ्रीका के शामिल होने से पहले "BRIC" के रूप में वर्गीकृत किया गया था।

अतः विकल्प (C) सही है।

22. भारतीय पुरुष टेबल टेनिस टीम ने 2022 बर्मिंघम में 2 अगस्त 2022 राष्ट्रमंडल खेलों में स्वर्ण पदक जीता।

- भारत ने फाइनल में सिंगापुर को 3-1 से हराया।

- पुरुषों की टीम स्पर्धा में राष्ट्रमंडल खेलों में भारत का यह तीसरा स्वर्ण पदक है, जो इससे पहले 2010 और 2018 में जीता था।
- 2 अगस्त 2022 को, भारतीय महिला लॉन बॉल टीम ने भी राष्ट्रमंडल खेलों में अपना पहला स्वर्ण पदक जीता।

अत: विकल्प (C) सही है।

23. 74वां चार्टर्ड एकाउंटेंट दिवस का संस्करण 1 जुलाई 2022 को मनाया गया।

यह दिन इंस्टीट्यूट ऑफ चार्टर्ड अकाउंटेंट्स ऑफ इंडिया (ICAI) द्वारा मनाया जाता है। ICAI की स्थापना भारत की संसद द्वारा 1949 में की गई थी। यह दुनिया भर में दूसरा सबसे बड़ा लेखा और वैधानिक निकाय है। भारत में, ICAI वित्तीय लेखा परीक्षा और लेखा पेशे के लिए एकमात्र लाइसेंसिंग और नियामक निकाय है।

अत: विकल्प (C) सही है।

24. केंद्रीय मंत्री जितेंद्र सिंह ने 4 जुलाई 2022 को आईआईटी हैदराबाद परिसर में भारत की पहली स्वायत्त नेविगेशन सुविधा TiHAN का उद्घाटन किया।

TiHAN (स्वायत्त नेविगेशन पर प्रौद्योगिकी नवाचार हब) को केंद्रीय विज्ञान और प्रौद्योगिकी मंत्रालय द्वारा विकसित किया गया है। यह एक बहु-विषयक पहल है जो भारत को भविष्य की 'स्मार्ट मोबिलिटी' तकनीक में एक वैश्विक खिलाड़ी बनाएगी।

अत: विकल्प (D) सही है।

25. प्रतिकूल मौसम और प्राकृतिक आपदाओं के कारण फसलों को हुए नुकसान की भरपाई के लिए, हरियाणा ने अप्रैल 2022 में योजना के लिए 10 करोड़ रुपये के प्रारंभिक कोष के साथ मुख्यमंत्री बागवानी बीमा योजना पोर्टल लॉन्च किया है। यह योजना सब्जियों और मसालों के लिए 30,000 रुपये प्रति एकड़ और फलों के लिए 40,000 रुपये प्रति एकड़ की राशि की भरपाई करती है, जिसकी भरपाई किसानों को चार श्रेणियों जैसे 25 प्रतिशत, 50 प्रतिशत, 75 प्रतिशत और 100 प्रति एकड़ के माध्यम से की जाएगी। सर्वेक्षण के आधार पर शत-प्रतिशत किसान का अंशदान बीमित राशि का केवल 5 प्रतिशत यानी सब्जियों और मसालों के लिए 750 रुपये प्रति एकड़ और फलों के लिए 1000 रुपये प्रति एकड़ होगा।

अत: विकल्प (D) सही है।

26. इंटरनेशनल गर्ल्स इन आईसीटी डे 2022 का विषय पहुंच और सुरक्षा था। यह हर साल अप्रैल में चौथे गुरुवार को मनाया जाता है। इंटरनेशनल गर्ल्स इन आईसीटी डे का उद्देश्य प्रौद्योगिकी में लड़कियों और महिलाओं के प्रतिनिधित्व को बढ़ाने के लिए एक वैश्विक आंदोलन को प्रेरित करना है।

अत: विकल्प (A) सही है।

27. बिहार में मार्च-अप्रैल 2021 के दौरान चुनाव नहीं हुए थे।

- सत्रहवीं बिहार विधान सभा के सदस्य अक्टूबर से नवंबर तक तीन भागों में चुने गए।
- पिछली बिहार सोलहवीं विधानसभा का कार्यकाल 29 नवंबर, 2020 को समाप्त हुआ था।
- चुनावों के बाद बिहार में राष्ट्रीय जनतांत्रिक गठबंधन के नेता के रूप में चुने जाने के बाद, निवर्तमान मुख्यमंत्री नीतीश कुमार को फिर से मुख्यमंत्री के रूप में शपथ दिलाई गई और दो नए उपमुख्यमंत्रियों, तारकिशोर प्रसाद और रेणु देवी को नए प्रशासन में भर्ती किया गया।

अत: विकल्प (B) सही है।

28. थल सेनाध्यक्ष (COAS) जनरल मनोज पांडे 3-दिन के दौरे पर 18-20 जुलाई 2022 से बांग्लादेश के लिए रवाना हुए हैं।

सेना प्रमुख बनने के बाद जनरल मनोज पांडे का यह पहला विदेश दौरा है। वह सुरक्षा प्रतिष्ठान के वरिष्ठ अधिकारियों के साथ कई बैठकें करेंगे और रक्षा संबंधी विभिन्न मुद्दों पर विचारों का आदान-प्रदान करेंगे।

अत: विकल्प (A) सही है।

29. विराट कोहली अगस्त 2022 में खेल के तीनों प्रारूपों में 100 मैच खेलने वाले अंतरराष्ट्रीय क्रिकेट इतिहास में पहले भारतीय और दूसरे खिलाड़ी बन गए हैं।

अगस्त 2008 में अंतरराष्ट्रीय क्रिकेट में पदार्पण करने के बाद से कोहली के नाम अब 102 टेस्ट और 262 एकदिवसीय मैचों के अलावा 100 टी20 हैं। रिकॉर्ड के साथ पहले खिलाड़ी न्यूजीलैंड के बल्लेबाज रॉस टेलर थे जो हाल ही में सेवानिवृत्त हुए थे।

अत: विकल्प (B) सही है।

30. खाद्य और सार्वजनिक वितरण विभाग नई दिल्ली में 5 जुलाई 2022 को भारत में खाद्य और पोषण सुरक्षा पर एक राष्ट्रीय सम्मेलन का आयोजन करेगा।

इसका उद्देश्य सार्वजनिक वितरण प्रणाली के तहत योजनाओं के लिए क्रॉस लर्निंग की सुविधा देना, सर्वोत्तम प्रथाओं का प्रसार करना और पोषण सुरक्षा पर ध्यान केंद्रित करना है। उपभोक्ता मामलों के मंत्री पीयूष गोयल एक दिवसीय सम्मेलन को संबोधित करेंगे।

अत: विकल्प (A) सही है।

Q.1 बाउंड रेट या बाउंड टैरिफ के संबंध में निम्नलिखित कथनों पर विचार करें।

1. बाउंड रेट (टैरिफ) की अधिकतम दर है जो आयातक देश द्वारा आयातित वस्तु पर लगाया जा सकता है।

2. विश्व व्यापार संगठन में किसी भी वस्तु के लिए सहमत बाध्य दर विश्व व्यापार संगठन के सभी सदस्यों के लिए समान है।

उपरोक्त कथनों में से कौन सा/से गलत है/हैं?

A. केवल 1   **B.** केवल 2
C. 1 और 2 दोनों   **D.** न तो 1 और न ही 2

Q.2 भारत सरकार के वार्षिक बजट दस्तावेजों में 'प्राथमिक घाटा' का संदर्भ है:

A. वर्तमान वित्तीय वर्ष के बजटीय घाटे और पूंजीगत घाटे के बीच अंतर

B. चालू वर्ष के राजस्व घाटे और पूंजी निर्माण के लिए अनुदान के बीच अंतर

C. चालू वर्ष के राजकोषीय घाटे और पिछले उधारों पर ब्याज भुगतान के बीच अंतर

D. वर्तमान वित्तीय वर्ष के राजस्व घाटे और राज्यों एवं स्थानीय निकायों को अनुदान के बीच अंतर

Q.3 राजस्व बजट के संबंध में निम्नलिखित में से कौन सा असत्य है?

A. यह सरकार के लिए राजस्व के स्रोतों का विवरण देता है।

B. कॉर्पोरेट कर और उत्पाद शुल्क सरकार के कर राजस्व के महत्वपूर्ण घटक हैं।

C. अधिकतर राजस्व प्राप्तियों और राजस्व व्यय के बीच का अंतर धनात्मक है।

D. राजस्व व्यय के परिणामस्वरूप संपत्ति का निर्माण नहीं होता है।

Q.4 निम्नलिखित कथनों पर विचार करें:

(1) हेडलाइन मुद्रास्फीति एक अर्थव्यवस्था के भीतर कुल मुद्रास्फीति का एक उपाय है।

(2) हेडलाइन मुद्रास्फीति बाजार के उन क्षेत्रों से प्रभावित होती है, जो भोजन, सब्जियों या ऊर्जा जैसे अचानक मुद्रास्फीतिकारी क्षणिक परिवर्तन का अनुभव कर सकते हैं।

ऊपर दिए गए कथनों में से कौन-सा/से सही है/हैं?

A. केवल 1   **B.** केवल 2
C. दोनों 1 और 2   **D.** न तो 1 और न ही 2

Q.5 निम्नलिखित में से तीन कथन भारतीय प्रतिस्पर्धा आयोग के कर्तव्यों का सही वर्णन करते हैं। असत्य कथन ज्ञात कीजिए।

A. व्यापार की स्वतंत्रता को सीमित करना

B. प्रतिस्पर्धा पर प्रतिकूल प्रभाव डालने वाली प्रथाओं को खत्म करना

C. प्रतिस्पर्धा को बढ़ावा देना और बनाए रखना

D. उपभोक्ताओं के हितों की रक्षा करें

Q.6 निम्नलिखित में से कौन राष्ट्रीय पेंशन योजना (NPS) का हिस्सा बन सकता है?

A. केंद्र सरकार के कर्मचारी

B. राज्य सरकार के कर्मचारी

C. असंगठित क्षेत्र के कर्मचारी

D. उपरोक्त सभी

Q.7 निम्नलिखित में से किसने सबसे पहले तरलता जाल (लिक्विडिटी ट्रैप) का विचार रखा था?

A. अल्फ्रेड मार्शल   **B.** जॉन मेनार्ड कीन्स
C. मिल्टन फ्राइडमैन   **D.** एडम स्मिथ

Q.8 गुड्स एंड सर्विस टैक्स (GST) के तहत कौन से कर शामिल नहीं हैं?

[Territorial Army Officer, 2017]

A. ऑक्ट्रियो कर   **B.** मूल्य वर्धित कर
C. केंद्रीय बिक्री कर   **D.** सीमा शुल्क कर

Q.9 भारत में प्रत्यक्ष विदेशी निवेश के संदर्भ में, निम्नलिखित में से किसे इसकी प्रमुख विशेषता माना जाता है?

[UPSC Prelims, 2020]

A. यह एक सूचीबद्ध कंपनी में अनिवार्य रूप से पूंजी उपकरणों के माध्यम से निवेश है।

B. यह बड़े पैमाने पर गैर-ऋण पूंजी प्रवाह है।

C. यह निवेश है जिसमें ऋण-सेवा शामिल है।

D. यह विदेशी संस्थागत निवेशकों द्वारा सरकारी प्रतिभूतियों में किया गया निवेश है।

Q.10 निकृष्ट वस्तुओं की मांग की आय प्रत्यास्थता ________ होती है।

A. एक से कम   **B.** शून्य से कम
C. एक के बराबर   **D.** एक से बड़ी

Q.11 निम्नलिखित में से कौन सा कारक पूर्ण प्रतिस्पर्धा को दर्शाता है?

1. सभी कंपनी एक समान या सजातीय उत्पाद का उत्पादन करती हैं।

2. सही जानकारी और ज्ञान होता है।

3. बड़ी संख्या में खरीदार और विक्रेता होते हैं।

4. प्रत्येक कंपनी सामान्य लाभ अर्जित करती है और कोई भी कंपनी अति-सामान्य लाभ अर्जित नहीं कर सकती है।

नीचे दिए गए कूट का प्रयोग करके सही उत्तर चुनिए:

A. केवल 1, 2, और 3   **B.** केवल 2, और 3
C. केवल 2, 3, और 4   **D.** 1, 2, 3, और 4

Q.12 निम्नलिखित में से कौन सा नगर भारत की 'इलेक्ट्रॉनिक राजधानी' के रूप में उभरा है?

[CBSE Class X, 2012]

A. दिल्ली   **B.** कोलकाता   **C.** बंगलौर   **D.** हैदराबाद

Q.13 बैंक नोट और चेक किस प्रकार के धन के उदाहरण हैं?

A. वस्तु मुद्रा   **B.** वैध मुद्रा
C. विश्वासाश्रित मुद्रा   **D.** कमर्शियल बैंक मनी

Q.14 वह दर जिस पर किसी देश का केंद्रीय बैंक (भारतीय रिज़र्व बैंक) धन की किसी भी कमी की स्थिति में वाणिज्यिक बैंकों को धन उधार देता है वह निम्न को संदर्भित करता है:

A. बैंक दर   **B.** रेपो दर
C. रिवर्स रेपो दर   **D.** उपरोक्त में से कोई नहीं

Q.15 प्रथम पंचवर्षीय योजना का मुख्य फोकस ______ पर था।

A. सेवा क्षेत्र

B. कृषि और औद्योगिक क्षेत्र

C. कृषि क्षेत्र

D. औद्योगिक क्षेत्र

Q.16 न्यूनतम समर्थन मूल्य का निर्धारक है?

A. भारतीय कृषि अनुसंधान परिषद
B. राज्य सरकार
C. कृषि लागत एवं मूल्य आयोग
D. इनमें से कोई नही

Q.17 निम्नलिखित में से कौन से कथन सही हैं?

1. जब सीमांत राजस्व धनात्मक होता है, तो कुल राजस्व, निर्गत में वृद्धि के साथ-साथ बढ़ता है।
2. जब सीमांत राजस्व शून्य होता है, तो कुल राजस्व अधिकतम होता है।
3. जब सीमांत राजस्व ऋणात्मक हो जाता है, तो कुल राजस्व, निर्गत में वृद्धि के साथ-साथ कम होता है।

नीचे दिये गये कोड का प्रयोग कर सही उत्तर चुनिये:
A. केवल 1 और 2
B. केवल 2 और 3
C. केवल 1 और 3
D. 1, 2 और 3

Q.18 नीचे दिए गए कथनों में से कौन-सा राष्ट्रीय आय को मापने के संबंध में सही नहीं है:
A. उत्पाद विधि में, उत्पादन में प्रत्येक घटक द्वारा जोड़ा गया शुद्ध मूल्य पर जोर दिया जाता है।
B. उपभोग विधि के अनुसार, राष्ट्रीय आय कुल खपत और बचत का योग है।
C. सेवानिवृत्ति आय राष्ट्रीय आय में शामिल नहीं है।
D. राष्ट्रीय आय को मापते समय पुरानी वस्तुओं की बिक्री और खरीद शामिल है।

Q.19 राजस्व बजट के संबंध में निम्नलिखित में से कौन सा सत्य है?
A. इसमें सरकार की पूंजीगत प्राप्तियां शामिल होती हैं।
B. सरकार के उधार और ऋण राजस्व प्राप्तियों में शामिल होते हैं।
C. अधिकतर राजस्व प्राप्तियों और राजस्व व्यय के बीच का अंतर सकारात्मक है।
D. राजस्व प्राप्तियों और राजस्व व्यय के बीच का अंतर राजस्व घाटा कहते हैं।

Q.20 निम्नलिखित में से किसके द्वारा न्यूजीलैंड में ऑकलैंड को विश्व स्तर पर सबसे अधिक रहने योग्य शहर का नाम दिया गया है?
A. अंतरराष्ट्रीय मुद्रा कोष
B. अर्थशास्त्री खुफिया यूनिट
C. आर्थिक सहयोग और विकास संगठन
D. फ्रीडम हाउस

Q.21 कौन सा देश 2021-22 में चीन को पीछे छोड़ भारत का सबसे बड़ा व्यापारिक भागीदार बन गया है?
A. अमेरीका
B. सऊदी अरब
C. संयुक्त अरब अमीरात
D. रूस

Q.22 किस बैंक ने कोरेन्डेड कॉन्टैक्टलेस रुपे क्रेडिट कार्ड लॉन्च करने के लिए हिंदुस्तान पेट्रोलियम कॉर्पोरेशन लिमिटेड (HPCL) के साथ भागीदारी की है?
A. बैंक ऑफ बड़ौदा
B. भारतीय स्टेट बैंक
C. पंजाब नेशनल बैंक
D. ऐक्सिस बैंक

Q.23 भारतीय रिजर्व बैंक (RBI) ने निर्देशों का पालन न करने के लिए _______ पर 45 लाख रुपये का जुर्माना लगाया है।
A. ऐक्सिस बैंक
B. कोटक महिंद्रा बैंक
C. भारतीय स्टेट बैंक
D. एमयूएफजी बैंक

Q.24 25 मई 2022 को आर्थिक मामलों की मंत्रिमंडलीय समिति (CCEA) ने _______ में सरकार की 29.5% हिस्सेदारी बिक्री को मंजूरी दे दी है।

A. चंबल फ़र्टीलाइज़र्स एण्ड केमिकल्स
B. कोरोमंडल इंटरनेशनल
C. ऑलविन केमिकल एंड फर्टिलाइजर लिमिटेड
D. हिंदुस्तान जिंक लिमिटेड (HZL)

Q.25 कौन सी कंपनी प्रतिष्ठित फॉर्च्यून 500 सूची में प्रवेश करने वाली पहली क्रिप्टो फर्म बन गई है?
A. बिटफिनेक्स
B. बिटगो
C. बिटमेन
D. कॉइनबेस

Q.26 मई 2022 में आपातकालीन ईंधन स्टॉक की खरीद के लिए किस देश ने भारत के साथ 200 मिलियन डॉलर की क्रेडिट लाइन बढ़ा दी है?
A. बांग्लादेश
B. म्यांमार
C. थाईलैंड
D. श्रीलंका

Q.27 किस नियामक संस्था ने कानूनों का पालन न करने के लिए डेमलर फाइनेंशियल सर्विसेज इंडिया और केकेआर इंडिया फाइनेंशियल सर्विसेज पर जुर्माना लगाया?
A. भारतीय प्रतिभूति और विनिमय बोर्ड (SEBI)
B. बीमा नियामक और विकास प्राधिकरण
C. भारतीय प्रतिस्पर्धा आयोग (CCI)
D. भारतीय रिजर्व बैंक (RBI)

Q.28 NBFCs (गैर-बैंकिंग वित्तीय कंपनियों) के साथ साझेदारी में ऋणों के सह-उधार की सुविधा के लिए किस बैंक ने एक एंड-टू-एंड डिजिटल प्लेटफॉर्म लॉन्च किया है?
A. भारतीय स्टेट बैंक
B. पंजाब नेशनल बैंक
C. बैंक ऑफ बड़ौदा
D. बैंक ऑफ इंडिया

Q.29 मई 2022 में ई-चालान प्रणाली को डिजिटाइज़ करने के लिए वर्ल्डलाइन इंडिया के साथ किस बैंक ने भागीदारी की है?
A. बैंक ऑफ इंडिया
B. भारतीय स्टेट बैंक
C. पंजाब नेशनल बैंक
D. ऐक्सिस बैंक

Q.30 किस बैंक ने कर संग्रह के लिए केंद्रीय प्रत्यक्ष कर बोर्ड (CBDT) और केंद्रीय अप्रत्यक्ष कर और सीमा शुल्क बोर्ड (CBIC) के साथ एक समझौता ज्ञापन पर हस्ताक्षर किए हैं?
A. कोटक महिंद्रा बैंक
B. धनलक्ष्मी बैंक
C. फेडरल बैंक
D. डीसीबी बैंक

// स्मार्ट उत्तर पुस्तिका //

सही उत्तर	उन छात्रों का प्रतिशत जिन्होंने प्रश्नों का सही उत्तर दिया था।	छोड़ दिया	उन छात्रों का प्रतिशत जिन्होंने प्रश्नों को छोड़ दिया था।

प्रश्न संख्या	उत्तर	सही उत्तर / छोड़ दिया	प्रश्न संख्या	उत्तर	सही उत्तर / छोड़ दिया	प्रश्न संख्या	उत्तर	सही उत्तर / छोड़ दिया	प्रश्न संख्या	उत्तर	सही उत्तर / छोड़ दिया	प्रश्न संख्या	उत्तर	सही उत्तर / छोड़ दिया	प्रश्न संख्या	उत्तर	सही उत्तर / छोड़ दिया
1	B	46.69 % / 42.53 %	6	D	62.62 % / 35.27 %	11	D	24.59 % / 73.55 %	16	C	46.52 % / 35.48 %	21	A	31.3 % / 68.16 %	26	D	23.0 % / 73.92 %
2	C	54.49 % / 43.07 %	7	B	46.68 % / 50.28 %	12	C	87.0 % / 12.37 %	17	D	26.72 % / 67.75 %	22	A	10.18 % / 78.58 %	27	D	23.24 % / 73.94 %
3	C	89.47 % / 10.46 %	8	D	89.8 % / 10.01 %	13	C	58.61 % / 37.96 %	18	D	31.18 % / 68.16 %	23	D	23.3 % / 72.02 %	28	C	13.91 % / 83.23 %
4	C	52.57 % / 40.4 %	9	B	52.11 % / 39.04 %	14	B	58.56 % / 36.08 %	19	D	25.2 % / 70.19 %	24	D	11.04 % / 76.83 %	29	A	28.71 % / 70.27 %
5	A	64.79 % / 31.45 %	10	B	60.24 % / 37.92 %	15	C	56.74 % / 33.21 %	20	B	19.88 % / 71.54 %	25	D	29.58 % / 69.75 %	30	B	16.73 % / 78.39 %

//संकेत और समाधान//

1. विश्व व्यापार संगठन में किसी भी वस्तु के लिए सहमत बाउंड रेट विश्व व्यापार संगठन के सभी सदस्यों के लिए समान है, बाउंड रेट या बाध्य शुल्कों के संबंध में गलत है।

बाउंड रेट (टैरिफ) की अधिकतम दर है जो आयातक देश द्वारा आयातित वस्तु पर लगाया जा सकता है। यहां, प्रत्येक देश उत्पादों की एक निश्चित संख्या पर सीमा शुल्क (टैरिफ) की एक सीमा के लिए खुद को प्रतिबद्ध करता है।

ये रेट देश से देश और कमोडिटी से कमोडिटी में भिन्न होती हैं।

अतः विकल्प (B) सही है।

2. प्राथमिक घाटा चालू वर्ष के राजकोषीय घाटे और पिछले उधारों पर ब्याज भुगतान के बीच के अंतर को दर्शाता है। यह ब्याज को छोड़कर, सरकार की उधार आवश्यकताओं को इंगित करता है। यह यह भी दर्शाता है कि ब्याज भुगतान के अलावा सरकार का कितना खर्च उधार के जरिए पूरा किया जा सकता है। प्राथमिक घाटा उधार की राशि को इंगित करता है जिसकी सरकार को ब्याज घटक को छोड़कर आवश्यकता होती है। राजकोषीय घाटा, सरकार के कुल व्यय और कुल आय के बीच का अंतर है। दूसरे शब्दों में, प्राथमिक घाटा सरकार के आय-व्यय के अंतर और पिछले उधारों पर उसके ब्याज भुगतान के बीच का अंतर है।

अतः विकल्प (C) सही है।

3. 'अधिकतर राजस्व प्राप्तियों और राजस्व व्यय के बीच का अंतर धनात्मक है' असत्य है।

राजस्व बजट में सरकार की राजस्व प्राप्तियां और राजस्व के उपयोग में किए गए व्यय शामिल होते हैं। यह उन स्रोतों का विवरण देता है जहां से सरकार को राजस्व आ रहा है।

- राजस्व प्राप्तियों को कर और गैर-कर राजस्व में विभाजित किया गया है। कर राजस्व ऐसे कर हैं जैसे आयकर, कॉर्पोरेट कर, उत्पाद शुल्क और अन्य शुल्क जो सरकार लगाती है। जबकि गैर-कर राजस्व में विनिवेश शामिल होता है जो सरकार उन कंपनियों में करती है जहां वह एक हितधारक है।

- राजस्व व्यय सरकारी विभागों और अन्य सेवाओं आदि के सामान्य संचालन के लिए किया गया व्यय है। यह वह व्यय है जिसके परिणामस्वरूप संपत्ति का निर्माण नहीं होता है। राज्य सरकारों और अन्य दलों को दिए गए सभी अनुदानों को भी राजस्व व्यय के रूप में माना जाता है।

- राजस्व प्राप्तियों और राजस्व व्यय के बीच का अंतर आमतौर पर ऋणात्मक होता है क्योंकि सरकार जितना कमाती है उससे अधिक खर्च करती है। इसे राजस्व घाटा कहते हैं।

अतः विकल्प (C) सही है।

4. हेडलाइन मुद्रास्फीति सभी वस्तुओं को शामिल करती है और अर्थव्यवस्था में कुल मुद्रास्फीति का एक उपाय है। इस उपाय में खाद्य या ऊर्जा जैसी वस्तुएं भी शामिल हैं जो अन्य वस्तुओं की तुलना में बहुत अधिक अस्थिर हैं और मुद्रास्फीतिकारी क्षणिक परिवर्तन प्रदर्शित करती हैं। हेडलाइन मुद्रास्फीति को आमतौर पर सीपीआई के रूप में जाना जाता है और इसमें अधिक अस्थिर खाद्य और ऊर्जा मूल्य डेटा शामिल होता है, जबकि मूल मुद्रास्फीति सूचकांक इसे बाहर करता है।

अतः विकल्प (C) सही है।

5. दिए गए विकल्पों में से, व्यापार की स्वतंत्रता को सीमित करना एक गलत कथन है।

- भारतीय प्रतिस्पर्धा आयोग एक वैधानिक निकाय है जो प्रतिस्पर्धा अधिनियम, 2002 के उद्देश्यों को लागू करने के लिए जिम्मेदार है।

- सीसीआई की स्थापना 14 अक्टूबर 2003 से केंद्र सरकार द्वारा की गई थी, लेकिन यह 20 मई, 2009 को पूरी तरह से कार्य करना शुरू कर दिया।

- रचना- केंद्र सरकार द्वारा नियुक्त एक अध्यक्ष और 6 सदस्य।

- इसका उद्देश्य सभी हितधारकों, सरकार और अंतर्राष्ट्रीय क्षेत्राधिकार के साथ सक्रिय जुड़ाव के माध्यम से भारतीय अर्थव्यवस्था में एक प्रतिस्पर्धी माहौल स्थापित करना है।

अतः विकल्प (A) सही है।

6. राष्ट्रीय पेंशन प्रणाली सभी नागरिकों को सेवानिवृत्ति आय प्रदान करने के उद्देश्य से आरंभ की गई थी। राष्ट्रीय पेंशन प्रणाली का लक्ष्य पेंशन के सुधारों को स्थापित करना और नागरिकों में सेवानिवृत्ति के लिए बचत की आदत को बढ़ावा देना है।

- राष्ट्रीय पेंशन योजना केंद्रीय सरकार सेवा (सशस्त्र सेनाओं के अलावा) के तथा 1 जनवरी 2004 को या उसके बाद सरकारी सेवा में आने वाले केंद्रीय स्वायत्त निकायों के सभी नए कर्मचारियों पर लागू है।

- राष्ट्रीय पेंशन योजना राज्य सरकारों के सभी कर्मचारियों पर लागू होता है, जो संबंधित राज्य सरकारों की अधिसूचना की तारीख के बाद द्वारा राज्य स्वायत्त निकायों सेवाओं में शामिल होते हैं।

- भारत के नागरिक अपने आवेदन जमा करने की तिथि के समय 18 से 60 वर्ष की आयु के बीच होने चाहिए, जो असंगठित क्षेत्र के हैं या जिनके पास केंद्र अथवा राज्य सरकार में नियमित रोजगार नहीं है या वे केंद्र या राज्य सरकार के एक स्वायत्त निकाय / सार्वजनिक क्षेत्र उपक्रम में कार्यरत है तो वे एनपीएस - स्वावलंबन- बाहरी वेबसाइट जो एक नई विंडों में खुलती हैं खाता खोल सकते हैं।

तो हम यह निष्कर्ष निकाल सकते हैं कि केंद्र सरकार के कर्मचारी, राज्य सरकार के कर्मचारी और असंगठित क्षेत्र के कर्मचारी राष्ट्रीय पेंशन योजना (NPS) का हिस्सा बन सकते है।

अतः विकल्प (D) सही है।

7. जॉन मेनार्ड कीन्स ने सबसे पहले तरलता जाल(लिक्विडिटी ट्रैप) का विचार रखा था।

एक तरलता जाल एक विरोधाभासी आर्थिक स्थिति है जिसमें ब्याज दरें बहुत कम होती हैं और बचत दरें अधिक होती हैं, जिससे मौद्रिक नीति अप्रभावी हो जाती है। इसका वर्णन सबसे पहले अर्थशास्त्री जॉन मेनार्ड कीन्स ने किया था। एक तरलता जाल तब होता है जब मौद्रिक नीति उन उपभोक्ताओं के साथ बहुत कम ब्याज दरों के कारण अप्रभावी हो जाती है जो उच्च-उपज वाले बॉन्ड या अन्य निवेशों में निवेश करने के बजाय बचत करना पसंद करते हैं।

अतः विकल्प (B) सही है।

8. गुड्स एंड सर्विस टैक्स (GST) के तहत सीमा शुल्क कर शामिल नहीं हैं।

सीमा शुल्क माल के आयात और निर्यात पर लगाया जाने वाला कर है। सीमा शुल्क की दरें या तो विशिष्ट हैं या यथामूल्य आधार पर हैं, अर्थात यह माल के मूल्य पर आधारित है।

अतः विकल्प (D) सही है।

9. भारत में प्रत्यक्ष विदेशी निवेश के संदर्भ में, 'यह बड़े पैमाने पर गैर-ऋण पूंजी प्रवाह है।' को इसकी प्रमुख विशेषता माना जाता है।

विदेशी प्रत्यक्ष निवेश (एफडीआई) एक गैर-निवासी संस्था / व्यक्ति द्वारा भारत के बाहर किसी विदेशी कंपनी के प्रबंधन में विदेशी मुद्रा प्रबंधन (भारत के बाहर निवासी व्यक्ति द्वारा ट्रांसफर या इश्यू जारी करना) द्वारा किया गया निवेश है।

एफडीआई दीर्घकालिक निवेश हैं।यह गैर-ऋण पूंजी प्रवाह है क्योंकि इसमें निवासियों के लिए कोई प्रत्यक्ष पुनर्भुगतान नहीं है।

अत: विकल्प (B) सही है।

10. निकृष्ट वस्तुओं की मांग की आय प्रत्यास्थता शून्य से कम होती है।

मांग की आय प्रत्यास्थता आय में प्रतिशत परिवर्तन के संबंध में किसी वस्तु की मांग की मात्रा में परिवर्तन। मांग की आय प्रत्यास्थता को उपभोक्ता की आय में परिवर्तन के प्रतिक्रिया में किसी उत्पाद की मांग में संबंधित परिवर्तन के रूप में संदर्भित किया जाता है। इसे ग्राहक की आय में परिवर्तन द्वारा मांग की गई मात्रा में परिवर्तन के अनुपात के रूप में भी परिभाषित किया जा सकता है।

अत: विकल्प (B) सही है।

11. दिए गए कथन से सभी कथन सही हैं।

पूर्ण प्रतिस्पर्धा शब्द का प्रयोग बाजार के परिदृश्य का वर्णन करने के लिए किया जाता है, जहाँ बड़ी संख्या में विक्रेता और खरीदार समान वस्तुओं और सेवाओं को बेचते और खरीदते हैं। चूंकि इस बाजार परिदृश्य में खरीदे या बेचे गए उत्पादों और सेवाओं में प्रवेश या निकास के लिए कोई बाधा नहीं होती है और कीमतें लगभग समान होती हैं।

पूर्ण प्रतिस्पर्धा प्रदर्शित करने वाली विशेषताओं वाला बाजार होना कठिन है:

विशेषताएँ:

- खरीदारों और विक्रेताओं की बड़ी संख्या
- प्रत्येक कंपनी द्वारा समरूप उत्पाद उत्पादित किया जाता है
- कंपनी का नि:शुल्क प्रवेश और निकास
- उपभोक्ताओं को बाजार के बारे में पूरी जानकारी होती है और वे बाजार में होने वाले प्रत्येक बदलाव से अच्छी तरह अवगत होते हैं। उपभोक्ता तर्कसंगत निर्णय लेने में लिप्त रहते हैं
- कोई सरकारी हस्तक्षेप नहीं होता है
- प्रत्येक कंपनी सामान्य लाभ अर्जित करती है और कोई भी कंपनी अति-सामान्य लाभ अर्जित नहीं कर सकती है।

अत: विकल्प (D) सही है।

12. बंगलौर भारत की इलेक्ट्रॉनिक राजधानी के रूप में उभरा है।

यह देश की अग्रणी सूचना प्रौद्योगिकी (आईटी) निर्यातक के रूप में अधिकतम भूमिका निभाता है। इसे भारत के सबसे बड़े इलेक्ट्रॉनिक/आईटी औद्योगिक पार्कों में से एक कहा जाता है, जो 800 एकड़ (3.2 वर्ग किमी) में फैला है।

अत: विकल्प (C) सही है।

13. बैंक नोट और चेक विश्वासश्रित मुद्रा के धन के उदाहरण हैं।

विश्वासश्रित मुद्रा उस धन को संदर्भित करता है जो परंपरागत रूप से जारीकर्ता या धारक के बीच विश्वास या वादों में होता है।विश्वासश्रित मुद्रा इस विश्वास पर अपने मूल्य के लिए निर्भर होता है कि इसे आम तौर पर विनिमय के माध्यम के रूप में स्वीकार किया जाएगा। इसका अर्थ है कि विश्वासश्रित मुद्रा को विश्वास के आधार पर भुगतान के साधन के रूप में स्वीकार किया जाता है, लेकिन सरकार के किसी भी आदेश के आधार पर नहीं है।

अत: विकल्प (C) सही है।

14. वह दर जिस पर किसी देश का केंद्रीय बैंक (भारतीय रिज़र्व बैंक) धन की किसी भी कमी की स्थिति में वाणिज्यिक बैंकों को धन उधार देता है वह रेपो दर को संदर्भित करता है।

- यह वह दर है जिस पर भारतीय रिज़र्व बैंक भारत में वाणिज्यिक बैंकों को धन की कमी का सामना करने पर धन उधार देता है।
- यह अल्पकालिक, संपार्श्विक-समर्थित उधार पर एक दर है।
- रेपो दर का उपयोग मौद्रिक अधिकारियों द्वारा मुद्रास्फीति को नियंत्रित करने के लिए किया जाता है।

अत: विकल्प (B) सही है।

15. प्रथम पंचवर्षीय योजना का मुख्य फोकस कृषि क्षेत्र पर था।

- भारत में प्रथम पंचवर्षीय योजना 1951 और 1956 के बीच सक्रिय थी।
- यह योजना हैरोड-डोमर मॉडल पर आधारित थी।
- प्रथम पंचवर्षीय योजना को जवाहरलाल नेहरू द्वारा संसद के समक्ष प्रस्तुत किया गया था।
- गुलजारीलाल नंदा भारत के योजना आयोग के पहले उपाध्यक्ष थे।
- अर्थशास्त्री के एन राज को इस योजना के वास्तुकार के रूप में जाना जाता है।
- यह सरकार के लिए अर्ध-सफल रहा।
- प्रथम पंचवर्षीय योजना की लक्ष्य वृद्धि दर 2.1% वार्षिक सकल घरेलू उत्पाद (जीडीपी) वृद्धि थी।

अत: विकल्प (C) सही है।

16. कृषि लागत और मूल्य आयोग (CACP) की सिफारिशों के आधार पर कुछ फसलों के लिए बुवाई के मौसम की शुरुआत में भारत सरकार द्वारा न्यूनतम समर्थन मूल्य की घोषणा की जाती है।

- यह ध्यान दिया जा सकता है कि उत्पादन की लागत एक महत्वपूर्ण कारक है जो MSP के निर्धारण में एक इनपुट के रूप में जाता है, लेकिन यह निश्चित रूप से एकमात्र कारक नहीं है जो एमएसपी निर्धारित करता है।
- भारत सरकार साल में दो बार 23 वस्तुओं की कीमत तय करती है।
- MSP 2009 से कृषि लागत और मूल्य आयोग (CASP) की सिफारिशों पर तय किया गया है।
- MSP का पूर्ण रूप "न्यूनतम समर्थन मूल्य" है।

अत: विकल्प (C) सही है।

17. दिये गये कोड का प्रयोग कर सही उत्तर 1, 2, और 3 है।

1. सीमांत राजस्व ह्रासमान रिटर्न के कानून का पालन करता है, जिसमें कहा गया है कि किसी भी उत्पादन में वृद्धि से परिणाम में मामूली वृद्धि होगी।
2. लाभ-अधिकतम मात्रा और मूल्य शून्य के बराबर सीमांत राजस्व निर्धारित करके निर्धारित किया जा सकता है, जो उत्पादन के अधिकतम स्तर पर होता है।
3. सीमांत राजस्व नकारात्मक भी हो सकता है - अर्थात, कुल राजस्व एक आउटपुट स्तर से घटकर अगला हो जाता है।

अत: विकल्प (D) सही है।

18. राष्ट्रीय आय को मापने के तरीके:

उत्पाद विधि:

- यह एक वर्ष में उत्पादित अंतिम वस्तुओं और सेवाओं के कुल मूल्य की गणना करता है।
- यह उत्पादन के हर चरण में शुद्ध योगदान की गणना पर जोर देता है।
- यह विधि उत्पादन में प्रत्येक घटक द्वारा जोड़े गए शुद्ध मूल्य पर केंद्रित है।
- राष्ट्रीय आय की गणना करते समय, निम्नलिखित तत्वों को उद्यम के उत्पादन से बाहर रखा जाना चाहिए:
- कच्चे माल की खपत।
- पूंजी की खपत।
- शुद्ध अप्रत्यक्ष कर।

सेवन विधि:

- जिसे व्यय विधि के रूप में भी जाना जाता है।
- इसके अनुसार, आय या तो उपभोग पर खर्च की जाती है या खर्च की जाती है।
- राष्ट्रीय आय कुल खपत और कुल बचत का जोड़ है।
- भारत में, राष्ट्रीय आय का अनुमान लगाने के लिए उत्पादन विधि और आय विधि के संयोजन का उपयोग किया जाता है।
- राष्ट्रीय आय = खपत + कुल बचत पर कुल व्यय।
- राष्ट्रीय आय को मापने के दौरान शामिल नहीं किये जाने वाले मदे (आइटम) निम्नलिखित हैं:
- पुरानी वस्तुओं की बिक्री और खरीद: यह राष्ट्रीय आय को मापने में शामिल नहीं है क्योंकि वे उत्पादित होने पर शामिल हो सकते हैं।
- उन वस्तुओं और सेवाओं से लाभ जो मुद्रास्फीति के प्रभाव के कारण हासिल की जाती हैं।
- अवैध गतिविधियों से लाभ भी शामिल नहीं हैं।
- प्रतिबंधित आइटम।
- सेवानिवृत्ति पेंशन शामिल नहीं है क्योंकि यह अंतिम माल और सेवाओं का विषय नहीं है।

अतः विकल्प (D) सही है।

19. राजस्व बजट में सरकार की राजस्व प्राप्तियां और राजस्व के उपयोग में किए गए व्यय शामिल होते हैं। इसलिए विकल्प 1 गलत है।

यह उन स्रोतों का विवरण देता है जहां से सरकार को राजस्व आ रहा है। राजस्व प्राप्तियों को कर और गैर-कर राजस्व में विभाजित किया गया है।

कर राजस्व वे कर हैं जैसे आयकर, कॉर्पोरेट कर, उत्पाद शुल्क और अन्य शुल्क जो सरकार लगाती हैं जबकि गैर-कर राजस्व में विनिवेश शामिल होता है जो सरकार उन कंपनियों में करती है जहां वह एक हितधारक है।

राजस्व व्यय सरकारी विभागों और अन्य सेवाओं आदि के सामान्य संचालन के लिए किया गया व्यय है। यह वह व्यय है जिसके परिणामस्वरूप संपत्ति का निर्माण नहीं होता है।

राज्य सरकारों और अन्य दलों को दिए गए सभी अनुदानों को भी राजस्व व्यय के रूप में माना जाता है। राजस्व प्राप्तियों और राजस्व व्यय के बीच का अंतर आमतौर पर नकारात्मक होता है क्योंकि सरकार जितना कमाती है उससे अधिक खर्च करती है। इसलिए विकल्प 3 गलत है। इसे राजस्व घाटा कहते हैं। इसलिए विकल्प 4 सत्य है।

अतः विकल्प (D) सही है।

20. अर्थशास्त्री खुफिया यूनिट (ईआईयू) द्वारा न्यूजीलैंड में ऑकलैंड को विश्व स्तर पर सबसे अधिक रहने योग्य शहर का नाम दिया गया है।

स्थिरता, स्वास्थ्य देखभाल, संस्कृति और पर्यावरण, शिक्षा और आधारभूत संरचना में 30 से अधिक गुणात्मक और मात्रात्मक कारकों के आधार पर निवास योग्यता सूचकांक शहरों को रैंक करता है।

ऑकलैंड के बाद ओसाका, एडिलेड, वेलिंगटन, टोक्यो, पर्थ, ज्यूरिख आदि हैं।

अर्थशास्त्री खुफिया यूनिट, इकोनॉमिस्ट ग्रुप का अनुसंधान और विश्लेषण प्रभाग है जो अनुसंधान और विश्लेषण के माध्यम से पूर्वानुमान और सलाहकार सेवाएं प्रदान करता है।

अतः विकल्प (B) सही है।

21. 2021-22 में भारत का सबसे बड़ा व्यापारिक भागीदार बनने के लिए अमेरिका ने चीन को पीछे छोड़ दिया है।

अमेरिका ने 2021-22 में चीन को पीछे छोड़ते हुए भारत का शीर्ष व्यापारिक भागीदार बना लिया है। वाणिज्य मंत्रालय के आंकड़ों के अनुसार, 2021-22 में,

अमेरिका और भारत के बीच द्विपक्षीय व्यापार 119.42 बिलियन अमरीकी डालर था, जबकि 2020-21 में यह 80.51 बिलियन अमरीकी डालर था। 2021-22 के दौरान, चीन के साथ भारत का दोतरफा वाणिज्य 2020-21 में 86.4 बिलियन अमरीकी डालर की तुलना में 115.42 बिलियन अमरीकी डालर रहा।

अतः विकल्प (A) सही है।

22. बैंक ऑफ बड़ौदा ने कॉन्टैक्टलेस रुपे क्रेडिट कार्ड लॉन्च करने के लिए हिंदुस्तान पेट्रोलियम कॉर्पोरेशन लिमिटेड (HPCL) के साथ साझेदारी की है।

नेशनल पेमेंट्स कॉर्पोरेशन ऑफ इंडिया (NPCI) के साथ साझेदारी में, बीओबी फाइनेंशियल और हिंदुस्तान पेट्रोलियम ने HPCL बीओबी सह-ब्रांडेड संपर्क रहित रुपे क्रेडिट कार्ड लॉन्च किया है। कार्ड विभिन्न सुविधाओं के साथ आता है जिसमें उपयोगिताओं, किराना और डिपार्टमेंटल स्टोर पर खर्च करने के लिए पुरस्कार शामिल हैं। बीओबी फाइनेंशियल बैंक ऑफ बड़ौदा की पूर्ण स्वामित्व वाली सहायक कंपनी है।

अतः विकल्प (A) सही है।

23. भारतीय रिजर्व बैंक (RBI) ने निर्देशों का पालन न करने के लिए एमयूएफजी बैंक पर 45 लाख रुपये का जुर्माना लगाया है।

RBI ने 27 मई, 2022 को जापान स्थित एमयूएफजी बैंक पर "समयबद्ध कार्यान्वयन और स्विफ्ट से संबंधित परिचालन नियंत्रण को मजबूत करने" के निर्देशों का पालन न करने के लिए 45 लाख रुपये का जुर्माना लगाया। एमयूएफजी बैंक जापान में सबसे बड़ा बैंक है। यह 1 जनवरी, 2006 को स्थापित किया गया था। यह तीन तथाकथित जापानी "मेगाबैंक" में से एक है।

अतः विकल्प (D) सही है।

24. 25 मई, 2022 को आर्थिक मामलों की मंत्रिमंडलीय समिति (CCEA) ने हिंदुस्तान जिंक लिमिटेड (HZL) में सरकार को 29.5% हिस्सेदारी बिक्री करने की मंजूरी दे दी है।

आर्थिक मामलों की मंत्रिमंडलीय समिति (CCEA) ने 25 मई 2022 को हिंदुस्तान जिंक लिमिटेड (HZL) में सरकार की 29.5% हिस्सेदारी बिक्री को मंजूरी दे दी, जिससे सरकारी खजाने को लगभग 38000 करोड़ रुपये मिल सकते हैं। यह निर्णय सरकार के विनिवेश अभियान को गति देगा। 2002 में सरकार ने HZL में 26% हिस्सेदारी स्टरलाइट अपॉर्चुनिटीज एंड वेंचर्स लिमिटेड को 445 करोड़ रुपये में बेच दी।

अतः विकल्प (D) सही है।

25. कॉइनबेस प्रतिष्ठित फॉर्च्यून 500 सूची में प्रवेश करने वाली पहली क्रिप्टो फर्म बन गई है।

रिटेल दिग्गज वॉलमार्ट लगातार 10वें साल रैंकिंग में सबसे ऊपर है, उसके बाद अमेजन और ऐपल का स्थान है। फॉर्च्यून 500 फॉर्च्यून पत्रिका द्वारा प्रकाशित एक वार्षिक सूची है जो अपने संबंधित वित्तीय वर्षों के लिए कुल राजस्व के हिसाब से संयुक्त राज्य अमेरिका के 500 सबसे बड़े निगमों को रैंक करती है।

अतः विकल्प (D) सही है।

26. मई 2022 में आपातकालीन ईंधन स्टॉक की खरीद के लिए श्रीलंका ने भारत के साथ 200 मिलियन डॉलर की क्रेडिट लाइन बढ़ा दी है।

श्रीलंका ने आपातकालीन ईंधन स्टॉक की खरीद के लिए भारत के साथ 200 मिलियन डॉलर की क्रेडिट लाइन का विस्तार किया है। चार शिपमेंट मई 2022 में आने वाले हैं। श्रीलंका की समग्र मुद्रास्फीति मार्च 2022 में दर्ज 18.7% से बढ़कर अप्रैल में लगभग 30% हो गई। श्रीलंका ने 2022 की शुरुआत में भारत द्वारा विस्तारित $ 500 मिलियन क्रेडिट लाइन के अप्रैल में कई शिपमेंट पर $ 400 मिलियन का उपयोग किया है।

अतः विकल्प (D) सही है।

27. RBI ने 6 मई 2022 को डेमलर फाइनेंशियल सर्विसेज इंडिया और केकेआर इंडिया फाइनेंशियल सर्विसेज पर 5-5 लाख रुपये का जुर्माना

लगाया। उन पर 'एनबीएफसीएस में धोखाधड़ी की निगरानी' से संबंधित निर्देशों का पालन न करने के लिए जुर्माना लगाया गया है। RBI ने 31 मार्च, 2020 तक उनकी वित्तीय स्थिति के संदर्भ में दोनों कंपनियों का वैधानिक निरीक्षण किया।

अतः विकल्प (D) सही है।

28. बैंक ऑफ बड़ौदा ने NBFCs (गैर-बैंकिंग वित्तीय कंपनियों) के साथ साझेदारी में ऋण के सह-उधार की सुविधा के लिए एक एंड-टू-एंड डिजिटल प्लेटफॉर्म शुरू करने की घोषणा की है। यह सह-उधार प्रक्रिया में तेजी लाने और सरल बनाने के लिए बैंक और कई NBFCs भागीदारों के बीच सहज एकीकरण प्रदान करेगा। यह हामीदारी के लिए नियम-आधारित एल्गोरिदम का उपयोग करता है, क्रेडिट मूल्यांकन जांच आदि को सक्षम बनाता है।

अतः विकल्प (C) सही है।

29. पेमेंट सर्विस फर्म वर्ल्डलाइन ने बैंक ऑफ इंडिया के साथ साझेदारी की है। 10 मई 2022 को पुलिस विभाग के ई-चालान पोर्टल के साथ प्वाइंट ऑफ सेल (पीओएस) टर्मिनलों को एकीकृत करने के लिए बीओआई और पुलिस विभाग के बीच एक समझौता ज्ञापन पर हस्ताक्षर किए गए। इस पहल में मध्य प्रदेश के 12 जिलों को कवर करने वाले तीन क्षेत्रों जबलपुर, रीवा और शहडोल को शामिल किया जाएगा।

अतः विकल्प (A) सही है।

30. धनलक्ष्मी बैंक ने अप्रैल 2022 को कर संग्रह के लिए केंद्रीय प्रत्यक्ष कर बोर्ड (CBDT) और केंद्रीय अप्रत्यक्ष कर और सीमा शुल्क बोर्ड (CBIC) के साथ एक समझौते पर हस्ताक्षर किए हैं। यह समझौता ज्ञापन ग्राहकों को बैंक के शाखा नेटवर्क और डिजिटल प्लेटफॉर्म के माध्यम से अपने प्रत्यक्ष कर और जीएसटी भुगतान और अन्य अप्रत्यक्ष करों का भुगतान करने में मदद करेगा। विभिन्न करों के संग्रह के लिए लेखा महानियंत्रक की सिफारिश के आधार पर बैंक को भारतीय रिजर्व बैंक (RBI) द्वारा अधिकृत किया गया है।

अतः विकल्प (B) सही है।

Q.1 जिस खिलाड़ी को अर्जुन पुरस्कार, द्रोणाचार्य पुरस्कार, राजीव गांधी खेल रत्न और पद्म श्री से सम्मानित किया गया था, वह है:

[Madhya Pradesh Public Service Commission (MPPSC), 2018]

A. अभिनव बिंद्रा

B. सचिन तेंदुलकर

C. प्रकाश पादुकोण

D. पुलेला गोपीचंद

Q.2 निम्नलिखित में से किस खेल में, 'क्रॉल', 'ब्रेस्टस्ट्रोक' और 'बटरफ्लाई' शब्द का इस्तेमाल किया जाता है?

A. तैराकी   **B.** शूटिंग   **C.** टेनिस   **D.** बैडमिंटन

Q.3 स्मृति मंधाना _____ है।

[SSC Sub Inspector (CPO), 2020]

A. बाएं हाथ की बल्लेबाज, बाएं हाथ की गेंदबाज

B. दाएं हाथ की बल्लेबाज, बाएं हाथ की गेंदबाज

C. दाएं हाथ की बल्लेबाज, दाएं हाथ की गेंदबाज

D. बाएं हाथ की बल्लेबाज, दाएं हाथ की गेंदबाज

Q.4 मध्यप्रदेश का विश्वामित्र सम्मान किस क्षेत्र में उत्कृष्ट प्रदर्शन के लिए दिया गया?

A. खेलों में उत्कृष्ट प्रदर्शन

B. सामाजिक कार्य-संबंधी गतिविधियाँ

C. खेल प्रशिक्षण में उत्कृष्ट प्रदर्शन

D. साहित्य के लिए आउट-स्टैंडिंग पुरस्कार

Q.5 बेन्सन हेजेज कप निम्नलिखित में से किस खेल से संबंधित है?

A. हॉकी

B. क्रिकेट

C. फुटबॉल

D. बास्केटबाल

Q.6 विश्व शतरंज संघ की स्थापना कब हुई थी?

A. 1935   **B.** 1924   **C.** 1905   **D.** 1896

Q.7 एशिया की ओलंपिक परिषद का आदर्श वाक्य क्या है?

A. कभी आगे

B. कभी आज़ादी

C. कभी एकता

D. सभी एक साथ

Q.8 महिला हॉकी विश्व कप पहली बार कब आयोजित किया गया था?

A. 1974   **B.** 1971   **C.** 1985   **D.** 1990

Q.9 किस विश्व कप में, भारत ने अपना दूसरा "क्रिकेट विश्व कप चैंपियन" खिताब जीता?

A. 2003 क्रिकेट विश्व कप

B. 2007 क्रिकेट विश्व कप

C. 2011 क्रिकेट विश्व कप

D. 2015 क्रिकेट विश्व कप

Q.10 ऑस्ट्रेलिया ने कौन से तीन क्रिकेट विश्व कप लगातार जीते हैं?

A. 1992, 1996, 1999

B. 1991, 1995, 1998

C. 1999, 2003, 2007

D. 1998, 2002, 2006

Q.11 1930 में आयोजित प्रथम फीफा फुटबॉल विश्व कप के फाइनल मैच में किन देशों ने भाग लिया था?

A. यूगोस्लाविया बनाम संयुक्त राज्य अमेरिका

B. उरुग्वे बनाम अर्जेंटीना

C. फ्रांस बनाम मेक्सिको

D. उरुग्वे बनाम संयुक्त राज्य अमेरिका

Q.12 निम्नलिखित में से कौन टेनिस में सबसे अधिक ओलंपिक पदक के लिए सर्वकालिक रिकॉर्ड धारक हैं?

A. कैथलीन मैककेन गॉडफ्री और वीनस विलियम्स

B. कैथलीन मैककेन गॉडफ्री और सेरेना विलियम्स

C. वीनस विलियम्स और सेरेना विलियम्स

D. गिगी फर्नांडीज और मैरी जो फर्नांडीस

Q.13 किस खेल के नियमों के कोड को "मार्क्स ऑफ क्वींसबेरी रूल्स" के रूप में जाना जाता है?

A. मुक्केबाज़ी

B. कुश्ती

C. बाड़ लगाना

D. बास्केटबाल

Q.14 पंचक क्या है?

A. एक प्राचीन खेल जो टेनिस और टेबल टेनिस का मिश्रण है

B. एक प्राचीन खेल जो बेसबॉल और बास्केटबॉल का मिश्रण है

C. एक प्राचीन खेल जो कराटे और तायक्वोंडो का मिश्रण है

D. एक प्राचीन खेल जो मुक्केबाजी और कुश्ती का मिश्रण है

Q.15 बैडमिंटन में सबसे अधिक ओलंपिक पदक जीतने वाले सर्वकालिक खिलाड़ी कौन हैं?

A. लिन डैन

B. फू हाइफेंग

C. गाओ लिंग

D. झाओ युनली

Q.16 "अगस्टा नेशनल क्लब" किसके लिए प्रसिद्ध है?

A. एक गोल्फ क्लब के रूप में

B. एक टेनिस क्लब के रूप में

C. बैडमिंटन क्लब के रूप में

D. एक फुटबॉल क्लब के रूप में

Q.17

भारतीय जीएम जिन्होंने विश्व चैंपियन मैग्नस कार्लसन पर अपनी दूसरी जीत दर्ज की?

A. प्रज्ञानानंद

B. गुकेश डी

C. गिरीश कौशिको

D. पृथु गुप्ता

Q.18 कर्नाटक ब्रेन हेल्थ इनिशिएटिव के लिए किस भारतीय क्रिकेटर को एक राजदूत के रूप में नियुक्त किया गया था?

A. रॉबिन उथप्पा

B. रवींद्र जडेजा

C. शिखर धवन

D. दिनेश कार्तिक

Q.19 ऑर्लियन्स मास्टर्स 2022 में भारतीय शटलर मिथुन मंजूनाथ ने कौन सा पदक जीता है?

A. रजत पदक

B. कांस्य पदक

C. स्वर्ण पदक

D. इन सभी

Q.20

मार्च 2022 के लिए किस खिलाड़ी को ICC मेन्स प्लेयर ऑफ़ द मंथ चुना गया है?

A. बाबर आजम

B. डेविड वार्नर

C. कीगन पीटरसन

D. श्रेयस अय्यर

Q.21

उस भारतीय जोड़ी का नाम बताइए जिसने 2022 WSF वर्ल्ड डबल्स स्कैश चैंपियनशिप के मिश्रित डबल इवेंट में स्वर्ण पदक जीतने के लिए जोड़ी बनाई?

A. दीपिका पल्लीकल और महेश मनगांवकर
B. जोशना चिनप्पा और हरिंदर पाल संधू
C. दीपिका पल्लीकल और सौरव घोषाल
D. जोशना चिनप्पा और रामित टंडन

Q.22 वर्ष 2022 में होने वाले राष्ट्रमंडल खेलों के लिए चयनित स्थल है:

A. बर्मिंघम   B. गोल्ड कोस्ट
C. इनचान   D. डरबन

Q.23 निम्नलिखित में से किसे जनवरी 2022 में ऑनलाइन गेमिंग कंपनी गेम्स 24×7 का ब्रांड एंबेसडर नियुक्त किया गया है?

A. ऋषभ पंत   B. रणवीर सिंह
C. मिताली राज   D. हितिक रोशन

Q.24 भारत ने फरवरी 2022 में सिंगापुर वेटलिफ्टिंग इंटरनेशनल में कितने पदक जीते?

A. 4   B. 6   C. 8   D. 10

Q.25 2022 में ICC U-19 विश्व कप जीतने वाली भारतीय टीम के कप्तान कौन हैं?

A. यश ढुल   B. राज बर
C. निशांत सिंधु   D. शेख रशीद

Q.26 जूनियर विंबलडन चैंपियन बनने वाले पहले भारतीय कौन थे?

A. रामनाथन कृष्णनी   B. प्रेमजीत लाल
C. विजय अमृतराजी   D. लिएंडर पेस

Q.27 विश्व के सबसे बड़े टेनिस संग्रहालय, इंटरनेशनल टेनिस हॉल ऑफ फ़ेम की स्थापना किसने की?

A. वाल्टर क्लॉप्टन विंगफील्ड
B. जिमी वैन एलेन
C. आर्थर ऐश
D. हैरी हॉपमैन

Q.28 किस राज्य ने 12वीं हॉकी इंडिया सब-जूनियर महिला राष्ट्रीय चैंपियनशिप 2022 जीती है?

A. केरल   B. पंजाब   C. तमिलनाडु   D. हरियाणा

Q.29 मई 2022 में, JAIN (डीम्ड-टू-बी यूनिवर्सिटी) _______ स्वर्ण पदक के साथ खेलो इंडिया यूनिवर्सिटी गेम्स 2021 की विजेता बनी।

A. 12   B. 15   C. 18   D. 20

Q.30 IBA महिला विश्व मुक्केबाजी चैंपियनशिप में 57 किग्रा वर्ग में कांस्य पदक किसने जीता?

A. रिया जादोन   B. सिफ्ट कौर समरा
C. ज्योति याराजी   D. मनीषा मौन

// स्मार्ट उत्तर पुस्तिका //

| सही उत्तर | उन छात्रों का प्रतिशत जिन्होंने प्रश्नों का सही उत्तर दिया था। | छोड़ दिया | उन छात्रों का प्रतिशत जिन्होंने प्रश्नों को छोड़ दिया था। |

प्रश्न संख्या	उत्तर	सही उत्तर / छोड़ दिया	प्रश्न संख्या	उत्तर	सही उत्तर / छोड़ दिया	प्रश्न संख्या	उत्तर	सही उत्तर / छोड़ दिया	प्रश्न संख्या	उत्तर	सही उत्तर / छोड़ दिया	प्रश्न संख्या	उत्तर	सही उत्तर / छोड़ दिया	प्रश्न संख्या	उत्तर	सही उत्तर / छोड़ दिया
1	D	51.91 % / 41.43 %	6	B	49.53 % / 46.19 %	11	B	23.48 % / 69.15 %	16	A	17.02 % / 78.7 %	21	C	21.01 % / 78.2 %	26	A	20.69 % / 72.14 %
2	A	60.19 % / 37.01 %	7	A	42.81 % / 47.41 %	12	A	30.66 % / 69.08 %	17	A	12.85 % / 79.72 %	22	A	59.8 % / 33.64 %	27	B	27.37 % / 71.96 %
3	D	54.59 % / 36.23 %	8	A	56.11 % / 36.44 %	13	A	12.76 % / 69.29 %	18	A	30.61 % / 68.59 %	23	D	55.98 % / 37.33 %	28	D	66.74 % / 31.22 %
4	C	63.18 % / 30.87 %	9	C	41.89 % / 51.0 %	14	D	11.11 % / 72.6 %	19	A	16.02 % / 71.59 %	24	C	55.51 % / 34.56 %	29	D	53.68 % / 45.87 %
5	B	64.55 % / 34.62 %	10	C	29.41 % / 70.39 %	15	C	15.84 % / 79.47 %	20	A	22.01 % / 67.9 %	25	A	78.71 % / 19.65 %	30	D	59.48 % / 33.19 %

//संकेत और समाधान//

1.

- पुलेला गोपीचंद एक पूर्व भारतीय बैडमिंटन खिलाड़ी हैं।
- वर्तमान में, वह भारतीय बैडमिंटन टीम के लिए मुख्य राष्ट्रीय कोच हैं।
- उन्हें 1999 में अर्जुन पुरस्कार, 2001 में राजीव गांधी खेल रत्न, 2009 में द्रोणाचार्य पुरस्कार और 2014 में पद्म भूषण पुरस्कार प्राप्त हुआ।

अतः विकल्प (D) सही है।

2. क्रॉल, ब्रेस्टस्ट्रोक और बटरफ्लाई शब्द तैराकी के खेल से जुड़े हैं।

इस खेल में, व्यक्ति के पूरे शरीर को पानी के माध्यम से स्थानांतरित किया जाता है। पूल या खुले पानी में, खेल होते हैं। इवेंट बटरफ्लाई, ब्रेस्टस्ट्रोक, फ्रीस्टाइल और व्यक्तिगत मेडली तैराकी से जुड़े हैं। तैराकी द्वारा विशिष्ट तकनीकों का एक सेट आवश्यक है।

अतः विकल्प (A) सही है।

3. स्मृति मंधाना बाएं हाथ की बल्लेबाज, दाएं हाथ की गेंदबाज है।

स्मृति मंधाना ने 2018 में ICC की वर्ष की महिला क्रिकेटर और वर्ष की महिला ODI खिलाड़ी का पुरस्कार जीता। स्मृति श्रीनिवास मंधाना एक भारतीय क्रिकेटर हैं जो भारतीय महिला राष्ट्रीय टीम के लिए खेलती हैं। जून 2018 में, भारतीय क्रिकेट कंट्रोल बोर्ड (BCCI) ने उन्हें सर्वश्रेष्ठ महिला अंतर्राष्ट्रीय क्रिकेटर के रूप में नामित किया। दिसंबर 2018 में, अंतर्राष्ट्रीय क्रिकेट परिषद (ICC) ने उन्हें वर्ष की सर्वश्रेष्ठ महिला क्रिकेटर के लिए राचेल हीहो-फ्लिंट अवार्ड से सम्मानित किया।

अतः विकल्प (D) सही है।

4. मध्यप्रदेश के विश्वामित्र सम्मान ने खेल प्रशिक्षण में उत्कृष्ट प्रदर्शन के लिए दिया है।

- विश्वामित्र सम्मान की शुरुआत वर्ष 1996 में हुई थी।
- 2018 तक, कुल 72 प्रशिक्षकों को विश्वामित्र पुरस्कार से सम्मानित किया गया है।
- कबीर सम्मान पुरस्कार मध्य प्रदेश सरकार द्वारा 1986 में स्थापित किया गया था।
- इसे साहित्य (कविता) में प्रतिष्ठित कार्यों के लिए प्रतिवर्ष प्रदान किया जाता है।

अतः विकल्प (C) सही है।

5. बेन्सन एंड हेजेस कप इंग्लैंड और वेल्स में प्रथम श्रेणी की काउंटियों के लिए एक दिवसीय क्रिकेट प्रतियोगिता थी जो 1972 से 2002 तक आयोजित की गई थी, जो क्रिकेट के सबसे लंबे प्रायोजन सौदों में से एक था।

अतः विकल्प (B) सही है।

6. फेडरेशन इंटरनेशनले डेस एचेक्स (FIDE), या वर्ल्ड चेस फेडरेशन का गठन रविवार, 20 जुलाई, 1924 को हुआ था।

अतः विकल्प (B) सही है।

7. "एवर ऑनवर्ड" एशियाई खेलों का आदर्श वाक्य है। एशियाई खेल, जिसे एशियाड के नाम से भी जाना जाता है, पूरे एशिया के एथलीटों के बीच हर चार साल में आयोजित एक महाद्वीपीय बहु-खेल आयोजन है।

अतः विकल्प (A) सही है।

8. महिला हॉकी विश्व कप का पहला संस्करण 1974 में आयोजित किया गया था, पहले पुरुष विश्व कप के तीन साल बाद। उस वर्ष नीदरलैंड की महिला हॉकी टीम ने फाइनल में अर्जेंटीना की महिला टीम को हराया और वे महिला हॉकी विश्व कप कि पहली चैंपियन हैं।

अतः विकल्प (A) सही है।

9. महेंद्र सिंह धोनी 2011 क्रिकेट विश्व कप में "फाइनल में मैन ऑफ द मैच" थे, जिसमें भारत ने अपना दूसरा "क्रिकेट विश्व कप चैंपियन" खिताब जीता था।

अतः विकल्प (C) सही है।

10. ऑस्ट्रेलियाई क्रिकेट टीम 1987, 1999, 2003, 2007 और 2015 संस्करण जीतने वाली क्रिकेट विश्व कप में सबसे सफल टीम है। यह उन्हें अब तक विश्व कप की मेजबानी करने वाले सभी क्षेत्रों (देशों के समूह) में विश्व कप जीतने वाली एकमात्र टीम बनाता है।

अतः विकल्प (C) सही है।

11. फाइनल में, मेजबान और पूर्व-टूर्नामेंट पसंदीदा उरुग्वे ने 68,346 लोगों की भीड़ के सामने अर्जेंटीना को 4-2 से हराकर विश्व कप जीतने वाला पहला देश बन गया। फाइनल 30 जुलाई, बुधवार को उरुग्वे के मोंटेवीडियो में एस्टादियो सेंटेनारियो में खेला गया था।

अतः विकल्प (B) सही है।

12. वीनस विलियम्स (चार स्वर्ण, एक रजत) और कैथलीन मैककेन गॉडफ्री (एक स्वर्ण, दो रजत और दो कांस्य) पांच-पांच के साथ सबसे अधिक ओलंपिक टेनिस पदक के लिए सर्वकालिक रिकॉर्ड धारक हैं। सेरेना विलियम्स और वीनस विलियम्स ने रिकॉर्ड चार स्वर्ण पदक जीते।

अतः विकल्प (A) सही है।

13. क्वींसबेरी नियमों का मार्कस, नियमों का कोड जिसने आधुनिक मुक्केबाजी को सबसे सीधे प्रभावित किया। ब्रिटिश एमेच्योर एथलेटिक क्लब के सदस्य जॉन ग्राहम चेम्बर्स द्वारा लिखित, नियम पहली बार 1867 में क्वींसबेरी के नौवें मार्केस जॉन शोल्टो डगलस के प्रायोजन के तहत प्रकाशित किए गए थे, जिनसे वे अपना नाम लेते हैं।

अतः विकल्प (A) सही है।

14. पंचकेशन, प्राचीन ग्रीक खेल आयोजन जो मुक्केबाजी और कुश्ती को जोड़ता है, XXXIII ओलंपियाड (648 ईसा पूर्व) में पेश किया गया। सभी खेलों की तरह, यूनानियों का मानना था कि नियमों का आविष्कार करने के लिए एक देवता या नायक जिम्मेदार है, और पंचक के मामले में यह माना जाता था कि, थेसस जिम्मेदार है।

अतः विकल्प (D) सही है।

15. गाओ लिंग दो स्वर्ण, एक रजत और एक कांस्य के साथ बैडमिंटन में सर्वाधिक ओलंपिक पदक जीतने वाले सर्वकालिक खिलाड़ी हैं। गाओ ने महिला युगल में ओलंपिक स्वर्ण पदक अर्जित नहीं किया है, लेकिन 2000 में किन यियुआन के साथ कांस्य पदक और 2004 में हुआंग सुई के साथ रजत पदक अर्जित किया है। 2001 से 2006 तक उसने और हुआंग ने लगातार छह महिला युगल खिताब पर कब्जा किया।

अतः विकल्प (C) सही है।

16. अगस्ता नेशनल गोल्फ क्लब को कभी-कभी अगस्ता या नेशनल के रूप में जाना जाता है, अगस्ता में एक गोल्फ क्लब है। गैर-लाभ के रूप में काम करने वाले अधिकांश निजी क्लबों के विपरीत, अगस्ता नेशनल एक लाभकारी निगम है, और यह अपनी आय, होल्डिंग्स, सदस्यता सूची या टिकट बिक्री का खुलासा नहीं करता है।

अतः विकल्प (A) सही है।

17. भारतीय जीएम प्रज्ञानानंद ने विश्व चैंपियन मैग्रस कार्लसन पर अपनी दूसरी जीत दर्ज की। भारतीय जीएम प्रज्ञानानंद ने 3 महीने में विश्व चैंपियन मैग्रस कार्लसन पर अपनी दूसरी जीत दर्ज की, उन्होंने शतरंज मास्टर्स ऑनलाइन रैपिड शतरंज टूर्नामेंट में नार्वे को चौंका दिया।

अतः विकल्प (A) सही है।

18. कर्नाटक स्वास्थ्य विभाग ने भारतीय क्रिकेट खिलाड़ी रॉबिन उथप्पा को कर्नाटक ब्रेन हेल्थ इनिशिएटिव (KA-BHI) (जनवरी 2022 में लॉन्च) के लिए ब्रांड एंबेसडर नियुक्त किया है,तीन पायलट अस्पतालों में डॉक्टरों का प्रशिक्षण और ब्रेन हेल्थ क्लीनिक शुरू करने की तैयारी भी शुरू हो गई है।

अतः विकल्प (A) सही है।

19. भारतीय शटलर मिथुन मंजूनाथ ने बैडमिंटन टूर्नामेंट ऑरलियन्स मास्टर्स 2022 में पुरुष एकल में रजत पदक जीता है। 29 मार्च से 3 अप्रैल 2022 तक ऑरलियन्स, फ्रांस में आयोजित एक बैडमिंटन टूर्नामेंट। अपने पहले बीडब्ल्यूएफ फाइनल में खेलते हुए, 79वें रैंक के भारतीय शटलर को पैलेस डेस स्पोर्ट्स एरिना में दुनिया के 32वें नंबर के फ्रेंचमैन टोमा जूनियर पोपोव से 11-21, 19-21 से हार का सामना करना पड़ा।

अतः विकल्प (A) सही है।

20. पाकिस्तान के कप्तान बाबर आजम को मार्च 2022 के लिए ICC मेन्स प्लेयर ऑफ द मंथ के रूप में नामित किया गया है। मार्च 2022 के लिए ICC मेन्स प्लेयर ऑफ द मंथ नॉमिनीज़ में ऑस्ट्रेलियाई कप्तान पैट कमिंस, पाकिस्तान के कप्तान बाबर आजम और वेस्टइंडीज के कप्तान क्रेग ब्रैथवेट शामिल हैं।

अतः विकल्प (A) सही है।

21. दूसरी वरीयता प्राप्त भारतीय जोड़ी दीपिका पल्लीकल कार्तिक और सौरव घोषाल ने ग्लासगो में 2022 WSF वर्ल्ड डबल्स स्क्वैश चैंपियनशिप में मिश्रित डबल खिताब जीता। भारतीय जोड़ी ने मिश्रित युगल फाइनल में इंग्लैंड के एड्रियन वालर और एलिसन वाटर्स की चौथी वरीयता प्राप्त जोड़ी को सीधे सेटों में 11-6, 11-8 से हराया।

अतः विकल्प (C) सही है।

22. 2022 के राष्ट्रमंडल खेल इंग्लैंड के बर्मिंघम में होने वाले हैं।

यह तीसरी बार है जब इंग्लैंड 1934 (लंदन) और 2002 (मैनचेस्टर) के बाद खेल की मेजबानी कर रहा है। राष्ट्रमंडल खेल महासंघ द्वारा मेजबान के रूप में शहर की घोषणा की गई थी। यह 21 दिसंबर 2017 को बर्मिंघम में एरिना अकादमी में एक संवाददाता सम्मेलन में तय किया गया था। 2018 राष्ट्रमंडल खेल गोल्ड कोस्ट, क्वींसलैंड, ऑस्ट्रेलिया में आयोजित किए गए थे। यह पांचवीं बार था जब ऑस्ट्रेलिया ने इस खेल की मेजबानी की।

अतः विकल्प (A) सही है।

23. मुंबई मुख्यालय वाली ऑनलाइन गेमिंग कंपनी गेम्स 24×7 ने ऋतिक रोशन को अपने ऑनलाइन स्किल गेमिंग प्लेटफॉर्म रमीसर्कल के लिए ब्रांड एंबेसडर के रूप में शामिल किया है। एसोसिएशन एक साल के लिए है। कंपनी रमी को उत्तर भारत में कौशल के एक अत्यधिक आकर्षक खेल के रूप में बढ़ावा देना चाहती है, जहां इस खेल को अभी लोकप्रियता हासिल करनी है। रमी उद्योग का $60 - 65\%$ राजस्व दक्षिण भारत से आता है।

अतः विकल्प (D) सही है।

24. भारत ने फरवरी 2022 में सिंगापुर वेटलिफ्टिंग इंटरनेशनल में 8 पदक जीते।

भारतीय भारोत्तोलक विकास ठाकुर और वेंकट राहुल रागला ने 27 फरवरी 2022 को सिंगापुर वेटलिफ्टिंग इंटरनेशनल में क्रमशः स्वर्ण और कांस्य पदक जीतकर राष्ट्रमंडल खेलों के लिए कालीफाई किया। इस प्रकार भारत ने 6 स्वर्ण, 1 रजत और 1 कांस्य सहित 8 पदकों के साथ प्रतियोगिता में अपना अभियान समाप्त किया।

अतः विकल्प (C) सही है।

25. यश ढुल 2022 में आईसीसी अंडर-19 विश्व कप जीतने वाली भारतीय टीम के कप्तान हैं।

यश ढुल ने फाइनल में इंग्लैंड को हराकर इस साल आईसीसी अंडर -19 विश्व कप में भारत की कप्तानी की। यश ढुल की अगुवाई वाली भारतीय अंडर-19 टीम ने इंग्लैंड को 4 विकेट से हराकर एंटीगुआ में 2022 का आईसीसी अंडर-19 विश्व कप जीत लिया।

अतः विकल्प (A) सही है।

26. 1954 में, युवा रामनाथन कृष्णन पहले जूनियर विंबलडन चैंपियन बने। ऐसा करने वाले वह पहले एशियाई भी थे।

- 1979 में विंबलडन जूनियर चैम्पियनशिप और 1979 में फ्रेंच ओपन जूनियर खिताब के विजेता। 1979 में जूनियर्स के बीच वर्ल्ड नंबर 1 रैंक हासिल करने वाले।

- 1984 में फ्रांस में ग्रैंड प्रिक्स टूर्नामेंट जीता।

- 1978-79 में अर्जुन पुरस्कार और 1998 में पद्म श्री प्राप्त किया।

अतः विकल्प (A) सही है।

27. जिमी वैन एलेन ने अंतरराष्ट्रीय टेनिस हॉल ऑफ फेम की स्थापना की, जो दुनिया का सबसे बड़ा टेनिस संग्रहालय है। जेम्स वैन एलेन एक अमेरिकी टेनिस अधिकारी थे। 1954 में, दिवंगत टेनिस नवप्रवर्तनक जिमी वैन एलेन ने न्यूपोर्ट, रोड आइलैंड में "खेल के आदर्शों के लिए तीर्थ" के रूप में हॉल ऑफ फेम की स्थापना की।

अतः विकल्प (B) सही है।

28. हरियाणा 22 मई को इम्फाल में फाइनल में हॉकी झारखंड (2-0) को हराकर 12वीं हॉकी इंडिया सब-जूनियर महिला राष्ट्रीय चैंपियनशिप 2022 का विजेता बनकर उभरा।

उत्तर प्रदेश हॉकी ने मध्य प्रदेश हॉकी (3-0) को हराकर टूर्नामेंट में तीसरा स्थान हासिल किया। 11 से 22 मई, 2022 तक इम्फाल, मणिपुर में आयोजित टूर्नामेंट में कुल 25 टीमों ने भाग लिया।

अतः विकल्प (D) सही है।

29. JAIN (डीम्ड-टू-बी यूनिवर्सिटी) 3 मई 2022 को खेलो इंडिया यूनिवर्सिटी गेम्स 2021 की विजेता बनी।

यूनिवर्सिटी की टीम 20 स्वर्ण, 7 रजत और 5 कांस्य पदक के साथ चार्ट में शीर्ष स्थान पर रही। इसके बाद लवली प्रोफेशनल यूनिवर्सिटी (LPU) ने 17 स्वर्ण और पंजाब विश्वविद्यालय ने 15 स्वर्ण पदक जीते।

कुल 20 खेल खेले गए और 210 विश्वविद्यालयों के 3900 छात्रों ने भाग लिया।

अतः विकल्प (D) सही है।

30. दो भारतीय मुक्केबाज, 57 किग्रा में मनीषा मौन और 63 किग्रा वर्ग में परवीन हुड्डा ने IBA महिला विश्व मुक्केबाजी चैंपियनशिप में कांस्य पदक जीता। इसके साथ ही भारतीय दल ने तीन पदकों के साथ अपने अभियान का समापन किया।

विश्व महिला मुक्केबाजी चैंपियनशिप में भारत की कुल पदक तालिका 39 हो गई है, जिसमें प्रतिष्ठित आयोजन के 12 संस्करणों में 10 स्वर्ण, आठ रजत और 21 कांस्य पदक शामिल है।

अतः विकल्प (D) सही है।

Q.1 अंतरिक्ष यात्रियों को अंतरिक्ष में भेजने वाली पहली निजी अंतरिक्ष कंपनी कौन सी है?

A. ब्लू ओरिजिन
B. टेस्ला
C. स्पेसX
D. ऑर्बिटल

Q.2 किस प्रौद्योगिकी कंपनी ने स्वास्थ्य निगरानी उपकरण 'हेलो बैंड' पेश किया है?

A. माइक्रोसॉफ्ट
B. एप्पल
C. गूगल
D. अमेज़न

Q.3 ब्लूटूथ तकनीक की अनुमति देता है:

A. उपकरणों के बीच वायरलेस संचार
B. केवल मोबाइल फोनों पर सिग्नल प्रसारण
C. लैण्डलाइन से मोबाइल फोन संचार
D. सैटेलाइट टेलीविजन संचार

Q.4 क्रेस्कोग्राफ का आविष्कार किसके द्वारा किया गया था:

A. एस.एन. बोस
B. पी.सी. रॉय
C. जे.सी. बोस
D. पी.सी. महालनोबिस

Q.5 12 वर्ष के ऊपर के बच्चों के लिए अनुमोदन पानेवाला भारत का प्रथम कोविड-19 टीका कौन सा है?.

A. कोवैक्सीन
B. स्पूतनिक
C. जायकोव-D
D. कोवीशील्ड

Q.6 दिसंबर 2021 में, स्पेसX ने कैलिफोर्निया बेस से 52 स्टारलिंक इंटरनेट उपग्रहों को कक्षा में लॉन्च किया है। इन उपग्रहों को प्रक्षेपित करने के लिए किस रॉकेट का उपयोग किया गया है?

A. वोयजर कैसिनी
B. फाल्कन-9
C. फाल्कन-7
D. रोवर-4

Q.7 लॉग4शेल शब्द का संबंध निम्नलिखित में से किससे है?

A. साइबर सुरक्षा
B. नैनो प्रौद्योगिकी
C. रोबोटिक
D. जैव प्रौद्योगिकी

Q.8 GSLV का अर्थ है:

A. ग्लोबल स्टेशनरी लॉन्चिंग व्हीकल
B. जियोसिंक्रोनस सैटेलाइट लॉन्चिंग व्हीकल
C. ग्लोबल सैटेलाइट लॉन्च व्हीकल
D. जियोसिंक्रोनस सैटेलाइट लॉन्च व्हीकल

Q.9 उपग्रह मिशन - TRISHNA _______ के लिए है।

A. पारिस्थितिक तंत्र प्रभाव और जलप्रयोग निगरानी
B. कीटनाशी निगरानी
C. पारिस्थितिकीय संतुलन निगरानी
D. उपरोक्त में से कोई नहीं

Q.10 होमियोपैथी का आविष्कार किसके द्वारा किया गया था?

A. सुश्रुत
B. चरक
C. हिप्पोक्रेट्स
D. सैमुअल हैनिमैन

Q.11 प्लैज्मोडियम की खोज किसके द्वारा की गई थी?

A. चार्ल्स लैवेरन
B. रोनाल्ड रॉस
C. रॉबर्ट कोच
D. रॉबर्ट हुक

Q.12 विश्व स्वास्थ्य संगठन (WHO) ने किसके उपचार के लिए बारिसिटिनिब और सोट्रोविमाब दवाओं की सिफारिश की है?

A. मधुमेह मेलिटस
B. H5N1
C. एचआईवी/एड्स
D. कोविड -19

Q.13 निम्नलिखित में से किसने माइक्रोवेव की खोज की?

A. पर्सी स्पेंसर
B. हेनरी बेकरेल
C. दिमित्री मेंडेलीव
D. विल्सन ग्रेटबैच

Q.14 जून 2022 में किस राज्य में भारत का पहला लिक्विड मिरर टेलीस्कोप चालू किया गया है?

A. हिमाचल प्रदेश
B. तमिलनाडु
C. उत्तराखंड
D. अरुणाचल प्रदेश

Q.15 भारत का पहला सुपर कंप्यूटर PARAM 8000 वर्ष _____ में शुरू किया गया था।

A. 1990
B. 1991
C. 1989
D. 1992

Q.16 किस भारतीय संस्था ने 'प्रोजेक्ट प्राण' के नाम से एक गहन देखभाल इकाई (ICU) ग्रेड वेंटिलेटर विकसित किया?

A. भारतीय विज्ञान संस्थान (IISc)
B. AIIMS
C. IIT- दिल्ली
D. IIT- पटना

Q.17 निम्नलिखित में से किस देश के डॉक्टरों ने दुनिया के पहले आनुवंशिक रूप से संशोधित सुअर के हृदय को मानव शरीर में सफलतापूर्वक प्रत्यारोपित किया है?

A. यूनाइटेड किंगडम
B. इंडिया
C. चीन
D. संयुक्त राज्य अमेरिका

Q.18 किस संगठन ने "व्योममित्र" नामक भारतीय रोबोट विकसित किया?

A. C-DAC, पुणे
B. ISRO
C. TIFR
D. DRDO

Q.19 भारतीय अंतरिक्ष अनुसंधान संगठन (ISRO) ने 14 फरवरी 2022 को तीन उपग्रहों को लेकर ध्रुवीय उपग्रह प्रक्षेपण यान _______ लॉन्च किया है।

A. PSLV-C52
B. PSLV-C51
C. PSLV-C49
D. PSLV-C45

Q.20 नासा ने दिसंबर 2021 में दुनिया का सबसे बड़ा और सबसे शक्तिशाली स्पेस टेलीस्कोप लॉन्च किया। टेलीस्कोप का नाम क्या है?

A. स्पिट्जर स्पेस टेलीस्कोप
B. जेम्स वेब स्पेस टेलीस्कोप
C. हबल स्पेस टेलीस्कोप
D. एक्स्ट्रीमली लार्ज टेलीस्कोप

Q.21 मार्च 2022 में किस देश ने दूसरा उपग्रह नूर-2 अंतरिक्ष में लॉन्च किया?

A. इजराइल
B. संयुक्त अरब अमीरात
C. सऊदी अरब
D. ईरान

Q.22 निम्नलिखित में से किस IIT ने चिरल अणुओं के टिकाऊ और किफायती संश्लेषण के लिए एक उत्प्रेरक तकनीक विकसित की है?

A. IIT दिल्ली
B. IIT बॉम्बे
C. IIT मद्रास
D. IIT कानपुर

Q.23 जून 2021 में, निम्नलिखित में से किस संस्थान ने प्राकृतिक तेलों का उपयोग करके पानी कीटाणुरहित करने के लिए "SWASTIIK" नामक एक नई तकनीक विकसित की?

A. आगरकर अनुसंधान संस्थान

B. टाटा इंस्टीट्यूट ऑफ फंडामेंटल रिसर्च

C. राष्ट्रीय रासायनिक प्रयोगशाला

D. राष्ट्रीय समुद्र विज्ञान संस्थान

Q.24 इसरो द्वारा चंद्रयान -2 को किस राज्य से लॉन्च किया गया था?

A. महाराष्ट्र   **B.** राजस्थान   **C.** केरल   **D.** आंध्र प्रदेश

Q.25 अनुवंशिकी जाँच (जेनेटिक स्क्रीनिंग) _________ है।

A. किसी व्यक्ति में किसी विशेष जीन की उपस्थिति की जांच करने के लिए डीएनए का विश्लेषण

B. जनसंख्या में जीन का विश्लेषण

C. वंशावली विश्लेषण

D. माता-पिता में बांझपन की जांच

Q.26 संचार प्रयोजन के लिए एक कृत्रिम उपग्रह द्वारा किस प्रकार की तरंगों का उपयोग किया जाता है?

A. माइक्रोवेव्स

B. रेडियोवेव्स

C. ए.एम.

D. 10^{16} श्रृंखला की आवृत्ति

Q.27 ब्लैक एंड व्हाइट फोटोग्राफी में निम्नलिखित धातुओं में से किन धातुओं के यौगिकों का उपयोग किया जाता है?

A. Ag   **B.** Cu   **C.** Au   **D.** Al

Q.28 स्टारलिंक उपग्रह निम्नलिखित में से किस निजी अंतरिक्ष फर्म द्वारा संचालित है?

A. ब्लू ओरिजिन   **B.** स्पेसएक्स

C. वर्जिन गैलैक्टिक   **D.** बोइंग

Q.29 निम्नलिखित में से कौन सा रोवर नासा द्वारा मंगल ग्रह की सतह पर उतारा गया है?

A. पर्सिवियरेंस   **B.** एक्स्प्लोर

C. आउटर स्पेस   **D.** प्रोग्रेस

Q.30 अक्टूबर 2021 में, किस देश ने अपना पहला स्वदेशी अंतरिक्ष रॉकेट लॉन्च किया?

A. जापान   **B.** चीन

C. दक्षिण कोरिया   **D.** रूस

// स्मार्ट उत्तर पुस्तिका //

| सही उत्तर | उन छात्रों का प्रतिशत जिन्होंने प्रश्नों का सही उत्तर दिया था। | | छोड़ दिया | उन छात्रों का प्रतिशत जिन्होंने प्रश्नों को छोड़ दिया था। |

प्रश्न संख्या	उत्तर	सही उत्तर / छोड़ दिया	प्रश्न संख्या	उत्तर	सही उत्तर / छोड़ दिया	प्रश्न संख्या	उत्तर	सही उत्तर / छोड़ दिया	प्रश्न संख्या	उत्तर	सही उत्तर / छोड़ दिया	प्रश्न संख्या	उत्तर	सही उत्तर / छोड़ दिया	प्रश्न संख्या	उत्तर	सही उत्तर / छोड़ दिया
1	C	53.8 % / 43.48 %	6	B	51.86 % / 47.09 %	11	A	44.69 % / 33.29 %	16	A	64.92 % / 34.6 %	21	D	48.59 % / 44.25 %	26	A	44.8 % / 49.95 %
2	D	50.16 % / 39.12 %	7	A	57.72 % / 34.92 %	12	D	57.5 % / 32.75 %	17	D	61.2 % / 37.56 %	22	A	68.66 % / 30.34 %	27	A	50.32 % / 48.28 %
3	A	42.84 % / 46.81 %	8	D	69.36 % / 30.6 %	13	A	45.91 % / 34.93 %	18	B	44.02 % / 47.39 %	23	C	31.54 % / 67.64 %	28	B	46.65 % / 40.16 %
4	C	68.49 % / 30.55 %	9	A	43.83 % / 48.2 %	14	C	68.29 % / 31.64 %	19	A	62.97 % / 30.66 %	24	D	66.96 % / 32.85 %	29	A	50.89 % / 43.34 %
5	C	62.22 % / 32.43 %	10	D	41.93 % / 57.95 %	15	B	51.44 % / 42.21 %	20	B	60.72 % / 31.59 %	25	B	66.54 % / 32.18 %	30	C	56.37 % / 35.41 %

//संकेत और समाधान//

1. कैलिफोर्निया स्थित अमेरिकी एयरोस्पेस विनिर्माण और अंतरिक्ष परिवहन सेवा फर्म स्पेसX अंतरिक्ष यात्रियों को अंतरिक्ष में भेजने वाली पहली निजी कंपनी बन गई है।

- यह फर्म टेक-अरबपति एलोन मस्क के स्वामित्व में है।
- स्पेसX के क्रू ड्रैगन अंतरिक्ष यान ने नासा डग हर्ले और बॉब बिहकेन के दो अंतरिक्ष यात्रियों को अंतर्राष्ट्रीय अंतरिक्ष स्टेशन (आईएसएस) तक पहुंचाया।

अत: विकल्प (C) सही है।

2. ई कॉमर्स एंड टेक्नोलॉजी मेजर अमेजन ने 'हेलो बैंड' लॉन्च किया है, इस प्रकार यह आधिकारिक तौर पर स्वास्थ्य निगरानी खंड में प्रवेश कर रहा है।

कलाई बैंड व्यक्तिगत कल्याण मापदंडों की निगरानी के लिए एआई सॉफ्टवेयर का उपयोग करता है। कहा जाता है कि डिवाइस में उपयोगकर्ता की भावनाओं का मूल्यांकन करने के लिए शरीर की वसा और आवाज का पता लगाने के लिए तीन आयामी स्कैन की सुविधा है।

अत: विकल्प (D) सही है।

3. फिक्स्ड और मोबाइल उपकरणों और व्यक्तिगत क्षेत्र नेटवर्क (PANs) के निर्माण से कम दूरी (आईएसएम बैंड में 2.4 से 2.485 गीगाहर्ट्ज़ पर शॉर्ट-वेवलेंथ यूएचएफ रेडियो तरंगों का उपयोग करके) पर डेटा का आदान-प्रदान करने के लिए ब्लूटूथ एक वायरलेस तकनीक मानक है।

अत: विकल्प (A) सही है।

4. एक क्रेस्कोग्राफ पौधों में वृद्धि को मापने के लिए एक उपकरण है। 20 वीं शताब्दी की शुरुआत में सर जगदीश चंद्र बोस ने इसका आविष्कार किया था।

अत: विकल्प (C) सही है।

5. 12 वर्ष से अधिक उम्र के बच्चों के लिए मंजूरी प्राप्त करने वाला भारत का पहला कोविड-19 टीका जायकोव-D था।

भारत के ड्रग रेगुलेटर ने हाल ही में ज़ायडस कैडिला की तीन-खुराक वाली कोविड-19 डीएनए वैक्सीन को 12 साल और उससे अधिक उम्र के वयस्कों और बच्चों में आपातकालीन उपयोग के लिए मंजूरी दे दी है, जिससे देश में उपयोग के लिए अधिकृत छठा वैक्सीन आ गया है।

अत: विकल्प (C) सही है।

6. एक स्पेसX रॉकेट ने 18 दिसंबर 2021 को कैलिफोर्निया से 52 स्टारलिंक इंटरनेट उपग्रहों को कक्षा में पहुंचाया। दो चरणों वाला फाल्कन 9 रॉकेट तटीय वैंडेनबर्ग स्पेस फोर्स बेस से लॉन्च किया गया।

फाल्कन का पहला चरण वापस आया और समुद्र में स्पेसX ड्रोनशिप पर उतरा। यह मिशन स्टारलिंक का 34वां प्रक्षेपण था, जो पृथ्वी की निचली कक्षा में लगभग 2,000 उपग्रहों का एक समूह है।

अत: विकल्प (B) सही है।

7. लॉग4शेल शब्द का संबंध साइबर सुरक्षा से है।

लॉग4शेल नाम की एक नई भेद्यता को खोजे जाने वाले सबसे खराब साइबर सुरक्षा दोषों में से एक के रूप में देखा जा रहा है। भेद्यता एक ओपन-सोर्स लॉगिंग लाइब्रेरी पर आधारित है जिसका उपयोग उद्यमों और यहां तक कि सरकारी एजेंसियों द्वारा अधिकांश अनुप्रयोगों में किया जाता है।

अत: विकल्प (A) सही है।

8. GSLV का अर्थ है जियोसिंक्रोनस सैटेलाइट लॉन्च व्हीकल है।

जियोसिंक्रोनस सैटेलाइट लॉन्च व्हीकल भारतीय अंतरिक्ष अनुसंधान संगठन द्वारा संचालित एक उपभोजित प्रक्षेपण प्रणाली है।

- पहले चरण में एक प्रणोदक के साथ एक ठोस बूस्टर और चार तरल स्ट्रैप-ऑन मोटर्स शामिल हैं।
- दूसरा चरण तरल प्रणोदक ले जाने वाला एक तरल इंजन है।
- तीसरा चरण स्वदेश निर्मित क्रायोजेनिक अपर स्टेज है।

अत: विकल्प (D) सही है।

9. उपग्रह मिशन - TRISHNA पारिस्थितिक तंत्र प्रभाव और जलप्रयोग निगरानी के लिए है। यह उच्च-रिज़ॉल्यूशन प्राकृतिक संसाधन आकलन के लिए थर्मल इन्फ्रारेड इमेजिंग सैटेलाइट के लिए है। इसरो और सीएनईएस ने थर्मल इन्फ्रारेड इमेजर के साथ पृथ्वी अवलोकन उपग्रह मिशन को साकार करने के लिए व्यवहार्यता अध्ययन पूरा कर लिया है।

अत: विकल्प (A) सही है।

10. होमियोपैथी का आविष्कार सैमुअल हैनिमैन ने किया था। होमियोपैथी वैकल्पिक चिकित्सा की एक प्रणाली है जिसकी उत्पत्ति 1796 में हुई थी।

होमियोपैथी ने 19वीं शताब्दी में अपनी सबसे बड़ी लोकप्रियता हासिल की। इसे 1825 में संयुक्त राज्य अमेरिका में 1835 में पहला होमियोपैथिक स्कूल खोलने के साथ पेश किया गया था।

अत: विकल्प (D) सही है।

11. प्लैज्मोडियम की खोज चार्ल्स लैवेरन ने की थी।

प्लैज्मोडियम एक प्रोटोजोआ है जो मलेरिया रोग का कारण बनता है।प्लैज्मोडियम वाइवैक्स, प्लैज्मोडियम मलेरिया, और प्लैज्मोडियम फैल्सीपेरम जैसी विभिन्न प्लैज्मोडियम किस्में हैं।

अत: विकल्प (A) सही है।

12. विश्व स्वास्थ्य संगठन (WHO) ने कोविड-19 के इलाज के लिए दो दवाओं, बारिसिटिनिब और सोट्रोविमैब की सिफारिश की है।

बारिसिटिनिब का उपयोग रुमेटीइड गठिया के इलाज के लिए भी किया जाता है। यह एक मुहं से लेनवाली दवा है। कॉर्टिकोस्टेरॉइड्स के संयोजन में गंभीर या गंभीर कोविड -19 वाले रोगियों के लिए अब इसकी "दृढ़ता से अनुशंसा" की गई है।

सोट्रोविमाब एक खोजी मोनोक्लोनल एंटीबॉडी है जिसका उपयोग कोरोनावायरस के कारण होने वाली स्थितियों के उपचार में किया जाता है। WHO ने सशर्त रूप से उन रोगियों में हल्के या मध्यम कोविड -19 के इलाज के लिए इसके उपयोग की सिफारिश की है जो अस्पताल में भर्ती होने के उच्च जोखिम में हैं।

अत: विकल्प (D) सही है।

13. अमेरिकी इंजीनियर पर्सी स्पेंसर को रडार तकनीक से आधुनिक माइक्रोवेव ओवन का आविष्कार करने का श्रेय दिया जाता है। तरंग दैर्घ्य की विद्युत चुम्बकीय तरंगें 10^{-3} मीटर से 10^{-2} मीटर तक होती हैं जिन्हें माइक्रोवेव कहा जाता है।

अत: विकल्प (A) सही है।

14. भारत का पहला लिक्विड मिरर टेलीस्कोप उत्तराखंड में एक पहाड़ी देवस्थल के ऊपर चालू किया गया है। टेलीस्कोप, जो एशिया में सबसे बड़ा है, आकाश का सर्वेक्षण करने में मदद करेगा और कई आकाशगंगाओं और अन्य खगोलीय पिंडों का निरीक्षण करना संभव बनाएगा।

अत: विकल्प (C) सही है।

15. भारत का पहला सुपर कंप्यूटर PARAM 8000 वर्ष 1991 में शुरू किया गया था।

PARAM 8000 श्रृंखला की पहली मशीन थी और इसे स्क्रैच से बनाया गया था। विजय पी भाटकर को सुपरकंप्यूटिंग में भारत की राष्ट्रीय पहल के

वास्तुकार के रूप में जाना जाता है जहां उन्होंने परम सुपर कंप्यूटर के विकास का नेतृत्व किया।

अत: विकल्प (B) सही है।

16. भारतीय विज्ञान संस्थान (IISc) में इंजीनियरों की एक टीम ने 'प्रोजेक्ट प्राण' के नाम से एक गहन देखभाल इकाई (ICU) ग्रेड वेंटिलेटर विकसित किया था।

हाल ही में, टीम ने वेंटिलेटर के प्रोटोटाइप को सफलतापूर्वक पूरा कर लिया है, जो अब व्यवसायीकरण की प्रक्रिया में है। सस्ती वेंटिलेटर केवल भारत में बने घटकों या उन घटकों का उपयोग करता है जो घरेलू बाजारों में आसानी से उपलब्ध हैं।

अत: विकल्प (A) सही है।

17. संयुक्त राज्य अमेरिका के डॉक्टरों ने दुनिया के पहले आनुवंशिक रूप से संशोधित सुअर के हृदय को मानव शरीर में सफलतापूर्वक प्रत्यारोपित किया है।

एक अमेरिकी व्यक्ति आनुवंशिक रूप से संशोधित सुअर से हृदय प्रत्यारोपण प्राप्त करने वाला दुनिया का पहला व्यक्ति बन गया है। बाल्टीमोर में सात घंटे की प्रायोगिक प्रक्रिया के तीन दिन बाद डेविड बेनेट स्वस्थ हैं।

अत: विकल्प (D) सही है।

18. ISRO संगठन ने "व्योममित्र" नामक भारतीय रोबोट विकसित किया।

'व्योममित्र' शब्द संस्कृत भाषा के दो शब्दों 'व्योम' और 'मित्र' से मिलकर बना है जिसका अर्थ क्रमशः अन्तरिक्ष और मित्र होता है। यह ISRO द्वारा विकसित हाफ-ह्यूमनॉइड फीमेल रोबोट का प्रोटोटाइप है।

अत: विकल्प (B) सही है।

19. भारतीय अंतरिक्ष अनुसंधान संगठन (ISRO) ने 14 फरवरी 2022 को श्रीहरिकोटा के सतीश धवन अंतरिक्ष केंद्र से तीन उपग्रहों को लेकर ध्रुवीय उपग्रह प्रक्षेपण यान, PSLV-C52 लॉन्च किया। यह एक रडार इमेजिंग उपग्रह EOS-04 ले जा रहा था।

अन्य दो उपग्रहों में IIST का एक विद्यार्थी उपग्रह (INSPIREsat-1) और ISRO का एक प्रौद्योगिकी प्रदर्शक उपग्रह (INS-2TD) शामिल है।

अत: विकल्प (A) सही है।

20. दुनिया का सबसे बड़ा और सबसे शक्तिशाली अंतरिक्ष दूरबीन 25 दिसंबर, 2021 को पहले तारों और आकाश गंगा से प्रकाश के संकेतों का पता लगाने के लिए रॉकेट से प्रक्षेपित हुआ।

नासा का जेम्स वेब स्पेस टेलीस्कोप दक्षिण अमेरिका के उत्तरपूर्वी तट पर फ्रेंच गुयाना से एक यूरोपीय एरियन रॉकेट पर सवार करके प्रक्षेपित किया गया।

अत: विकल्प (B) सही है।

21. मार्च 2022 में, ईरान के पैरामिलिट्री रिवोल्यूशनरी गार्ड ने अंतरिक्ष में दूसरा उपग्रह लॉन्च किया। नूर-2 उपग्रह घासड (Ghased) उपग्रह वाहक के जरिये निचले ऑर्बिट में पहुंच गया।

अत: विकल्प (D) सही है।

22. भारतीय प्रौद्योगिकी संस्थान (IIT) दिल्ली के शोधकर्ताओं ने चिरल अणुओं के सतत और किफायती संश्लेषण के लिए एक उत्प्रेरक तकनीक विकसित की है। चिरल अणु फार्मास्यूटिकल्स, एग्रोकेमिकल्स और जैविक रूप से सक्रिय यौगिकों के उत्पादन के लिए आवश्यक बिल्डिंग ब्लॉक हैं।

अत: विकल्प (A) सही है।

23. पुणे में CSIR-राष्ट्रीय रासायनिक प्रयोगशाला (CSIR-NCL) ने प्राकृतिक तेलों का उपयोग करके जल को कीटाणुरहित करने के लिए SWASTIIK नामक उपन्यास संकर तकनीक विकसित की है।

जल का कीटाणुशोधन रोगजनक सूक्ष्मजीवों को हटाने के लिए आवश्यक है जो कई जल जनित रोगों के लिए जिम्मेदार हैं। प्रौद्योगिकी को CSIR-NCL द्वारा विज्ञान और प्रौद्योगिकी विभाग (DST) की जल प्रौद्योगिकी पहल के समर्थन से विकसित किया गया था।

अत: विकल्प (C) सही है।

24. चंद्रयान-2 को इसरो ने आंध्र प्रदेश से लॉन्च किया था।

चंद्रयान-2 को आंध्र प्रदेश के सतीश धवन अंतरिक्ष केंद्र से लॉन्च किया गया था। चंद्रयान-2 का विशेष कार्य चंद्र अन्वेषण था। इस्तेमाल किया गया प्रक्षेपण यान GSLV मार्क III-M1 था।

अत: विकल्प (D) सही है।

25. अनुवंशिकी जाँच (जेनेटिक स्क्रीनिंग) जनसंख्या में जीन का विश्लेषण है।

यह एक परिभाषित आबादी में एक विशेष आनुवंशिक रूप वाले व्यक्तियों की व्यवस्थित खोज के लिए रक्त या त्वचा का विश्लेषण करने की एक प्रक्रिया है। यह आधुनिक निवारक दवा के एक महत्वपूर्ण उपकरण के रूप में भी कार्य करता है।

अत: विकल्प (B) सही है।

26. कृत्रिम उपग्रहों में, ज्यादातर माइक्रोवेव का उपयोग संचार के लिए किया जाता है।

यह एक विद्युत चुम्बकीय तरंग है जिसकी आवृत्ति विद्युतचुंबकीय स्पेक्ट्रम में 300MHz (0.3 GHz) और 300 GHz के बीच होती है। यह विशेष रूप से अंतरिक्ष यान संचार, टीवी और लंबी दूरी की टेलीफोन लाइनों में उपयोग किया जाता है।

अत: विकल्प (A) सही है।

27. ब्लैक एंड व्हाइट फोटोग्राफी में Ag के यौगिकों का उपयोग किया जाता है।

सिल्वर (Ag), सिल्वर ब्रोमाइड और सिल्वर क्लोराइड के यौगिकों का उपयोग ब्लैक एंड व्हाइट फोटोग्राफी में किया जाता है। ये दोनों प्रकाश संवेदी यौगिक हैं। वे प्रकाश के संपर्क में आने पर आसानी से विघटित हो जाते हैं। इसलिए, उनका उपयोग ब्लैक एंड व्हाइट फोटोग्राफी और फिल्मों में किया जाता है।

अत: विकल्प (A) सही है।

28. स्टारलिंक उपग्रह स्पेसएक्स द्वारा संचालित है।

स्टारलिंक एक उपग्रह इंटरनेट समूह है जो स्पेसएक्स द्वारा संचालित है जो पृथ्वी के अधिकांश हिस्सों में उपग्रह इंटरनेट एक्सेस कवरेज प्रदान करता है। इसका उद्देश्य दुनिया को कम लागत वाली और विश्वसनीय अंतरिक्ष-आधारित इंटरनेट सेवाएं प्रदान करना है।

अत: विकल्प (B) सही है।

29. पर्सिवियरेंस नासा द्वारा मंगल की सतह पर उतारे गए रोवर का नाम है।

नासा के मंगल मिशन का उद्देश्य खगोल विज्ञान जैसे कई क्षेत्रों में अनुसंधान करना है, जिसमें प्राचीन सूक्ष्मजीवों के खोज के संकेत भी शामिल हैं। यह पहला मिशन है जिसमें मार्टियन रॉक और तलछट को एकत्र किया जाएगा और पृथ्वी पर लाया जाएगा।

अत: विकल्प (A) सही है।

30. दक्षिण कोरिया ने 21 अक्टूबर 2021 को अपना पहला स्वदेशी रॉकेट लॉन्च किया।

रॉकेट को नूरी कहा जाता है। इसे देश के नैरो स्पेस सेंटर से लॉन्च किया गया था। नूरी देश का पहला अंतरिक्ष प्रक्षेपण यान है जिसे पूरी तरह से दक्षिण कोरियाई तकनीक से विकसित और निर्मित किया गया है। रॉकेट को 1.5 टन

तक के पेलोड को पृथ्वी से 600 से 800 किलोमीटर की कक्षा में ले जाने के लिए डिज़ाइन किया गया है।

अतः विकल्प (C) सही है।

Q.1 फ्रायड के सिद्धांत के अनुसार लोग संघर्ष के कारण होने वाली चिंता को दूर करने के लिए जिस मौलिक तकनीक का उपयोग करते हैं:

A. प्रक्षेपण
B. प्रतिक्रिया गठन
C. दमन
D. वापसी

Q.2 व्यक्तित्व का अंतर्मुखता-बहिष्कार लक्षण प्रतिपादित है:

[Rajasthan Teachers Eligibility Test - Level 1 Primary Level (RTET), 2017]

A. हैंस ईसेनक
B. आरबी मवेशी
C. गॉर्डन ऑलपोर्ट
D. कार्ल जुंग

Q.3 अंतर्मुखी व्यक्तित्व और बहिर्मुखी व्यक्तित्व का वर्गीकरण किसने किया है?

A. फ्रायड
B. जंग
C. मुन्न
D. आलपोर्ट

Q.4 निम्नलिखित में से किसे व्यक्तित्व की अवधारणा के अंतर्गत शामिल नहीं किया जा सकता है?

A. एक व्यक्ति जिस तरह से बात करता है।
B. जिस तरह से व्यक्ति कार्य करता है।
C. जिस तरह से एक व्यक्ति निर्णय लेता है।
D. जिस तरह से एक व्यक्ति चलता है।

Q.5 निम्नलिखित में से कौन व्यक्तित्व के मूल्यांकन के लिए एक अमानक परीक्षण या व्यक्तिपरक विधि नहीं है?

A. हस्तलेख का विज्ञान
B. स्कोर कार्ड
C. उपाख्यानात्मक रिकॉर्ड
D. समाजमिति

Q.6 एक व्यक्ति के रूप में आप कौन हैं, इसका आपका विवरण आपका है:

A. आत्म जागरूकता
B. आत्म सम्मान
C. आत्म अवधारणा
D. स्वयं प्रकट करना

Q.7 कार्ल रोजर्स के सिद्धांत में, व्यक्तित्व की मुख्य संरचना है:

A. अहंकार
B. महा-अहंकार
C. स्वयं
D. इनमे से कोई नहीं

Q.8 निम्नलिखित में से कौन व्यक्तित्व मापन की प्रक्षेपी तकनीक है?

[UPTET Social Studies, 2019], [UPTET Science and Maths, 2019]

A. रेटिंग स्केल
B. अवलोकन
C. साक्षात्कार
D. थेमैटिक एपरेसिएशन टेस्ट

Q.9 "एक गोद लिए गए बच्चे का व्यक्तित्व उसके जैविक माता-पिता से प्रभावित होता है।" यह कथन है:

A. सत्य
B. असत्य
C. पहचान नहीं की गई
D. इनमे से कोई भी नहीं

Q.10 महासागर सिद्धांत एक ____ है।

A. धारणा का सिद्धांत
B. व्यक्तित्व का सिद्धांत
C. बुद्धि का सिद्धांत
D. इनमे से कोई नहीं

Q.11 व्यक्तित्व मापन की चाइल्ड अपीयरेंस टेस्ट (कैट) विधि द्वारा दी गई थी:

A. ट्रैक्टर
B. बेलाकी
C. हॉलैंड
D. मुरे

Q.12 तीव्र यौन इच्छा वाला व्यक्ति ऊर्जा को धार्मिक उत्साह में प्रवाहित करता है। वह उपयोग कर रहा है:

A. प्रक्षेपण
B. प्रतिक्रिया गठन
C. युक्तिकरण
D. वापसी

Q.13 प्रक्षेपी परीक्षण भी कहलाते हैं:

A. मौत के तरीके
B. असंरचित परीक्षण
C. स्वयं रिपोर्ट सूची
D. 1 और 2 दोनों

Q.14 फ्रायड की अनुशंसित व्यक्तित्व संरचना के अनुसार, नियमों, जीवन की वास्तविकता, या किसी भी प्रकार की नैतिकता की परवाह किए बिना, निम्नलिखित में से कौन अपने मौलिक आग्रहों को तुरंत और स्पष्ट रूप से संतुष्ट करेगा?

[RTET - Level 2 (Social Studies), 2017]

A. महा-अहंकार
B. अहंकार और अति-अहंकार दोनों
C. पहचान
D. अहंकार

Q.15 व्यक्तित्व के निर्धारक हैं:

A. सामाजिक
B. सांस्कृतिक
C. जैविक
D. उपर्युक्त में सभी

Q.16 व्यक्तित्व का कोई लक्षण सिद्धांत किसने नहीं दिया है?

A. क्रेश्मेर
B. कैटेल
C. आलपोर्ट
D. इनमे से कोई नहीं

Q.17 4 से 5 वर्ष की आयु में किस विकास के कारण बालक अपनी माँ के प्रति और अपने पिता के विपरीत स्नेही व्यवहार दिखाता है?

[Haryana Primary Teacher (PRT), 2019]

A. पीयूष ग्रंथि
B. थाइरॉयड ग्रंथि
C. इलेक्ट्रा कॉम्प्लेक्स
D. ईडिपस कॉम्प्लेक्स

Q.18 किस प्रकार का अधिगम मुख्य रूप से बच्चे के व्यक्तित्व को प्रभावित करता है?

A. परीक्षण और त्रुटि सीखना
B. नकल सीखना
C. व्यावहारिक शिक्षा
D. निर्देशात्मक शिक्षा

Q.19 फ्रेनोलॉजिस्ट ने ____ करके व्यक्तित्व के बारे में पता लगाने की कोशिश की।

A. किसी व्यक्ति की कुंडली पढ़ना
B. किसी व्यक्ति की कपाल को महसूस करना
C. किसी व्यक्ति के हाथों को देखकर
D. लोगों से सवाल

Q.20 निम्नलिखित में से किस प्रकार के व्यक्तित्व को शोरगुल, कठोर और शारीरिक गतिविधि के शौकीन के रूप में वर्णित किया गया है?

A. एंडोमोर्फ
B. एक्टमॉर्फ
C. मेसोमोर्फ
D. इनमे से कोई नहीं

Q.21 अहंकार ___ सिद्धांत का पालन करता है।

A. आनंद
B. वास्तविकता
C. शिक्षा
D. पूर्णता

Q.22 निम्नलिखित में से कौन सी प्रणाली समाज के मूल्यों और नैतिकता के आंतरिक प्रतिनिधित्व को माता-पिता और अन्य लोगों द्वारा बच्चे को सिखाया जाता है?

A. पहचान

B. अहंकार

C. महा अहंकार

D. लीबीदो

Q.23 चिंता को कम करने की विधि _____ कहलाती है, जागरूकता से आवेग को अचेतन में धकेलना है।

A. वापसी　　　**B.** दमन　　　**C.** दमन　　　**D.** राशन

Q.24 अचेतन उद्देश्यों को उजागर करने के लिए _____ को एक विधि के रूप में तैयार किया गया है।

A. सूची

B. प्रक्षेपी परीक्षण

C. व्यवहार मूल्यांकन

D. स्थितिजन्य परीक्षण

Q.25 _____ व्यवहार के विशिष्ट पैटर्न और सोचने के तरीके को संदर्भित करता है जो किसी व्यक्ति के अपने पर्यावरण के समायोजन को निर्धारित करता है।

A. प्रेरणा　　　**B.** व्यक्तित्व　　　**C.** विकास　　　**D.** विचारधारा

Q.26 ___ ने व्यक्तित्व को व्यक्ति के भीतर उन मनो-भौतिक प्रणालियों के गतिशील संगठन के रूप में परिभाषित किया जो उसके वातावरण के साथ उसके अद्वितीय समायोजन को निर्धारित करते हैं।

A. शेल्डन

B. गॉर्डन ऑलपोर्ट

C. कारेन

D. फ्रायड

Q.27 निम्नलिखित में से कौन सा पैमाना चिंता, शत्रुता और मतिभ्रम, फोबिया और आत्मघाती आवेगों को मापने में उपयोगी रहा है?

A. 16 पीएफ

B. एमएमपीआई

C. टीएटी

D. एडजेक्टिव चेकलिस्ट

Q.28 मनोविश्लेषणात्मक सिद्धांत के अनुसार, जैविक रूप से आधारित आग्रहों को रेखांकित करने वाली यौन ऊर्जा कहलाती है:

A. अहंकार　　　**B.** सुरक्षा तंत्र　　　**C.** लीबीदो　　　**D.** ईडिपस

Q.29 व्यक्तित्व के निम्नलिखित में से कौन सा दृष्टिकोण उद्देश्यों, आवेगों और मनोवैज्ञानिक प्रक्रियाओं के बीच चल रहे अंतःक्रियाओं पर जोर देता है?

A. प्रकार और विशेषता दृष्टिकोण

B. गतिशील दृष्टिकोण

C. सीखना और व्यवहार दृष्टिकोण

D. इनमे से कोई नहीं

Q.30 जंग के अनुसार _____ दुनिया के साथ हमारे अनुभव को व्यवस्थित करने, या प्रतिक्रिया करने के विरासत में मिले तरीके हैं।

A. सामूहिक रूप से बेहोश

B. आद्यरूप

C. व्यक्तिगत अचेतन

D. जटिल

// स्मार्ट उत्तर पुस्तिका //

सही उत्तर	उन छात्रों का प्रतिशत जिन्होंने प्रश्नों का सही उत्तर दिया था।	छोड़ दिया	उन छात्रों का प्रतिशत जिन्होंने प्रश्नों को छोड़ दिया था।

प्रश्न संख्या	उत्तर	सही उत्तर / छोड़ दिया	प्रश्न संख्या	उत्तर	सही उत्तर / छोड़ दिया	प्रश्न संख्या	उत्तर	सही उत्तर / छोड़ दिया	प्रश्न संख्या	उत्तर	सही उत्तर / छोड़ दिया	प्रश्न संख्या	उत्तर	सही उत्तर / छोड़ दिया	प्रश्न संख्या	उत्तर	सही उत्तर / छोड़ दिया
1	C	43.99 % / 51.6 %	6	C	60.04 % / 36.92 %	11	B	80.69 % / 15.36 %	16	A	47.66 % / 52.12 %	21	B	88.43 % / 10.57 %	26	B	47.74 % / 41.02 %
2	A	80.37 % / 18.85 %	7	C	42.34 % / 33.62 %	12	B	83.17 % / 14.0 %	17	D	59.42 % / 33.87 %	22	C	61.11 % / 38.73 %	27	B	55.05 % / 38.56 %
3	B	46.82 % / 32.72 %	8	D	52.32 % / 45.52 %	13	B	59.74 % / 39.84 %	18	B	82.01 % / 11.41 %	23	B	87.06 % / 11.07 %	28	C	50.58 % / 31.04 %
4	C	62.44 % / 35.37 %	9	A	84.68 % / 11.39 %	14	C	54.89 % / 33.51 %	19	B	86.66 % / 13.18 %	24	B	56.83 % / 39.74 %	29	B	29.27 % / 70.7 %
5	A	48.23 % / 40.89 %	10	B	57.36 % / 38.39 %	15	D	53.26 % / 34.86 %	20	C	77.4 % / 22.29 %	25	B	82.91 % / 11.88 %	30	A	50.63 % / 45.06 %

//संकेत और समाधान//

1. फ्रायड के सिद्धांत के अनुसार लोग दमन के संघर्षों के कारण होने वाली चिंता को दूर करने के लिए जिस मौलिक तकनीक का उपयोग करते हैं।

फ्रायड के अनुसार, अधिकांश मानव व्यवहार चिंता से निपटने या उससे बचने के प्रयास को दर्शाता है। इस प्रकार, अहंकार चिंता से कैसे निपटता है, यह काफी हद तक यह निर्धारित करता है कि लोग कैसे व्यवहार करते हैं। फ्रायड का मानना था कि लोग मुख्य रूप से रक्षा तंत्र विकसित करके चिंता से बचते हैं जो सहज जरूरतों के बारे में जागरूकता के खिलाफ अहंकार की रक्षा करने का प्रयास करते हैं। इस प्रकार, एक रक्षा तंत्र वास्तविकता को विकृत करके चिंता को कम करने का एक तरीका है। सबसे महत्वपूर्ण दमन है, जिसमें अचेतन द्वारा चिंता-उत्तेजक व्यवहार या विचार पूरी तरह से समाप्त हो जाते हैं। जब लोग किसी भावना या इच्छा का दमन करते हैं, तो वे उस इच्छा या इच्छा से पूरी तरह अनजान हो जाते हैं।
अतः विकल्प (C) सही है।

2. व्यक्तित्व का अंतर्मुखता-बहिष्कार गुण हंस एसेनक द्वारा प्रतिपादित किया गया है।

हैंस ईसेनक (1916-1997): ब्रिटिश मनोवैज्ञानिक हैंस ईसेनक ने व्यक्तित्व का एक मॉडल विकसित किया जो केवल तीन सार्वभौमिक लक्षणों पर आधारित था; अंतर्मुखता / बहिर्मुखता, विक्षिप्तता / भावनात्मक स्थिरता और मनोविकृति। ईसेनक केवल दो प्रमुख प्रकार या लक्षणों को अंतर्निहित व्यक्तित्व संरचना के रूप में देखता है: अंतर्मुखता-बहिष्कार और स्थिरता-विक्षिप्तता। अंतर्मुखता में आंतरिक अनुभवों पर ध्यान देना शामिल है। जबकि अपव्यय अन्य लोगों और पर्यावरण पर ध्यान केंद्रित करने से संबंधित है। इसलिए, अंतर्मुखता में उच्च व्यक्ति शांत और आरक्षित हो सकता है, जबकि बहिर्मुखता में उच्च व्यक्ति मिलनसार और आउटगोइंग हो सकता है।
अतः विकल्प (A) सही है।

3. जंग ने अंतर्मुखी व्यक्तित्व और बहिर्मुखी व्यक्तित्व को वर्गीकृत किया है।

कार्ल जंग व्यक्तित्व सिद्धांत को विश्लेषणात्मक सिद्धांत या विश्लेषणात्मक मनोविज्ञान के रूप में जाना जाता है। कार्ल जंग ने सुझाव दिया कि सभी मनुष्य कुछ अचेतन विचारों को साझा करते हैं, क्योंकि हम सभी मानव हैं और समान विकासवादी परिस्थितियों और सामान्य पूर्वजों से बनाए गए थे। जिस अचेतन को हम सभी साझा करते हैं उसे सामूहिक अचेतन कहा जाता है। प्रत्येक व्यक्ति का अपना आत्म-बोध होता है। जंग ने कामेच्छा को बहुत व्यापक तरीके से व्यक्त किया, उन्होंने कामेच्छा को जीवन ऊर्जा के रूप में समान किया। कामेच्छा के प्रकाश में, जंग ने दो प्रकार के व्यक्तित्वों का प्रस्ताव रखा- बहिर्मुखी और अंतर्मुखी। जिन व्यक्तियों में जीवन ऊर्जा (कामेच्छा) भीतर की ओर प्रवाहित होती है उन्हें अंतर्मुखी कहा जाता है, जबकि जिन व्यक्तियों की जीवन ऊर्जा बाहर की ओर प्रवाहित होती है उन्हें बहिर्मुखी कहा जाता है।
अतः विकल्प (B) सही है।

4. एक व्यक्ति जिस तरह से निर्णय लेता है उसे व्यक्तित्व की अवधारणा के तहत शामिल नहीं किया जा सकता है।

शब्द "व्यक्तित्व" लैटिन शब्द "व्यक्तित्व" से लिया गया है जिसका अर्थ है रोमन अभिनेताओं द्वारा पहना जाने वाला मुखौटा? इस अर्थ में, व्यक्तित्व का अर्थ है वह व्यक्ति जो दूसरों द्वारा देखा जाता है। व्यक्तित्व एक व्यक्ति के बारे में उसकी शारीरिक, भावनात्मक, मानसिक, सामाजिक, नैतिक और आध्यात्मिक बनावट के बारे में सब कुछ की समग्रता है।

सरल शब्दों में, व्यक्तित्व में निम्नलिखित शामिल हैं:

- जिस नजरीये से देखो।
- तुम्हारे तैयार होने का अंदाज़।
- जिस अंदाज में आप बात करते हैं।
- जिस तरह से आप चलते हैं।
- आप जिस तरह से अभिनय करते हैं।

अतः विकल्प (C) सही है।

5. व्यक्तित्व का मूल्यांकन करने के लिए ग्राफोलॉजी एक गैर-मानक परीक्षण या व्यक्तिपरक तरीका नहीं है।

ग्राफोलॉजी किसी के व्यक्तित्व लक्षणों को निर्धारित करने के प्रयास के साथ लिखावट का विश्लेषण है। ग्राफोलॉजी का समर्थन करने के लिए कोई वैज्ञानिक प्रमाण मौजूद नहीं है, और इसे आम तौर पर छद्म विज्ञान या वैज्ञानिक रूप से संदिग्ध अभ्यास माना जाता है। कभी-कभी फोरेंसिक दस्तावेज़ परीक्षा को संदर्भित करने के लिए शब्द का गलत उपयोग किया जाता है, इस तथ्य के कारण कि हस्तलिखित दस्तावेजों की परीक्षा से संबंधित बाद के पहलुओं को कभी-कभी ग्राफ़ विश्लेषण के रूप में संदर्भित किया जाता है।
अतः विकल्प (A) सही है।

6. एक व्यक्ति के रूप में आप कौन हैं, इसका आपका विवरण आपकी आत्म अवधारणा है।

आत्म-अवधारणा:

- इसका उपयोग यह संदर्भित करने के लिए किया जाता है कि कोई व्यक्ति स्वयं के बारे में कैसे सोचता है, मूल्यांकन करता है, अनुभव करता है या वर्णन करता है। स्वयं के बारे में जागरूक होना स्वयं की अवधारणा होना है।

- स्व-अवधारणा स्वयं के बारे में ज्ञान का संचय है, जैसे। व्यक्तित्व लक्षणों, शारीरिक विशेषताओं, क्षमताओं, मूल्यों, लक्ष्यों और भूमिकाओं के बारे में विश्वास।

- एक व्यक्ति में, आत्म-अवधारणा अधिक सारगर्भित, जटिल और श्रेणीबद्ध रूप से संज्ञानात्मक मानसिक अभ्यावेदन या स्व-स्कीमा में संगठित हो जाती है, जो स्व-प्रासंगिक जानकारी के प्रसंस्करण को निर्देशित करती है।

- आत्म-अवधारणा जिस तरह से स्वयं को मानता है-को श्रेणियों में विभाजित किया जा सकता है, जैसे:

- व्यक्तिगत आत्म-अवधारणा (तथ्य या स्वयं के बारे में अपनी राय, जैसे "।। की भूरी आंखें हैं" या "मैं आकर्षक हूं"); सामाजिक आत्म-अवधारणा (किसी की इस बारे में धारणाएं कि किसी को दूसरों द्वारा कैसे माना जाता है: "लोग सोचते हैं कि मेरे पास हास्य की एक बड़ी भावना है"); और आत्म-आदर्श (कोई क्या या कैसे बनना चाहेगा: "मैं एक वकील बनना चाहता हूं" या "काश मैं पतला होता")।

अतः विकल्प (C) सही है।

7. कार्ल रोजर्स के सिद्धांत में, व्यक्तित्व की मुख्य संरचना स्वयं है।

कार्ल रोजर्स, एक अमेरिकी मानवतावादी मनोवैज्ञानिक, मानवतावाद के स्कूल से संबंधित थे। उन्होंने सीखने के मानवतावादी सिद्धांतों का प्रचार किया। उन्होंने सीखने के दो प्रकारों में अंतर करने की कोशिश की- संज्ञानात्मक और अनुभवात्मक। कार्ल रोजर्स द्वारा अनुभवात्मक सीखने का सिद्धांत: यह अर्जित ज्ञान के प्रभावी अनुप्रयोग से जुड़ा है। यह स्व-आरंभ है क्योंकि शिक्षार्थी स्वेच्छा से इस प्रकार के अधिगम में संलग्न होने की पहल करता है। शिक्षार्थी स्वयं इस तरह के अधिगम के परिणामों और परिणामों का मूल्यांकन अधिगम उद्देश्यों की प्राप्ति के लिए इसे लागू करके करता है। यह शिक्षार्थी पर व्यापक प्रभाव छोड़ता है। इस विधि से जो कुछ भी सीखा जाता है, उसे आवश्यकता पड़ने पर उपयोग में लाया जा सकता है।
अतः विकल्प (C) सही है।

8. विषयगत धारणा परीक्षण व्यक्तित्व मापन की प्रक्षेपी तकनीक है।

थीमैटिक एपरसेप्शन टेस्ट, या टीएटी, एक प्रकार का प्रोजेक्टिव टेस्ट है जिसमें अस्पष्ट दृश्यों का वर्णन करना शामिल है। लोकप्रिय रूप से "चित्र व्याख्या तकनीक" के रूप में जाना जाता है, इसे अमेरिकी मनोवैज्ञानिक हेनरी ए द्वारा विकसित किया गया था। आज तक, टीएटी सबसे व्यापक रूप से शोध और चिकित्सकीय रूप से उपयोग किए जाने वाले व्यक्तित्व परीक्षणों में से एक है। टीएटी बच्चों और वयस्कों के आकलन के लिए व्यापक रूप से इस्तेमाल किया

जाने वाला प्रोजेक्टिव टेस्ट है। यह पारस्परिक संबंधों की एक व्यक्ति की धारणा को प्रकट करने के लिए डिज़ाइन किया गया है। इकतीस चित्र कार्ड रिश्तों या सामाजिक स्थितियों के बारे में कहानियों और विवरणों के लिए उत्तेजना के रूप में काम करते हैं।
अतः विकल्प (D) सही है।

9. "एक गोद लिए गए बच्चे का व्यक्तित्व उसके जैविक माता-पिता से प्रभावित होता है।" यह कथन सत्य है।

व्यक्तित्व कुछ अनूठा और विशिष्ट है। हम में से प्रत्येक अपने आप में एक अनूठा व्यक्ति है। समायोजन करने के लिए हम में से प्रत्येक के पास विशिष्ट विशेषताएं हैं। हालांकि, किसी व्यक्ति के व्यक्तित्व की विशिष्टता का मतलब यह नहीं है कि उसके पास व्यक्तित्व की विशेषताओं और विशेषताओं के संदर्भ में दूसरों के साथ साझा करने के लिए कुछ भी नहीं है। व्यक्तित्व के जैविक निर्धारक: आनुवंशिक निर्धारक, आनुवंशिकता दो प्रकार की होती है: जैविक आनुवंशिकता जो कि बच्चे को अपने पूर्वजों से गुणसूत्र के रूप में विरासत में मिली है और दूसरी सामाजिक आनुवंशिकता, जिसका अर्थ है कि एक पीढ़ी पिछली पीढ़ी से किस रूप में प्राप्त करती है। सामाजिक परंपरा, रीति-रिवाज, कौशल आदि। प्रत्येक पीढ़ी अर्जित कौशल और ज्ञान को आने वाली पीढ़ियों तक पहुंचाती है।
अतः विकल्प (A) सही है।

10. महासागर सिद्धांत व्यक्तित्व का सिद्धांत है।

इसका वर्णन महासागर (खुलेपन, कर्तव्यनिष्ठा, अपव्यय, सहमतता और विक्षिप्तता) द्वारा किया गया है।

- खुलेपन में बुद्धि, कल्पना, व्यावहारिक, कलात्मक और रचनात्मक से संबंधित लक्षण शामिल हैं।
- कर्तव्यनिष्ठा में सावधान, विचारशील और संगठित होना शामिल है। इसमें विवरण, योजना, लक्ष्य-निर्देशित व्यवहार और आवेग नियंत्रण पर ध्यान देना शामिल है।
- बहिर्मुखता में सामाजिकता, ऊर्जावान, उत्तेजना, मिलनसार और मुखर जैसे लक्षण शामिल हैं। उच्च भावनात्मक अभिव्यक्ति।
- सहमतता का तात्पर्य भरोसेमंदता, मददगार, दयालु, स्नेह, अभियोगात्मक और परोपकारी व्यवहार से है।
- न्यूरोटिसिज्म चिंतित, मूडी और चिड़चिड़ापन जैसे लक्षणों को संदर्भित करता है। भावनात्मक स्थिरता का आईएक है। इन पांच लक्षणों में से प्रत्येक इस प्रकार उच्च-क्रम के लक्षण हैं जिनमें कई अंतर-संबंधित निम्न-क्रम के लक्षण होते हैं।

अतः विकल्प (B) सही है।

11. व्यक्तित्व मापन की चाइल्ड एपेरसेप्शन टेस्ट (कैट) पद्धति बेलक द्वारा दी गई थी।

बेलक और बेलाक (1949) द्वारा विकसित कैट, वयस्क विषयगत धारणा परीक्षण पर आधारित है। मनोवैज्ञानिक हेनरी ए. मरे द्वारा बनाई गई टीएटी, पारस्परिक संबंधों की धारणा का आकलन करने के लिए 31 चित्र कार्डों की एक मानक श्रृंखला का उपयोग करती है।

- कैट का मुख्य उद्देश्य बच्चों के व्यक्तित्व, परिपक्वता के स्तर और, अक्सर, मनोवैज्ञानिक स्वास्थ्य का आकलन करना है।
- सिद्धांत यह है कि परिचित स्थितियों में जानवरों के चित्रों की एक श्रृंखला के लिए एक बच्चे की प्रतिक्रियाओं से बच्चे के व्यक्तित्व के महत्वपूर्ण पहलुओं को प्रकट करने की संभावना है।
- व्यक्तित्व के इन आयामों में से कुछ में वास्तविकता परीक्षण और निर्णय का स्तर, ड्राइव का नियंत्रण और विनियमन, बचाव, संघर्ष और स्वायत्तता का स्तर शामिल है।
- प्राप्त प्रतिक्रियाओं का विश्लेषण किया जाता है और बच्चे के व्यक्तित्व को चित्रित किया जाता है जिसमें प्रमुख ड्राइव, भावनाएं, भावनाएं, संघर्ष और जटिलताएं शामिल हो सकती हैं।

अतः विकल्प (B) सही है।

12. तीव्र यौन इच्छा वाला व्यक्ति ऊर्जा को धार्मिक उत्साह में प्रवाहित करता है। वह रिएक्शन फॉर्मेशन का उपयोग कर रहा है।

प्रतिक्रिया निर्माण में, एक व्यक्ति अपनी वास्तविक भावनाओं के विपरीत व्यवहार अपनाकर चिंता से बचाव करता है। एक मजबूत यौन इच्छा वाला व्यक्ति, जो अपनी ऊर्जा को धार्मिक उत्साह में प्रसारित करता है, प्रतिक्रिया गठन का एक उत्कृष्ट उदाहरण प्रस्तुत करता है।
अतः विकल्प (B) सही है।

13. प्रक्षेपी परीक्षणों को असंरचित परीक्षण भी कहा जाता है।

असंरचित परीक्षण चक्रों के साथ, क्यूए इंजीनियर परीक्षण मामलों या परीक्षण स्क्रिप्ट के मार्गदर्शन के बिना अपने स्वयं के कार्यात्मक परीक्षण करते हैं, बिना किसी पूर्व ज्ञान के अंतिम उपयोगकर्ताओं के रूप में आवेदन का अनुभव और परीक्षण करते हैं। मनोविज्ञान में, एक प्रक्षेपी परीक्षण एक व्यक्तित्व परीक्षण है जो एक व्यक्ति के अस्पष्ट उत्तेजनाओं का जवाब देने के लिए डिज़ाइन किया गया है, संभवतः छिपी हुई भावनाओं और परीक्षण में व्यक्ति द्वारा पेश किए गए आंतरिक संघर्षों को प्रकट करता है।
अतः विकल्प (B) सही है।

14. फ्रायड की अनुशंसित व्यक्तित्व संरचना के अनुसार, नियमों, जीवन की वास्तविकता, या किसी भी प्रकार की नैतिकता की परवाह किए बिना, ईद अपने मौलिक आग्रहों को तुरंत और स्पष्ट रूप से संतुष्ट करेगा।

ईद मानव व्यक्तित्व का अचेतन हिस्सा है जो बुनियादी इच्छाओं को पूरा करने का काम करता है। यह आनंद सिद्धांत पर आधारित है जो असामाजिक इच्छाओं की संतुष्टि की आकांक्षा रखता है। यह मूल व्यक्तित्व घटक है जो जन्म से मौजूद है और यौन इच्छाओं को पूरा करने का प्रयास करता है। आईडी नियमों, जीवन की वास्तविकताओं, या किसी भी प्रकार की नैतिकता की परवाह किए बिना अपने मौलिक आग्रहों को तुरंत और स्पष्ट रूप से संतुष्ट करेगा।
अतः विकल्प (C) सही है।

15. व्यक्तित्व के निर्धारक सामाजिक, सांस्कृतिक, जैविक हैं।

व्यक्तित्व के निर्धारक:

जैविक कारक: एक व्यक्ति की शारीरिक विशेषताएँ, विरासत में मिली बीमारियाँ, स्वभाव का स्तर, आनुवंशिकता के साथ-साथ मस्तिष्क की भूमिका भी जैविक कारक बनाती है।

सांस्कृतिक कारक: संस्कृति पर्यावरण से निपटने के लिए विश्वासों, मूल्यों, मानदंडों, रीति-रिवाजों और तकनीकों का एक संयोजन है जिसे एक विशेष समुदाय के बीच साझा किया जाता है और एक पीढ़ी से दूसरी पीढ़ी तक प्रसारित किया जाता है।

सामाजिक कारक: एक व्यक्ति का परिवार और सामाजिक समूह, परिवार की स्थिति, व्यवहार पैटर्न, आदि सामाजिक कारक हैं जो किसी व्यक्ति के व्यक्तित्व को निर्धारित करते हैं।
अतः विकल्प (D) सही है।

16. क्रेश्मर ने व्यक्तित्व का कोई लक्षण सिद्धांत नहीं दिया है।

व्यक्तित्व लक्षण "पर्यावरण और स्वयं के बारे में सोचने, संबंधित और सोचने के स्थायी पैटर्न हैं जो सामाजिक और व्यक्तिगत संदर्भों की एक विस्तृत श्रृंखला में प्रदर्शित होते हैं।" लक्षण निर्माण खंड हैं और इन लक्षणों के संदर्भ में मानव व्यवहार का वर्णन किया जा सकता है। एक विशेषता वह है जिसे हम एक विशिष्ट तरीका कहते हैं जिसमें एक व्यक्ति मानता है, महसूस करता है, विश्वास करता है या कार्य करता है।

क्रेश्मर एक जर्मन मनोचिकित्सक थे जिन्होंने रोगियों के अपने अवलोकन के आधार पर लोगों को चार प्रकारों में वर्गीकृत किया। उन्होंने इस उद्देश्य के लिए शारीरिक बनावट और स्वभाव का इस्तेमाल किया, उन्होंने जिन चार प्रकारों की बात की उनमें शामिल हैं:

1. पिकनिक टाइप

2. अस्थिभंग प्रकार

3. एथलेटिक प्रकार

4. डिसप्लास्टिक प्रकार
अतः विकल्प (A) सही है।

17. 4 से 5 वर्ष की आयु में ओडिपस कॉम्प्लेक्स के कारण बालक अपनी मां के प्रति और अपने पिता के विपरीत स्नेही व्यवहार दिखाता है।

ईडिपस कॉम्प्लेक्स: लड़के का अपनी मां के प्रति स्नेह की भावना। पिता के प्रति प्रतिद्वंद्विता की भावना। माँ की इच्छा रखने के लिए पिता द्वारा दंडित किए जाने की धमकी।
अतः विकल्प (D) सही है।

18. नकल सीखने का प्रभाव मुख्य रूप से बच्चे के व्यक्तित्व पर पड़ता है।

नकली सीखने की तकनीक का उद्देश्य किसी दिए गए कार्य में मानव व्यवहार की नकल करना है। एक एजेंट (एक सीखने की मशीन) को टिप्पणियों और कार्यों के बीच मानचित्रण सीखकर प्रदर्शनों से कार्य करने के लिए प्रशिक्षित किया जाता है। नकली सीखने के कार्यों को डिजाइन और मूल्यांकन करने के तरीकों को वर्गीकृत और समीक्षा की जाती है।
अतः विकल्प (B) सही है।

19. फ्रेनोलॉजिस्ट ने व्यक्ति की कपाल को महसूस करके व्यक्तित्व के बारे में पता लगाने की कोशिश की।

फ्रेनोलॉजी एक ऐसी प्रक्रिया है जिसमें किसी व्यक्ति की मनोवैज्ञानिक विशेषताओं को निर्धारित करने के लिए कपाल को देखना और/या महसूस करना शामिल है। फ्रांज जोसेफ गैल का मानना था कि मस्तिष्क 27 अलग-अलग अंगों से बना था जो व्यक्तित्व को निर्धारित करते थे, इन 'अंगों' में से पहले 19 अन्य जानवरों की प्रजातियों में मौजूद थे।
अतः विकल्प (B) सही है।

20. मेसोमोर्फ व्यक्तित्व प्रकारों को शोर, कठोर और शारीरिक गतिविधि के शौकीन के रूप में वर्णित किया गया है।

मेसोमोर्फ में बड़ी हड्डी की संरचना, अच्छी तरह से परिभाषित मांसपेशियां, चौड़े कंधे, संकीर्ण कमर और आकर्षक, मजबूत शरीर होते हैं। शेल्डन के अनुसार, मेसोमोर्फ साहसी, मुखर, प्रतिस्पर्धी और निडर होते हैं। वे जिज्ञासु होते हैं और नई चीजों को आजमाने का आनंद लेते हैं, लेकिन वे अप्रिय और आक्रामक भी हो सकते हैं।
अतः विकल्प (C) सही है।

21. अहंकार वास्तविकता सिद्धांत का पालन करता है।

फ्रायडियन मनोविज्ञान और मनोविश्लेषण में, वास्तविकता सिद्धांत मन की बाहरी दुनिया की वास्तविकता का आकलन करने और उसके अनुसार कार्य करने की क्षमता है, जैसा कि आनंद सिद्धांत पर कार्य करने के विपरीत है। व्यक्ति को तत्काल संतुष्टि को स्थगित (बंद) करने की इजाजत देता है, वास्तविकता सिद्धांत "खुशी-अहंकार" से "वास्तविकता-अहंकार" में धीमी गति से विकास के बाद, अहंकार द्वारा किए गए कार्यों का शासी सिद्धांत है।
अतः विकल्प (B) सही है।

22. महा अहंकार समाज के मूल्यों और नैतिकता का प्रतिनिधित्व है जैसा कि माता-पिता और अन्य लोगों द्वारा बच्चे को सिखाया जाता है।

सुपररेगो, सिगमंड फ्रायड के मनोविश्लेषणात्मक सिद्धांत में, मानव व्यक्तित्व की तीन एजेंसियों (आईडी और अहंकार के साथ) का नवीनतम विकास। सुपररेगो व्यक्तित्व का नैतिक घटक है और नैतिक मानकों को प्रदान करता है जिसके द्वारा अहंकार संचालित होता है। सिगमंड फ्रायड के व्यक्तित्व के मनोविश्लेषणात्मक सिद्धांत के अनुसार, सुपररेगो व्यक्तित्व का वह घटक है जो आंतरिक आदर्शों से बना है जिसे हमने अपने माता-पिता और समाज से प्राप्त किया है।
अतः विकल्प (C) सही है।

23. दमन नामक चिंता को कम करने की विधि जागरूकता से आवेग को अचेतन में धकेलना है।

दमन एक मनोवैज्ञानिक रक्षा तंत्र है जिसमें चेतन मन से अप्रिय विचार या यादें धकेल दी जाती हैं। एक उदाहरण कोई ऐसा व्यक्ति हो सकता है जो अपने बचपन में दुर्व्यवहार को याद नहीं करता है, लेकिन फिर भी बिना याद किए गए आघात के परिणामस्वरूप कनेक्शन, आक्रामकता और चिंता की समस्या है। दमन आपके चेतन मन से अप्रिय भावनाओं, आवेगों, यादों और विचारों का अचेतन अवरोध है।
अतः विकल्प (B) सही है।

24. अचेतन उद्देश्यों को उजागर करने के लिए प्रक्षेपी परीक्षणों को एक विधि के रूप में तैयार किया गया है।

प्रक्षेपी परीक्षण अस्पष्ट उत्तेजनाओं के सेट होते हैं, जैसे स्याही के धब्बे या अधूरे वाक्य, और व्यक्ति पहले विचार या विचारों की श्रृंखला के साथ प्रतिक्रिया करता है जो दिमाग में आते हैं या प्रत्येक उत्तेजना के बारे में एक कहानी बताते हैं। प्रक्षेपी परीक्षणों का उपयोग कम बार किया जाता है क्योंकि वे प्रशासन और स्कोर करने के लिए अधिक जटिल होते हैं, और उनके परिणामों को कम उद्देश्य के रूप में देखा जाता है।
अतः विकल्प (B) सही है।

25. व्यक्तित्व व्यवहार के विशिष्ट पैटर्न और सोचने के तरीके को संदर्भित करता है जो किसी व्यक्ति के अपने पर्यावरण के समायोजन को निर्धारित करता है।

व्यक्तित्व को व्यवहार, संज्ञान और भावनात्मक पैटर्न के विशिष्ट सेट के रूप में परिभाषित किया जाता है जो जैविक और पर्यावरणीय कारकों से विकसित होते हैं। हालांकि व्यक्तित्व की परिभाषा पर आम तौर पर सहमति नहीं है, अधिकांश सिद्धांत किसी के पर्यावरण के साथ प्रेरणा और मनोवैज्ञानिक बातचीत पर ध्यान केंद्रित करते हैं। नेचर ह्यूमन बिहेवियर में प्रकाशित एक बड़ा नया अध्ययन, हालांकि, कम से कम चार व्यक्तित्व प्रकारों के अस्तित्व के प्रमाण प्रदान करता है: औसत, आरक्षित, आत्म-केंद्रित और रोल मॉडल।
अतः विकल्प (B) सही है।

26. गॉर्डन ऑलपोर्ट ने व्यक्तित्व को उन मनो-भौतिक प्रणालियों के व्यक्ति के भीतर गतिशील संगठन के रूप में परिभाषित किया जो उसके पर्यावरण के लिए उसके अद्वितीय समायोजन को निर्धारित करते हैं।

गॉर्डन ऑलपोर्ट (1961): व्यक्तित्व एक गतिशील है। संगठन, व्यक्ति के अंदर, मनोदैहिक का। सिस्टम जो व्यक्ति की विशेषता बनाते हैं। व्यवहार, विचारों और भावनाओं के पैटर्न। गॉर्डन ऑलपोर्ट एक अग्रणी मनोवैज्ञानिक थे जिन्हें अक्सर व्यक्तित्व मनोविज्ञान के संस्थापकों में से एक के रूप में जाना जाता है। उन्होंने उस समय मनोविज्ञान में दो प्रमुख विचारधाराओं को खारिज कर दिया, मनोविश्लेषण और व्यवहारवाद, अपने स्वयं के दृष्टिकोण के पक्ष में, जिसने व्यक्तिगत मतभेदों और स्थितिजन्य चर के महत्व पर बल दिया।
अतः विकल्प (B) सही है।

27. एमएमपीआई पैमाना चिंता, शत्रुता और मतिभ्रम, फोबिया और आत्मघाती आवेगों को मापने में उपयोगी रहा है।

मिनेसोटा मल्टीफ़ैसिक पर्सनैलिटी इन्वेंटरी (एमएमपीआई) दुनिया में सबसे अधिक इस्तेमाल किए जाने वाले मनोवैज्ञानिक परीक्षणों में से एक है। एमएमपीआई-2 को 10 नैदानिक पैमानों के साथ डिज़ाइन किया गया है जो असामान्य मानव व्यवहार की 10 प्रमुख श्रेणियों और चार वैधता पैमानों का आकलन करते हैं, जो व्यक्ति के सामान्य परीक्षण लेने के रवैये का आकलन करते हैं और क्या उन्होंने परीक्षण पर वस्तुओं का सही और सटीक तरीके से उत्तर दिया है।
अतः विकल्प (B) सही है।

28. मनो-विश्लेषणात्मक सिद्धांत के अनुसार, जैविक रूप से आधारित आग्रहों को रेखांकित करने वाली यौन ऊर्जा को कामेच्छा कहा जाता है।

कामेच्छा एक व्यक्ति की समग्र यौन इच्छा या यौन गतिविधि की इच्छा है। मनोविश्लेषणात्मक सिद्धांत में कामेच्छा मानसिक ड्राइव या ऊर्जा है, जो विशेष

रूप से यौन प्रवृत्ति से जुड़ी है, लेकिन अन्य सहज इच्छाओं और ड्राइव में भी मौजूद है। कामेच्छा जैविक, मनोवैज्ञानिक और सामाजिक कारकों से प्रभावित होती है।
अतः विकल्प (C) सही है।

29. व्यक्तित्व का गतिशील दृष्टिकोण उद्देश्यों, आवेगों और मनोवैज्ञानिक प्रक्रियाओं के बीच चल रहे अंतःक्रियाओं पर जोर देता है।

डायनेमिक सिस्टम अप्रोच थ्योरी, हम पर्सनैलिटी डायनेमिक्स मॉडल प्रस्तुत करते हैं - एक उपन्यास ढांचा जो तीन मॉडल मापदंडों का उपयोग करके व्यक्तित्व राज्यों में परिवर्तन के लोगों के विशिष्ट पैटर्न को पकड़ता है: आधारभूत व्यक्तित्व, स्थिर सेट बिंदु को दर्शाता है जिसके चारों ओर किसी की अवस्था में उतार-चढ़ाव, व्यक्तित्व परिवर्तनशीलता, या जिस हद तक किसी के व्यक्तित्व की स्थिति में समय और परिस्थितियों में उतार-चढ़ाव होता है, और व्यक्तित्व आकर्षित करने वाला बल, उस तेजी से संबंधित होता है जिसके साथ किसी के आधार रेखा के विचलन को आधार रेखा पर वापस खींच लिया जाता है।
अतः विकल्प (B) सही है।

30. जंग कलेक्टिव के अनुसार अचेतन दुनिया के साथ हमारे अनुभव को व्यवस्थित करने, या प्रतिक्रिया करने के विरासत में मिले तरीके हैं।

सामूहिक अचेतन अचेतन मन और साझा मानसिक अवधारणाओं को संदर्भित करता है। यह आम तौर पर आदर्शवाद से जुड़ा है और कार्ल जंग द्वारा गढ़ा गया था। सामूहिक अचेतन एक अवधारणा है जिसे मूल रूप से मनोविश्लेषक कार्ल जंग द्वारा परिभाषित किया गया है। कभी-कभी "उद्देश्य मानस" के रूप में जाना जाता है, यह इस विचार को संदर्भित करता है कि गहरे अचेतन मन का एक खंड आनुवंशिक रूप से विरासत में मिला है और व्यक्तिगत अनुभव से आकार नहीं लेता है।
अतः विकल्प (A) सही है।

Q.1 "ए पैसेज टू इंडिया" पुस्तक किसने लिखी है?

[Uttarakhand Public Service Commission (UKPSC), 2011]

A. जवाहर लाल नेहरू
B. मीनू मसानी
C. ई.एम. फोर्स्टर
D. इनमें से कोई भी नहीं

Q.2 अल-बरुनी की किताब-उल-हिंद को किस भाषा में लिखी गई थी?

[Indian Military Academy (IMA), 2020], [Officers Training Academy (OTA), 2020]

A. अरबी   B. फारसी   C. उर्दू   D. तुर्की

Q.3 उत्तराखंड विधानसभा अध्यक्ष प्रेमचंद अग्रवाल ने पुस्तक "कामधेनु संहिता" का विमोचन किया। यह किसके द्वारा लिखा गया था?

A. रमेश सेमवाल
B. सतपाल महाराज
C. हरक सिंह राव
D. अजय भट्ट

Q.4 निम्नलिखित में से कौन-सी बाणभट्ट की रचना है?

[HSSC Canal Patwari, 2019]

A. सुर सागर
B. हर्षचरित
C. गीता रामायण
D. भगवद गीता

Q.5 "वॉर एंड डिप्लोमेसी इन कश्मीर" पुस्तक के लेखक कौन हैं?

A. जी. पार्थसारथी
B. सर ओवेन डिक्सन
C. सी. दासगुप्ता
D. कुलदीप नैयर

Q.6 'फ्लड ऑफ फायर' पुस्तक के लेखक है:

A. जयराम रमेश
B. जॉर्ज सॉन्डर्स
C. अमिताव् घोष
D. सत्या नडेला

Q.7 क्रंच टाइम: नरेंद्र मोदीज़ नेशनल सिक्योरिटी क्राइसिस" नामक पुस्तक के लेखक कौन हैं?

A. श्रीराम चौलिया
B. तरुण दासो
C. कौशिक बसु
D. वी.आर. पंचमुखी

Q.8 "अनफिल्ड बैरल्स: इंडियाज ऑयल स्टोरी" (ब्लूम्सबरी) पुस्तक किसने लिखी है?

A. ऋचा मिश्रा
B. सुचेता दलाल
C. आयशा फरीदी
D. तनवीर गिल

Q.9 'कुकिंग टू सेव योर लाइफ' पुस्तक के लेखक कौन हैं?

A. नंदन नीलेकणि
B. अमर्त्य सेन
C. रघुराम राजनी
D. अभिजीत बनर्जी

Q.10 निम्नलिखित में से कौन "रिवाइंडिंग द फर्स्ट 25 इयर्स ऑफ MeitY' नामक पुस्तक के लेखक हैं?

A. डॉ शशि थरूर
B. एस. एस. ओबेरॉय
C. प्रभात कुमार
D. वेंकैया नायडू

Q.11 "उड़ान एक मजबूर बच्चे की" किताब किसके द्वारा लिखी गयी है ?

A. दीपम चटर्जी
B. मिथिलेश तिवारी
C. अमिताभ कुमार
D. भूपेंद्र यादव

Q.12 "द बॉय हू रोट ए कॉन्स्टिट्यूशन" पुस्तक के लेखक है:

A. उमा दास गुप्ता
B. जिमी सोनिक
C. अनिरुद्ध सूरी
D. राजेश तलवार

Q.13 फिक्शन की एक नई कृति 'इन एन आइडियल वर्ल्ड' के लेखक कौन है?

A. कुणाल बासु
B. अमितव घोष
C. पंकज कपूर
D. कुणाल देशमुख

Q.14 जनवरी, 2022 में जारी पुस्तक "ए लिटिल बुक ऑफ इंडिया: सेलिब्रेटिंग 75 इयर्स ऑफ इंडिपेंडेंस" के लेखक कौन हैं?

A. शुभीरा प्रसाद
B. अनुकृति उपाध्याय
C. राहुल रवैल
D. रस्किन बांड

Q.15 शेन वार्न द्वारा लिखित आत्मकथा का नाम बताइए?

A. प्लेइंग इट माई वे
B. वाइड एंगल
C. नो स्पिन
D. टेस्ट ऑफ माई लाइफ

Q.16 'द फाउंडर्स: द स्टोरी ऑफ पेपल एंड द एंटरप्रेन्योर्स हू शेप्ड सिलिकॉन वैली' पुस्तक के लेखक कौन हैं?

A. चेतन भगत
B. किरण देसाई
C. जिमी सोनी
D. शशि थरूर

Q.17 राजस्थानी भाषा में रामायण के लेखक कौन हैं?

A. मनिहर
B. जिनादत सूरी
C. सीताराम लालस
D. हनुवंत किंकर

Q.18 किस राज्य के राज्यपाल ने मेकिंग ऑफ जनरल-ए हिमालयन इको नामक पुस्तक का विमोचन किया?

A. त्रिपुरा
B. मेघालय
C. मणिपुर
D. पश्चिम बंगाल

Q.19 प्रसिद्ध काव्य संग्रह 'दो चट्टानें' किसने लिखा?

A. मोहन राकेश
B. सुमित्रा नंदन पंत
C. कृष्णा सोबती
D. हरिवंश राय बच्चन

Q.20 पुस्तक "लेटर्स फ्रॉम अ फादर टू डॉटर" लिखी गई थी:

A. महात्मा गांधी
B. वी. बी .पटेल
C. जवाहरलाल नेहरू
D. एस. राधाकृष्णन

Q.21 "ए पैसेज टू इंडिया" उपन्यास किसने लिखा था?

A. सलमान रुश्दी
B. एडवर्ड मॉर्गन फोस्टर
C. जोनाथन स्विफ़्ट
D. डेनियल डेफो

Q.22 "मैन ईटर्स ऑफ कुमाऊं" नामक पुस्तक के लेखक कौन हैं?

A. थॉमस मान
B. रोमेन रोलैंड
C. जिम कॉर्बेट
D. फिलिप रोथ

Q.23 "युगांत द एंड ऑफ एन इपोक" का लेखक/लेखिका कौन है?

[UGC NET Sociology, 2020]

A. डेविड जी. मांडेलब्रॉन
B. जी.एस. घुर्ये
C. इरावती कर्वे
D. लीला दुबे

Q.24 स्टेनली काहेन निम्नलिखित में से किन पुस्तकों के लेखक/सहलेखक हैं?

A. फोक, डेविल्स एंड मोरल पैनिक्स: द क्रिएशन ऑफ मॉडस एंड राकर्स

B. फ्रंटियर्स ऑफ आइडेंटिटी द ब्रिटिश एंड अदर्स

C. विजन्स ऑफ सोशल कंट्रोल

D. द अरबन क्योश्न (Question)

E. द मैन्युफैक्चर ऑफ न्यूज़

निम्नलिखित विकल्पों में से सर्वाधिक उपयुक्त उत्तर चुनिए:

[UGC NET Sociology, 2020]

A. केवल A, B, C   **B.** केवल B, C, D

C. केवल A, C, E   **D.** केवल C, D, E

Q.25 निर्देश: सूची-I व II को सुमेलित करो।

	सूची-I (लेखक)		सूची-II (प्रकाशित रचना)
(a)	रोजा हार्टमर्ट व विलियम स्यूरमैन	(i)	टेलिविजन एण्ड सोशल चेंज इन रूरल इन्डिया
(b)	किर्क जॉनसन	(ii)	द फास्टफूड नेशन
(c)	इरिक स्लोसर	(iii)	हाई स्पीड सोसायटी
(d)	डोना हारावे	(iv)	सिमिएन्स, साइबोर्गस एंड वूमेन: रीइंवेन्शन ऑफ नेचर

निम्नांकित विकल्पों में से सही उत्तर चुनें।

[UGC NET Sociology, 2020]

A. (a)-(ii), (b)-(iii), (c)-(iv), (d)-(i)

B. (a)-(iii), (b)-(i), (c)-(ii), (d)-(iv)

C. (a)-(i), (b)-(iii), (c)-(iv), (d)-(ii)

D. (a)-(iv), (b)-(i), (c)-(ii), (d)-(iii)

Q.26 निर्देश: सूची-I व II को सुमेलित करो।

	सूची-I (लेखक)		सूची-II (पुस्तकें)
(a)	ए. अग्रवाल	(i)	सेक्रिड इकॉलोजी
(b)	जे.एम. अचेसन	(ii)	काउस, किन एण्ड ग्लोबलाइजेशन
(c)	एस.ए. क्रेट	(iii)	कैप्चरिंग द कॉमन्स
(d)	एफ, बर्केस	(iv)	इन्वायरमेन्टलिटि

निम्नांकित विकल्पों में से सही उत्तर चुनें।

[UGC NET Sociology, 2020]

A. (a)-(iii), (b)-(ii), (c)-(i), (d)-(iv)

B. (a)-(iv), (b)-(iii), (c)-(ii), (d)-(i)

C. (a)-(ii), (b)-(iv), (c)-(iii), (d)-(i)

D. (a)-(i), (b)-(iii), (c)-(ii), (d)-(iv)

Q.27 'क्रॉस्ड स्वॉर्ड्स पाकिस्तान, इट्स आर्मी ऐंड द वॉर विदिन' (Crossed Swords: Pakistan, Its Army and the War Within) पुस्तक के लेखक कौन है?

[SSC Sub Inspector (CPO), 2020]

A. शुजा नवाज   **B.** जे.एन. दीक्षित

C. शशि थरूर   **D.** एस.डी मुनि

Q.28 सोज-ए-वतन किसके द्वारा लिखी गई पुस्तक है?

[Uttarakhand Public Service Commission (UKPSC), 2011]

A. महादेवी वर्मा

B. प्रेमचंद

C. सुमित्रा नंदन पंत

D. सूर्यकांत त्रिपाठी 'निराला'

Q.29 कालातीत भारतीय उपन्यास 'देवदास' किसके द्वारा लिखा गया था?

A. रविंद्रनाथ टैगोर   **B.** बंकिम चंद्र चटर्जी

C. मिर्ज़ा ग़ालिब   **D.** शरतचंद्र चट्टोपाध्याय

Q.30 विश्व प्रसिद्ध हैरी पॉटर श्रृंखला के लेखक _____ हैं:

A. अरुंधति रॉय   **B.** जे के राउलिंग

C. तसलीमा नसरीन   **D.** सलमान रुश्दी

// स्मार्ट उत्तर पुस्तिका //

सही उत्तर उन छात्रों का प्रतिशत जिन्होंने प्रश्नों का सही उत्तर दिया था। **छोड़ दिया** उन छात्रों का प्रतिशत जिन्होंने प्रश्नों को छोड़ दिया था।

प्रश्न संख्या	उत्तर	सही उत्तर / छोड़ दिया	प्रश्न संख्या	उत्तर	सही उत्तर / छोड़ दिया	प्रश्न संख्या	उत्तर	सही उत्तर / छोड़ दिया	प्रश्न संख्या	उत्तर	सही उत्तर / छोड़ दिया	प्रश्न संख्या	उत्तर	सही उत्तर / छोड़ दिया	प्रश्न संख्या	उत्तर	सही उत्तर / छोड़ दिया
1	C	19.23 % / 68.73 %	6	C	53.11 % / 42.85 %	11	B	58.52 % / 36.31 %	16	C	26.31 % / 68.01 %	21	B	58.77 % / 36.84 %	26	B	31.11 % / 67.47 %
2	A	18.51 % / 76.16 %	7	A	46.77 % / 37.09 %	12	D	50.03 % / 47.07 %	17	D	55.3 % / 43.58 %	22	C	19.16 % / 75.26 %	27	A	29.21 % / 68.55 %
3	A	78.55 % / 13.68 %	8	A	46.78 % / 45.96 %	13	A	82.98 % / 16.73 %	18	C	45.58 % / 36.95 %	23	C	23.19 % / 71.45 %	28	B	32.38 % / 67.01 %
4	B	77.98 % / 12.12 %	9	D	45.7 % / 51.37 %	14	D	49.32 % / 45.89 %	19	D	64.34 % / 30.08 %	24	C	30.53 % / 67.23 %	29	D	19.1 % / 73.58 %
5	C	52.48 % / 38.52 %	10	B	56.15 % / 38.48 %	15	C	49.76 % / 39.74 %	20	C	49.45 % / 45.55 %	25	B	29.05 % / 70.79 %	30	B	12.07 % / 80.71 %

//संकेत और समाधान//

1. ई.एम. फोर्स्टर ने "ए पैसेज टू इंडिया" पुस्तक लिखी।

एडवर्ड मॉर्गन फोर्स्टर (ई.एम. फोर्स्टर) एक अंग्रेजी कथा लेखक, निबंधकार और लिबरेटिस्ट थे। उनके कई उपन्यास वर्ग अंतर और पाखंड की जांच करते हैं, जिनमें ए रूम विद अ व्यू, हॉवर्ड्स एंड एंड ए पैसेज टू इंडिया शामिल हैं। आखिरी ने उन्हें अपनी सबसे बड़ी सफलता दिलाई।

यह ई.एम. फोर्स्टर के ए पैसेज टू इंडिया का पहला संस्करण है, जो 1924 में प्रकाशित हुआ था। इसे व्यापक रूप से फोर्स्टर की बेहतरीन कृति माना जाता है और यह उनका अंतिम उपन्यास बन गया, इस तथ्य के बावजूद कि वे एक लेखक और आलोचक के रूप में प्रकाशन के चार दशक बाद तक सक्रिय रहे।

अत: विकल्प (C) सही है।

2. अल-बरूनी की 'किताब-उल-हिंद' की अरबी भाषा लिखी गई थी।

- यह धर्म और दर्शन, उत्सवों, खगोल विज्ञान, रस-विधा, रीति-रिवाजों और प्रथाओं, सामाजिक जीवन-भार और माप विधियों, मूर्तिकला और विज्ञान के नियमों आदि जैसे विषयों के आधार पर अस्सी अध्यायों में विभाजित एक व्यापक ग्रंथ है।
- अल-बरूनी इस्लामी स्वर्ण युग के दौरान एक ईरानी विद्वान थे।
- उन्हें गणित, भौतिक विज्ञान, प्राकृतिक विज्ञान और खगोल विज्ञान का अच्छा ज्ञान था जो उन्हें अन्य इतिहासकारों से अलग करता था।

अत: विकल्प (A) सही है।

3. 'कामधेनु संहिता' पुस्तक रमेश सेमवाल ने लिखी है जो उत्तराखंड ज्योतिष परिषद के अध्यक्ष हैं। यह पुस्तक गायों के वैज्ञानिक, आर्थिक, सामाजिक महत्व पर आधारित है। यह पुस्तक उत्तराखंड विधानसभा अध्यक्ष प्रेमचंद अग्रवाल द्वारा जारी की गई है।

अत: विकल्प (A) सही है।

4. हर्षचरित बाणभट्ट की रचना है।

सातवीं शताब्दी के पूवार्ध में संस्कृत गद्य साहित्य के विद्धान सम्राट हर्ष के राजकवि बाणभट्ट द्वारा रचित इस ग्रंथ से हर्ष के जीवन एवं हर्ष के समय में भारत के इतिहास पर प्रचुर प्रकाश पड़ता है। 'हर्षचरित' वाणभट्ट का ऐतिहासिक महाकाव्य है। बाण ने इसे आख्यायिका कहा है। आठ उच्छवासों में विभक्त इस आख्यायिका में बाणभट्ट ने स्थानवीश्वर के महाराज हर्षवर्धन के जीवन-चरित का वर्णन किया है। आरंभिक तीन उच्छवासों में बाण ने अपने वंश तथा अपने जीवनवृत्त सविस्तार वर्णित किया है। हर्षचचित की वास्तविक कथा चतुर्थ उच्छवास से आरम्भ होती है। इसमें हर्षवर्धन के वंश प्रवर्तक पुष्पभूति से लेकर सम्राट हर्षवर्धन के ऊर्जस्व चरित्र का उदात्त वर्णन किया गया है। 'हर्षचचित' में ऐतिहासिक विषय पर गद्यकाव्य लिखने का प्रथम प्रयास है। इस ऐतिहासिक काव्य की भाषा पूर्णत: कवित्वमय है।

अत: विकल्प (B) सही है।

5. सी. दासगुप्ता "वॉर एंड डिप्लोमेसी इन कश्मीर" पुस्तक के लेखक हैं

अघोषित दस्तावेजों के आधार पर, पुस्तक 1947-48 के कश्मीर युद्ध में माउंटबेटन और ब्रिटिश सेवा प्रमुखों द्वारा निभाई गई भूमिकाओं पर नई रोशनी डालती है और बताती है कि भारत कश्मीर मुद्दे को संयुक्त राष्ट्र में क्यों ले गया, उसने पाकिस्तान के साथ युद्ध क्यों नहीं किया और इसने युद्ध विराम को स्वीकार कर लिया। अभिलेखीय सामग्री की जांच करना जो पहले नहीं देखा गया है और माउंटबेटन की भूमिका के एक महत्वपूर्ण पुनर्मूल्यांकन का प्रयास करते हुए, पुस्तक इस तथ्य पर प्रकाश डालती है कि भारत का पहला गवर्नर-जनरल केवल संवैधानिक आंकड़ा नहीं था। पुस्तक से पता चलता है कि उन्होंने इस अधिकार का उपयोग और दुरुपयोग किया है ताकि यह सुनिश्चित किया जा सके कि कश्मीर में संघर्ष पूर्ण पैमाने पर अंतर-प्रभुत्व वाले युद्ध में आगे नहीं बढ़ पाया।

अत: विकल्प (C) सही है।

6. बुकर पुरस्कार से सम्मानित अमिताभ घोष ने 7 जून 2015 को अपने नए उपन्यास 'फ्लड ऑफ फायर' का विमोचन किया यह उपन्यास पहले अफीम युद्ध (1839-42) के प्रमुख घटनाओं पर आधारित है, जिसका लेखक द्वारा काल्पनिक मनोरंजन के माध्यम से निष्कर्ष निकाला गया है। 'फ्लड ऑफ फायर' में 19वीं सदी के मध्य में ईस्ट इंडिया कंपनी द्वारा चलाए जा रहे भारत और चीन के बीच अफीम के व्यापार के साथ ही साथ अंग्रेजों द्वारा मॉरीशस के लिए कुली की तस्करी से संबंधित घटनाओं को भी शामिल किया गया है।

अत: विकल्प (C) सही है।

7. डॉ श्रीराम चौलिया द्वारा लिखित एक नई पुस्तक "क्रंच टाइम: नरेंद्र मोदीज नेशनल सिक्योरिटी क्राइसिस" का विमोचन 31 मार्च को विदेश राज्य मंत्री मीनाक्षी लेखी द्वारा किया गया। वह ओपी जिंदल ग्लोबल यूनिवर्सिटी के जिंदल स्कूल ऑफ इंटरनेशनल अफेयर्स के डीन हैं।

अत: विकल्प (A) सही है।

8. वित्तीय पत्रकार ऋचा मिश्रा की "अनफिल्ड बैरल्स: इंडियाज ऑयल स्टोरी" (ब्लूम्सबरी) पिछली आधी सदी में भारत के तेल एवं गैस क्षेत्र के विकास की कहानी है। पुस्तक व्यवस्थित तरीके से भारत की अपस्ट्रीम यात्रा का वर्णन करती है।

अत: विकल्प (A) सही है।

9. अर्थशास्त्री अभिजीत बनर्जी ने अपनी नई पुस्तक 'कुकिंग टू सेव योर लाइफ' लिखी। उन्होंने इस पुस्तक के माध्यम से भोजन के सामाजिक आयाम की पड़ताल की।

अभिजीत बनर्जी ने वैश्विक गरीबी को कम करने के लिए उनके प्रयोगात्मक दृष्टिकोण के लिए एस्थर डुफ्लो और माइकल क्रेमर के साथ आर्थिक विज्ञान में 2019 का नोबेल मेमोरियल पुरस्कार साझा किया।

अत: विकल्प (D) सही है।

10. 14 दिसंबर 2021 को इलेक्ट्रॉनिक्स और सूचना प्रौद्योगिकी मंत्रालय (MeitY) ने पुस्तक - रिवाइंडिंग द फर्स्ट 25 इयर्स ऑफ MeitY का शुभारंभ किया है। इसे MeitY के पूर्व सलाहकार एस. एस. ओबेरॉय ने लिखा है।

अत: विकल्प (B) सही है।

11. "उड़ान एक मजबूर बच्चे की" किताब मिथिलेश तिवारी द्वारा लिखी गयी है। यह किताब कैप्टन एडी मानेक की जीवन यात्रा के बारे में है कि कैसे उन्होंने अपने करियर ग्राफ में शून्य से शिखर तक का सफर तय किया।

अत: विकल्प (B) सही है।

12. डॉ. बी.आर. अंबेडकर की 131 वीं जयंती के अवसर पर जारी एक नई पुस्तक "द बॉय हू रोट ए कॉन्स्टिट्यूशन", प्रसिद्ध नाटककार और लेखक राजेश तलवार द्वारा लिखी गई है। इस पुस्तक में भारत के पहले कानून मंत्री के चुनौतीपूर्ण लड़कपन और बड़े होने के वर्षों के बारे में बताया गया है। तथ्य-आधारित नाटक काफी हद तक अंबेडकर के बचपन की यादों पर आधारित है। यह पोनीटेल बुक्स द्वारा प्रकाशित किया गया है।

अत: विकल्प (D) सही है।

13. फिक्शन की एक नई कृति 'इन एन आइडियल वर्ल्ड' कुणाल बासु द्वारा लिखी गयी है। पुस्तक पेंगुइन रैंडम हाउस इंडिया की 'वाइकिंग' द्वारा जारी की गयी थी। यह एक "शक्तिशाली और तेज-तर्रार साहित्यिक उपन्यास" है जो वर्तमान समय के लिए प्रासंगिक विभिन्न विषयों कॉलेज, राजनीति, परिवार, अपराध जांच और कट्टरता की खोज करता है।

अत: विकल्प (A) सही है।

14. लेखक रस्किन बॉन्ड अपनी पुस्तक ''ए लिटिल बुक ऑफ इंडिया: सेलिब्रेटिंग 75 इयर्स ऑफ इंडिपेंडेंस'' लेकर आए हैं।

यह उस देश को श्रद्धांजलि देता है जो 84 वर्षों से उनका घर रहा है। इसे पेंगुइन रैंडम हाउस इंडिया (PRHI) द्वारा प्रकाशित किया गया है।रस्किन को साहित्य अकादमी पुरस्कार, साहित्य अकादमी का बाल साहित्य पुरस्कार, पद्म श्री और पद्म भूषण सहित अन्य प्रतिष्ठित पुरस्कारों से नवाजा गया है।

अत: विकल्प (D) सही है।

15. "नो स्पिन" अनुभवी ऑस्ट्रेलियाई गेंदबाज शेन वार्न की आत्मकथा है।

यह वार्न की अपनी आवाज़ में सुर्खियों के पीछे की सच्ची कहानी है, और कुछ स्थायी मिथकों और असलयों को चुनौती देता है जो उन्हें घेरते हैं। उन्होंने 1992 में अपना पहला टेस्ट मैच खेला और 1,000 से अधिक अंतर्राष्ट्रीय विकेट (टेस्ट और एक दिवसीय अंतर्राष्ट्रीय में) लिए थे।

अत: विकल्प (C) सही है।

16. जिमी सोनी अपनी नई पुस्तक 'द फाउंडर्स: द स्टोरी ऑफ पेपल एंड द एंटरप्रेन्योर्स हू शेप्ड सिलिकॉन वैली' लेकर आए हैं। इसे साइमन एंड शूस्टर द्वारा प्रकाशित किया गया। यह बहुराष्ट्रीय डिजिटल-भुगतान कंपनी पेपल की कहानी पर प्रकाश डालता है और इसने कैसे एक स्टार्ट-अप की यात्रा को कवर किया जो अब तक की सबसे सफल कंपनियों में से एक बन गई है, जिसकी कीमत 70 बिलियन अमेरिकी डॉलर से अधिक है।

अत: विकल्प (C) सही है।

17. हनुवंत किंकर राजस्थानी भाषा में रचित रामायण के रचयिता थे।

महाकवि हनवंत किंकर राजस्थानी भाषा के विद्वान थे। इसके अलावा, उन्होंने पहले हनुमत चरित्रामृत सागर ',राम चालीसा',रामानंद चरित ',ज्ञान गंगेश्वरी',नरसिंघ चालीसा 'और मरुदर केसरी मिश्रीमल चरित' पुस्तक लिखी है।

अत: विकल्प (D) सही है।

18. मणिपुर के राज्यपाल, डॉ नजमा हेपतुल्ला ने 'मेकिंग ऑफ ए जनरल-ए हिमालयन इको' पुस्तक का विमोचन किया।

- इसे रिटायर्ड लेफ्टिनेंट जनरल कोसम हिमालय सिंह ने लिखा है।

- इस पुस्तक में, उन्होंने मणिपुर के एक छोटे से गांव से अपनी यात्रा के बारे में लिखा है, जो भारतीय सेना के थ्री स्टार जनरल के पद तक पहुंचने के लिए उत्तर पूर्व भारत का पहला व्यक्ति है।

- यह मणिपुर की विशेषताओं पर भी प्रकाश डालता है जिसे 'लैंड ऑफ एमराल्ड' भी कहा जाता है।

अत: विकल्प (C) सही है।

19. 'दो चट्टानें' एक काव्य पुस्तक है जिसे 1965 में हरिवंश राय बच्चन ने लिखा था।

- हरिवंश राय बच्चन का जन्म 27 नवंबर 1907 को आगरा, उत्तर प्रदेश में हुआ था।

- 1976 में उन्हें हिंदी साहित्य की सेवा के लिए पद्म भूषण मिला।

- वह 3 अप्रैल 1966 से 2 अप्रैल 1972 से संसद (राज्य सभा) के सदस्य भी थे।

- हरिवंश राय बच्चन की कुछ अन्य प्रसिद्ध रचनाएँ हैं - मधुकलश, मिलन यामिनी, नीली चिड़िया, आदि।

अत: विकल्प (D) सही है।

20. पुस्तक "लेटर्स फ्रॉम अ फादर टू डॉटर" जवाहरलाल नेहरू ने लिखी थी।

पिता से उनकी बेटी को पत्र जवाहरलाल नेहरू द्वारा उनकी बेटी इंदिरा प्रियदर्शिनी को लिखे गए पत्रों का एक संग्रह है, जो मूल रूप से नेहरू के अनुरोध पर इलाहाबाद कानून पत्रिका प्रेस द्वारा 1929 में प्रकाशित किया गया था और 1928 की गर्मियों में भेजे गए 30 पत्रों से मिलकर बनी थी जब इंदिरा केवल 10 साल की उम्र की थी।

अत: विकल्प (C) सही है।

21. "ए पैसेज टू इंडिया" उपन्यास एडवर्ड मॉर्गन फोस्टर ने लिखा था।

सलमान रुश्दी: द मिडनाइट्स चिल्ड्न, सैटेनिक वर्सेज, जोसेफ एंटोन: ए मेमोरियर

एडवर्ड मॉर्गन फोस्टर: ए पैसेज टू इंडिया, हॉवर्ड्स एंड, ए रूम विद अ व्यू

जोनाथन स्विफ्ट: गुलिवर्स ट्रेवल्स, ए टेल ऑफ ए टब, ए मोडेस्ट प्रपोज़ल, एन एग्लमेंट विथ एबोलिसिंग क्रिश्चियनिटी

अत: विकल्प (B) सही है।

22. जिम कॉर्बेट, एक शिकारी-राष्ट्रवादी 1944 में लिखी पुस्तक "मैन ईटर्स ऑफ कुमाऊं" के लेखक हैं। यह पुस्तक 1900 से 1930 के दशक तक भारत के कुमाऊं क्षेत्र में कॉर्बेट के अनुभवों के बारे में विवरण देती है। इस अवधि के दौरान, वे आदमखोर बंगाल बाघ और भारतीय तेंदुओं का शिकार कर रहे थे। इसमें भारतीय हिमालय में आदमखोरों पर नज़र रखने और उन्हें गोली मारने की दस आकर्षक कहानियाँ हैं। कहानियों में वनस्पतियों, जीवों और ग्रामीण जीवन पर आकस्मिक जानकारी भी शामिल है।

अत: विकल्प (C) सही है।

23. "युगांत द एंड ऑफ एन इपोक" इरावती कर्वे द्वारा लिखित एक पुस्तक है।

इसे संक्षेप में युगंता कहा जाता है। यह महाभारत का आलोचनात्मक विश्लेषण है। पुस्तक मूल रूप से मराठी में लिखी गई थी लेकिन बाद में डब्ल्यू नॉर्मन ब्राउन द्वारा इसका अंग्रेजी में अनुवाद किया गया। सुजीत मैनाली द्वारा इसका नेपाली अनुवाद अक्टूबर 2020 में काठमांडू स्थित पब्लिशिंग हाउस बुक हिल द्वारा प्रकाशित किया गया था।

यह पुस्तक महाभारत के मुख्य पात्रों का अध्ययन है। ये चरित्र अध्ययन पुस्तक के नायक को पौराणिक पात्रों के बजाय ऐतिहासिक आंकड़ों के रूप में मानते हैं। इस पुस्तक में लेखक ने महाभारत की कई घटनाओं को सामाजिक-राजनीतिक संदर्भ में व्याख्यायित करने का प्रयास किया है। कर्वे के विश्लेषण के अनुसार, महाभारत वास्तव में एक मिथक नहीं है, बल्कि ऐतिहासिक घटनाओं का एक लेखा-जोखा है जो वास्तव में भारत राष्ट्र में हजारों साल पहले हुई थी। इस संदर्भ में, लेखक पाठकों को भारतीय इतिहास में उस अवधि के दौरान प्रचलित राजनीतिक और सामाजिक स्थितियों में गहन अंतर्दृष्टि प्रदान करता है।

अत: विकल्प (C) सही है।

24. स्टेनली काहेन द्वारा लिखित/सह-लेखक पुस्तकें हैं:

- फोक, डेविल्स एंड मोरल पैनिक्स: द क्रिएशन ऑफ मॉडस एंड राकर्स

- विजन्स ऑफ सोशल कंट्रोल

- द मैन्युफैक्चर ऑफ न्यूज

स्टेनली काहेन (23 फरवरी 1942 - 7 जनवरी 2013) एक समाजशास्त्री और अपराधशास्त्री थे, लंदन स्कूल ऑफ इकोनॉमिक्स में समाजशास्त्र के प्रोफेसर थे, जिन्हें "भावनात्मक प्रबंधन" पर अकादमिक आधार को तोड़ने के लिए जाना जाता है, जिसमें भावुकता के रूप में भावनाओं का कुप्रबंधन, अतिरंजना शामिल है। , और भावनात्मक इनकार। उन्हें मानवाधिकारों के उल्लंघन के साथ आजीवन चिंता थी, पहले दक्षिण अफ्रीका में पले-बढ़े, बाद में इंग्लैंड में कारावास का अध्ययन किया और अंत में फिलिस्तीन में। उन्होंने लंदन स्कूल ऑफ इकोनॉमिक्स में मानव अधिकारों के अध्ययन के लिए केंद्र की स्थापना की।

अत: विकल्प (C) सही है।

25.

सूची-I (लेखक)		सूची-II (प्रकाशित रचना)	
(a)	रोजा हार्टमर्ट व विलियम स्यूरमैन	(iii)	हाई स्पीड सोसायटी

(b)	किर्क जॉनसन	(i)	टेलिविजन एण्ड सोशल चेंज इन रूरल इन्डिया
(c)	इरिक स्लोसर	(ii)	द फास्टफूड नेशन
(d)	डोना हारावे	(iv)	सिमिएन्स, साइबोर्गस एंड वूमेन: रीइंवेन्शन ऑफ नेचर

हाई स्पीड सोसायटी : इसे 2010 में पेन स्टेट प्रेस द्वारा प्रकाशित किया गया था। इसे हार्टमुट रोजा द्वारा संपादित किया गया था।

टेलिविजन एण्ड सोशल चेंज इन रूरल इन्डिया : यह पुस्तक भारत में ग्रामीण जीवन के सामाजिक वातावरण की जांच करती है और स्वयं ग्रामीणों की आकांक्षाओं, मूल्यों, विचारों, रिश्तों और परंपराओं पर टेलीविजन के प्रभाव को देखती है।

द फास्टफूड नेशन : द डार्क साइड ऑफ द ऑल-अमेरिकन मील एरिक श्लॉसर की 2001 की किताब है। 1999 में रॉलिंग स्टोन द्वारा पहली बार धारावाहिक की गई इस पुस्तक की तुलना अट्टन सिंक्लेयर के 1906 के मूक-बधिर उपन्यास द जंगल से की गई है। पुस्तक को रिचर्ड लिंकलेटर द्वारा निर्देशित इसी नाम की 2006 की फिल्म में रूपांतरित किया गया था।

सिमिएन्स, साइबोर्गस एंड वूमेन: रीइंवेन्शन ऑफ नेचर : 1978 से 1989 तक निबंधों का संग्रह। प्राइमेट अध्ययनों की जेंडर जड़ों का पता लगाता है, मौजूदा नारीवादी छात्रवृत्ति के संदर्भ की विवादित शर्तों की जांच करता है, और नए बनाने के लिए एक रूपक के रूप में साइबोर्ग की अवधारणा का प्रस्ताव करता है।

अतः विकल्प (B) सही है।

26.

सूची-I (लेखक)		सूची-II (पुस्तकें)	
(a)	ए. अग्रवाल	(iv)	इन्वायरमेन्टलिटि
(b)	जे.एम. अचेसन	(iii)	कैप्चरिंग द कॉमन्स
(c)	एस.ए. क्रेट	(ii)	काउस, किन एंड ग्लोबलाइजेशन
(d)	एफ, बर्केस	(i)	सेक्रिड इकॉलोजी

इन्वायरमेन्टलिटि: अग्रवाल अपने नृवंशविज्ञान और ऐतिहासिक शोध पर पर्यावरण और विकास अध्ययन, नए संस्थागत अर्थशास्त्र और शक्ति और व्यक्तिपरकता के फौकॉल्डियन सिद्धांतों को लाते हैं। उन्होंने कुमाऊँ के लगभग चालीस गाँवों का दौरा किया, जहाँ उन्होंने गाँव के जंगलों की स्थिति का आकलन किया, सैकड़ों कुमाऊँ वासियों का साक्षात्कार लिया और स्थानीय अभिलेखों की जाँच की। अपने व्यापक फील्डवर्क और अभिलेखीय अनुसंधान के आधार पर, उन्होंने दिखाया कि कैसे विकेंद्रीकरण रणनीतियाँ राज्यों और इलाकों, सामुदायिक निर्णय निर्माताओं और आम निवासियों, और व्यक्तियों और पर्यावरण के बीच संबंधों को बदल देती हैं। इन परिवर्तनों और उनके महत्व की खोज में, अग्रवाल ने स्थापित किया कि पर्यावरण राजनीति के सिद्धांत शक्ति, ज्ञान, संस्थानों और व्यक्तिपरकता के बीच के अंतर्संबंधों पर ध्यान देने से समृद्ध होते हैं।

कैप्चरिंग द कॉमन्स: सबसे ज्यादा बिकने वाले लॉबस्टर गैंग्स ऑफ मेन (लॉबस्टर फिशिंग की संस्कृति और अर्थशास्त्र पर मौलिक काम) के लेखक, यहां उनका ध्यान लॉबस्टर उद्योग के प्रबंधन की ओर जाता है। इस नई किताब में उन्होंने दिखाया है कि संसाधनों का हास अपरिहार्य नहीं है। दरअसल, मेन लॉबस्टर मत्स्य पालन दुनिया की सबसे सफल मत्स्य पालन में से एक है। द्वितीय विश्व युद्ध के बाद से कैच स्थिर रहे हैं और 1980 के दशक के उत्तरार्ध से रिकॉर्ड ऊंचाई हासिल की गई है। एचेसन के अनुसार, मछली पकड़ने की प्रथाओं को नियंत्रित करने के लिए लॉबस्टर-मछली पकड़ने के उद्योग द्वारा उत्पन्न संस्थानों के कारण, ये उच्च पकड़ कुछ हद तक हैं। ये नियम प्रभावी हैं।

काउस, किन एण्ड ग्लोबलाइजेशन : गाय, परिजन और वैश्वीकरण। सुसान ए क्रेट द्वारा सस्टेनेबिलिटी की एक नृवंशविज्ञान मुख्य रूप से रूस में उपनगरीय सखा गणराज्य के विलिउई क्षेत्र में स्वदेशी सखा की सांस्कृतिक पारिस्थितिकी से संबंधित है। यह वर्णन करता है कि कैसे विलिई सखा ने 40 डिग्री सेल्सियस (गर्मियों) से -60 डिग्री सेल्सियस (सर्दियों) तक के अत्यधिक तापमान की विशेषता वाले सीमांत क्षेत्र में अपना जीवनयापन करना जारी रखा है। इसके

अलावा, पुस्तक विलुई सखा की राजनीतिक पारिस्थितिकी पर चर्चा करती है और उन्होंने बाहरी हितों के कारण होने वाले प्रमुख राजनीतिक और आर्थिक परिवर्तनों से कैसे निपटा है, और जारी रखा है।

सेक्रिड इकॉलोजी : पवित्र पारिस्थितिकी दुनिया भर के स्वदेशी और अन्य ग्रामीण लोगों द्वारा रखे गए ज्ञान के निकायों की जांच करती है, और पूछती है कि हम इस ज्ञान और जानने के तरीकों से कैसे सीख सकते हैं। बर्केस वैज्ञानिक पारिस्थितिकी के पूरक के रूप में स्थानीय और स्वदेशी ज्ञान के महत्व और स्वदेशी समूहों के लिए इसके सांस्कृतिक और राजनीतिक महत्व की खोज करता है। आगे सीखने के लिए प्रासंगिक लिंक के अपडेट और 180 से अधिक नए संदर्भों के साथ, चौथा संस्करण स्वदेशी लेखकों को बढ़ी हुई आवाज देता है, और जलवायु परिवर्तन के प्रकाशित स्थानीय अवलोकनों में उल्लेखनीय वृद्धि को दर्शाता है।

अतः विकल्प (B) सही है।

27. 'क्रॉस्ड स्वॉर्ड्स पाकिस्तान, इट्स आर्मी ऐंड द वॉर विदिन' (Crossed Swords: Pakistan, Its Army and the War Within) पुस्तक के लेखक शुजा नवाज है।

शुजा नवाज पाकिस्तान से एक राजनीतिक और रणनीतिक विश्लेषक हैं। पुस्तक का दूसरा संस्करण 'द बैटल फॉर पाकिस्तान - द बिटर यूएस फ्रेंडशिप एंड ए टफ नेबरहुड' 2019 में प्रकाशित हुआ।

अत: विकल्प (A) सही है।

28. सोज-ए-वतन प्रेमचंद द्वारा लिखी गई पुस्तक है।

धनपत राय श्रीवास्तव, जिन्हें उनके उपनाम प्रेमचंद से बेहतर जाना जाता है, एक भारतीय लेखक थे जो अपने आधुनिक हिंदुस्तानी साहित्य के लिए प्रसिद्ध थे। मुंशी प्रेमचंद हिंदी और उर्दू सामाजिक कथाओं के अग्रणी थे।

प्रेमचंद हिंदी और उर्दू सामाजिक कथा साहित्य के अग्रदूत थे। वह 1880 के दशक के अंत में समाज में प्रचलित जाति पदानुक्रम और महिलाओं और मजदूरों की दुर्दशा के बारे में लिखने वाले पहले लेखकों में से एक थे। वह भारतीय उपमहाद्वीप के सबसे प्रसिद्ध लेखकों में से एक हैं, और उन्हें बीसवीं शताब्दी की शुरुआत के प्रमुख हिंदी लेखकों में से एक माना जाता है। उन्होंने 1907 में सोज-ए-वतन नामक पुस्तक में पांच लघु कथाओं का अपना पहला संग्रह प्रकाशित किया।

अत: विकल्प (B) सही है।

29. कालातीत भारतीय उपन्यास 'देवदास' शरतचंद्र चट्टोपाध्याय द्वारा लिखा गया था।

- शरतचंद्र चट्टोपाध्याय (1876-1938) ने 1901 में 17 वर्ष की आयु में देवदास लिखा।
- उनके अन्य प्रसिद्ध उपन्यास हैं: पाथेर डाबी, श्रीकांता, परिणीता, दत्ता, आदि।
- उनका उपनाम न्यारा है।
- उन्हें अनिला देवी के नाम से भी जाना जाता है।

अत: विकल्प (D) सही है।

30. विश्व प्रसिद्ध हैरी पॉटर श्रृंखला के लेखक जे के राउलिंग हैं।

जे.के. राउलिंग को पहली बार हैरी पॉटर के लिए विचार आया था, जब 1990 में मैनचेस्टर से लंदन किंग्स क्रॉस की यात्रा करने वाली ट्रेन में देरी हुई थी।

अगले पांच वर्षों में, उसने श्रृंखला की सात पुस्तकों की योजना बनाना शुरू कर दिया।

अत: विकल्प (B) सही है।

Q.1 सामाजिक अवसंरचना के निर्माण के लिए प्राथमिकता क्षेत्र के तहत दी जाने वाली अधिकतम ऋण राशि ______ प्रति उधारकर्ता है।

A. 1 करोड़ रुपए   **B.** 20 करोड़ रुपए

C. 25 करोड़ रुपए   **D.** 5 करोड़ रुपए

Q.2 केवाईसी के बारे में निम्नलिखित में से कौन सा सही है?

A. भारतीय रिज़र्व बैंक खाता खोलने और संचालन के लिए बैंकों को इसे अनिवार्य बनाने की सलाह देता है।

B. यह नो योर कस्टमर का फुल फॉर्म है।

C. कम आय वाले समूह के ग्राहकों को केवाईसी जमा करने से छूट दी गई है।

A. केवल A   **B.** केवल B   **C.** केवल C   **D.** ये सभी

Q.3 बैंकिंग लोकपाल के बारे में निम्नलिखित में से कौन सा सही नहीं है?

A. यह ग्राहकों की शिकायतों को हल करना है।

B. RBI सीधे लोकपाल की निगरानी करता है।

C. इसे 2006 में लॉन्च किया गया था।

D. यह शिकायतों को हल करने के लिए मामूली शुल्क लेता है।

Q.4 सहकारी बैंक निम्नलिखित अधिनियमों में से किसके तहत पंजीकृत हैं?

A. सहकारी समितियाँ अधिनियम, 1912

B. सहकारी समितियाँ अधिनियम, 1950

C. सहकारी समितियाँ अधिनियम, 1987

D. सहकारी समितियाँ अधिनियम, 2000

Q.5 जब बैंक उधारकर्ता, या काउंटर पार्टी बैंक के साथ सहमत शर्तों के बारे में अपने भुगतान दायित्व को पूरा करने में विफल रहता है, तो इसे ______ कहा जाता है।

A. बाज़ार जोखिम   **B.** परिचालनात्मक जोखिम

C. तरलता जोखिम   **D.** ऋण जोखिम

Q.6 किस बैंक ने ग्राहकों को डिजिटल बैंकिंग चैनलों का उपयोग करने के लिए प्रोत्साहित करने के लिए 'डिजिटल अपनाएं' अभियान शुरू किया गया है?

A. ऐक्सिस बैंक   **B.** पंजाब नेशनल बैंक

C. आईसीआईसीआई बैंक   **D.** यस बैंक

Q.7 निम्नलिखित में से कौन सा रूपांकन 500 रुपये के नोट में छपा है?

A. कोणार्क का सूर्य मंदिर

B. साँची स्तूप

C. भारतीय ध्वज के साथ लाल किला

D. हम्पी का रथ

Q.8 20 रुपये के नोट में निम्नलिखित में से कौन सा रूपांकन छपा है?

A. साँची का स्तूप

B. एलोरा की गुफाएँ

C. रथ के साथ हम्पी

D. भारतीय ध्वज के साथ लाल किला

Q.9 भारत सरकार ने स्पेशल लिक्विडिटी स्कीम ट्रस्ट के रूप में एक एसपीवी के माध्यम से एनबीएफसी/एचएफसी की शार्ट टर्म लिक्विडिटी पोजीशन में सुधार के लिए एक योजना को मंजूरी दी है। निम्नलिखित में से किस संस्था ने एसएलएस (SLS) ट्रस्ट स्थापित किया है?

A. आरबीएसए के सलाहकार

B. कैसटन कॉर्पोरेट एडवाइजरी सर्विसेज

C. एसबीआई कैपिटल मार्केट्स लिमिटेड

D. एचडीएफसी कैपिटल मार्केट्स लिमिटेड

Q.10 डिजिटल मुद्रा ABER को हाल ही में निम्नलिखित में से किसके द्वारा लॉन्च किया गया था?

A. संयुक्त अरब अमीरात और कतर

B. संयुक्त अरब अमीरात और सऊदी अरब

C. जापान और चीन

D. चीन

Q.11 लक्ष्मी विलास बैंक (LVB) द्वारा निम्नलिखित में से कौनसी डिजिटल पहल, बचत खाता खोलने में सक्षम बनाने के लिए शुरू की गई है?

A. लक्ष्मी इंस्टाकैश   **B.** लक्ष्मी डिजीगो

C. लक्ष्मी क्विकअकाउंट   **D.** लक्ष्मी गोक्विक

Q.12 अगस्त 2020 में, निम्नलिखित में से किस बैंक ने अपने सभी बचत खातों के लिए न्यूनतम शेष राशि न रखने पर अपनी पेनल्टी माफी के अलावा एसएमएस शुल्क माफ कर दिए हैं?

A. यस बैंक

B. भारतीय स्टेट बैंक

C. एचडीएफसी बैंक

D. यूनियन बैंक ऑफ इंडिया

Q.13 अगस्त 2020 में, ड्यूश बैंक ने राष्ट्र के भीतर अपनी प्रगति योजनाओं को वित्तपोषित करने के लिए अपने इंडिया डिपार्टमेंट ऑपरेशन में कितने रुपए (करोड़ों में) का पूंजी जलसेक पेश किया है?

A. 1,500   **B.** 2,100   **C.** 2,700   **D.** 3,300

Q.14 किस बैंक ने पूरी तरह से पेपरलेस कामकाजी माहौल को सक्षम करने वाले IB-eNote नामक एक और हरित पहल की शुरुआत की है?

A. केनरा बैंक   **B.** भारतीय बैंक

C. ऐक्सिस बैंक   **D.** एचडीएफसी बैंक

Q.15 REIT का पूर्ण रूप क्या है?

A. रियल एस्टेट इनकम ट्रस्ट

B. रिजर्व एक्सचेंज इनिशियल ट्रस्ट

C. रियल एक्सचेंज इनकम ट्रस्ट

D. रियल एस्टेट इन्वेस्टमेंट ट्रस्ट

Q.16 निम्नलिखित में से कौन सा कथन लोकपाल विधेयक के संबंध में सही है/हैं?

I. लोकपाल में एक अध्यक्ष और अधिकतम दस सदस्य होंगे जिनमें से पचास प्रतिशत न्यायिक सदस्य होंगे।

II. प्रधान मंत्री को विशिष्ट बहिष्करण के साथ लोकपाल के दायरे में लाया गया है।

III. प्रति वर्ष 20 लाख से अधिक विदेशी अंशदान विनियमन अधिनियम (FCRA) के संदर्भ में विदेशी स्रोतों से दान प्राप्त करने वाली सभी संस्थाओं को लोकपाल के अधिकार क्षेत्र में लाया जाता है।

IV. लोकपाल 'सुओ मोटो' पूछताछ शुरू नहीं कर पाएगा।

A. केवल I और II   **B.** केवल II और IV

C. केवल I, II और III   **D.** केवल I, III और IV

Q.17 ______ से अधिक व्यापार आकार वाले शहरी सहकारी बैंक को सार्वभौमिक वाणिज्यिक बैंकों में परिवर्तित करने की अनुमति दी गई।

A. 10,000 करोड़ रुपये   **B.** 20,000 करोड़ रुपये

C. 30,000 करोड़ रुपये   **D.** 40,000 करोड़ रुपये

Q.18 "वल्चर निधि" आम तौर पर ______ में निवेश की जाती है।
A. सनराइज क्षेत्र में आगामी स्टार्ट-अप
B. संगठित अपराध को बढ़ावा देने वाले संस्थान
C. व्यथित परिसंपत्ति
D. शेयर बाजारों का लार्ज कैप सेगमेंट

Q.19 जिस तंत्र के माध्यम से बैंकों को पुनर्खरीद समझौतों के माध्यम से धन उधार लेने की अनुमति दी जाती है, उसे ________ कहा जाता है।
A. सीमांत स्थायी सुविधा
B. तरलता समायोजन सुविधा
C. राजकोष चालान
D. खुला बाजार परिचालन

Q.20 आरबीआई के हाथ में ऋण नियंत्रण के कौन से उपकरण हैं?
(A) छूट और ब्याज दरों को कम करना या बढ़ाना।
(B) प्रमुख कृषि उत्पादों का न्यूनतम समर्थन मूल्य बढ़ाना।
(C) वाणिज्यिक बैंकों द्वारा बनाए गए न्यूनतम नकदी भंडार को कम करना या बढ़ाना।
A. केवल (A)   **B.** केवल (B)
C. केवल (C)   **D.** (A) और (C) दोनों

Q.21 बेसल के तहत, ______ को यह सुनिश्चित करने के लिए डिज़ाइन किया गया है कि बैंक सामान्य समय के दौरान पूंजीगत बफ़र का निर्माण करते हैं, जिन्हें तब निकाला जा सकता है, जब एक तनावग्रस्त अवधि के दौरान हानि होती है।
A. पूंजी संरक्षण बफर   **B.** काउंटर साइकिल बफर
C. उत्तोलन अनुपात   **D.** उपरोक्त सभी

Q.22 चेक पर मौजूद MICR संख्या का क्या उद्देश्य है?
A. इसका उपयोग चेक की वास्तविकता की पहचान करने के लिए किया जाता है
B. इसका उपयोग बैंक शाखा की पहचान करने के लिए किया जाता है
C. यह एक प्रकार की चेक संख्या के अलावा और कुछ नहीं है
D. (A) और (B) दोनों

Q.23 मौद्रिक नीति के संबंध में निम्नलिखित कथनों पर विचार कीजिये।
1. मौद्रिक नीति का प्राथमिक उद्देश्य विकास के उद्देश्य को ध्यान में रखते हुए मूल्य स्थिरता बनाए रखना है।
2. ओपन मार्केट ऑपरेशंस मौद्रिक नीति का एक साधन है जिसमें भारतीय रिजर्व बैंक खुले बाजार में सरकारी प्रतिभूतियों को खरीदता है और बेचता है।
उपरोक्त कथनों में से कौन सा सही है / हैं?
A. केवल 1   **B.** केवल 2
C. दोनों 1 और 2   **D.** न तो 1 और न ही 2

Q.24 निम्नलिखित जोड़ों पर विचार कीजिए।

क्र. स	मुद्रास्फीति का प्रकार	परिभाषा
1.	पुनर्मुद्रास्फीति	यह तब होता है जब वस्तुओं और सेवाओं की कीमतें अनियंत्रित रूप से बढ़ जाती हैं
2.	मुद्रास्फीतिजनित मंदी	यह सरकार द्वारा जानबूझकर पेश किया गया है।
3.	अतिमुद्रास्फीति	जब मुद्रास्फीति और बेरोजगारी दोनों उच्च स्तर पर हैं

उपरोक्त जोड़ों में से कौन सा / से सही है / हैं?
A. केवल 1   **B.** केवल 1 और 2
C. 1, 2 और 3 केवल   **D.** उपरोक्त में से कोई नहीं

Q.25 बैंक का अपने लक्ष्य स्तरों पर लाभ उत्पन्न करने में असमर्थता से संबंधित जोखिम को ______ के रूप में जाना जाता है।
A. व्यवसायिक जोखिम   **B.** प्रतिष्ठा जोखिम
C. ऋण जोखिम   **D.** व्यवस्थित जोखिम

Q.26 SDDS सदस्य देशों को जनता को राष्ट्रीय आंकड़ों के प्रसार में मार्गदर्शन करने के लिए एक अंतर्राष्ट्रीय मुद्रा कोष मानक है। SDDS का पूर्ण रूप क्या है-
A. विशेष डेटा प्रसार सेवा
B. विशेष डेटा प्रसार मानक
C. विशेष डेटा प्रसार प्रणाली
D. विशेष टिकाऊ प्रसार मानक

Q.27 __________ कुछ मुख्य पारंपरिक केंद्रीय बैंकिंग कार्यों का निर्वहन करने के लिए जिम्मेदार है, अर्थात, सरकार और बैंकों के बैंकरों के रूप में कार्य करना और केंद्र और राज्य दोनों सरकारों के सार्वजनिक ऋण का प्रबंधन करना।
A. CDBS   **B.** FISIM   **C.** DEIO   **D.** DGBA

Q.28 किस भुगतान बैंक ने आधार सक्षम भुगतान प्रणाली (AEPS) सेवा शुरू की है?
A. एयरटेल   **B.** मोबीक्रीक   **C.** आइडिया   **D.** पेटीएम

Q.29 IFCI एक भारतीय सरकार के स्वामित्व वाला विकास बैंक है जो औद्योगिक क्षेत्र की दीर्घकालिक वित्त जरूरतों को पूरा करता है। IFCI का पूर्ण रूप है-
A. Industrial Finance Company of India
B. Industrial Finance Corporation of Investment
C. Industrial Finance Corporation of India
D. International Finance Corporation of India

Q.30 डीसीबी बैंक लिमिटेड भारत में एक निजी क्षेत्र का अनुसूचित वाणिज्यिक बैंक है। DCB बैंक लिमिटेड का मुख्य कार्यालय कहाँ है?
A. बेंगलुरु   **B.** पुणे   **C.** नई दिल्ली   **D.** मुंबई

// स्मार्ट उत्तर पुस्तिका //

सही उत्तर उन छात्रों का प्रतिशत जिन्होंने प्रश्नों का सही उत्तर दिया था।　　**छोड़ दिया** उन छात्रों का प्रतिशत जिन्होंने प्रश्नों को छोड़ दिया था।

प्रश्न संख्या	उत्तर	सही उत्तर / छोड़ दिया	प्रश्न संख्या	उत्तर	सही उत्तर / छोड़ दिया	प्रश्न संख्या	उत्तर	सही उत्तर / छोड़ दिया	प्रश्न संख्या	उत्तर	सही उत्तर / छोड़ दिया	प्रश्न संख्या	उत्तर	सही उत्तर / छोड़ दिया	प्रश्न संख्या	उत्तर	सही उत्तर / छोड़ दिया
1	D	23.05 % / 75.62 %	6	B	51.1 % / 33.39 %	11	B	62.6 % / 34.36 %	16	B	61.59 % / 32.06 %	21	A	85.81 % / 13.01 %	26	B	63.61 % / 36.01 %
2	D	29.11 % / 67.82 %	7	C	50.81 % / 41.95 %	12	B	45.3 % / 54.37 %	17	B	40.29 % / 46.52 %	22	D	62.87 % / 34.24 %	27	D	66.49 % / 30.21 %
3	D	13.01 % / 83.45 %	8	B	66.3 % / 32.29 %	13	C	21.98 % / 67.69 %	18	C	44.45 % / 34.92 %	23	C	43.8 % / 35.84 %	28	A	89.53 % / 10.07 %
4	A	22.57 % / 69.39 %	9	C	17.04 % / 73.39 %	14	B	48.17 % / 49.5 %	19	B	67.88 % / 31.99 %	24	D	52.57 % / 45.41 %	29	C	65.65 % / 31.98 %
5	D	66.92 % / 32.38 %	10	B	68.07 % / 30.46 %	15	D	60.49 % / 37.42 %	20	C	52.48 % / 46.33 %	25	A	56.6 % / 35.88 %	30	D	57.23 % / 37.39 %

//संकेत और समाधान//

1. सामाजिक बुनियादी ढांचे जैसे स्कूल आदि के निर्माण के लिए प्राथमिकता क्षेत्र के तहत ऋण की अधिकतम राशि 5 करोड़ रुपये हो सकती है।

प्राथमिकता क्षेत्र ऐसे क्षेत्र हैं कि जिन्हें विकसित होने के लिए बैंकों द्वारा विशेष ध्यान दिए जाने की आवश्यकता होती है और इसमें कृषि और संबद्ध क्षेत्र, आवास, शिक्षा, सामाजिक बुनियादी ढांचा आदि शामिल हैं।

RBI द्वारा प्राथमिकता वाले क्षेत्रों में बैंकों को एक वर्ष में कुल बैंक ऋण का कम से कम 40% लक्ष्य पूरा करने की आवश्यकता होती है।

अतः विकल्प (D) सही है।

2. केवाईसी ' नो योर कस्टमर ' का एक संक्षिप्त नाम है।

भारतीय रिजर्व बैंक बैंकों को सलाह देता है कि खातों को खोलते और संचालित करते समय अपने ग्राहक को पता होना अनिवार्य करें।

कम आय वाले समूह के ग्राहकों को केवाईसी जमा करने से छूट दी गई है।

अतः विकल्प (D) सही है।

3. बैंकिंग लोकपाल के पास ग्राहकों की शिकायतों को दर्ज करने और हल करने के लिए कोई शुल्क नहीं है।

2006 में RBI द्वारा बैंकिंग विनियमन अधिनियम, 1949 की धारा 35 A के तहत बैंकिंग लोकपाल योजना शुरू की गई थी। बैंकिंग लोकपाल को बैंकों द्वारा प्रदान की जाने वाली कुछ सेवाओं से संबंधित शिकायतों के समाधान के लिए पेश किया जाता है।

अतः विकल्प (D) सही है।

4. सहकारी बैंक सहकारी समितियाँ अधिनियम, 1912 के तहत पंजीकृत हैं।

सहकारी बैंक ऐसी संस्था है जो सहकारी आधार पर स्थापित है और साधारण बैंकिंग व्यवसाय में कार्य करती है। अन्य बैंकों की तरह, सहकारी बैंकों की स्थापना शेयरों के माध्यम से धन एकत्र करने, जमा स्वीकार करने और ऋण देने हेतु की जाती है।

वे असीमित देयता के शेयर जारी करते हैं, जबकि संयुक्त स्टॉक बैंक सीमित देयता के शेयर जारी करते हैं।

अतः विकल्प (A) सही है।

5. जब बैंक उधारकर्ता, या काउंटर पार्टी बैंक के साथ सहमत शर्तों के बारे में अपने भुगतान दायित्व को पूरा करने में विफल रहता है, तो इसे ऋण जोखिम कहा जाता है।

ऋण जोखिम उधारकर्ता की ऋण चुकाने में विफलता या संविदात्मक दायित्वों को पूरा करने के परिणामस्वरूप नुकसान की संभावना है।

परंपरागत रूप से, यह जोखिम को संदर्भित करता है कि एक ऋणदाता को बकाया मूलधन और ब्याज प्राप्त नहीं हो सकता है, जिसके परिणामस्वरूप नकदी प्रवाह में बाधा आती है और संग्रह के लिए लागत बढ़ जाती है।

अतः विकल्प (D) सही है।

6. पंजाब नेशनल बैंक ने ग्राहकों को डिजिटल बैंकिंग चैनलों का उपयोग करने के लिए प्रोत्साहित करने के लिए एक अभियान शुरू किया है।

अभियान 'डिजिटल अपनाएं' के तहत, बैंक प्रत्येक ग्राहक की ओर से रुपे डेबिट कार्ड को सक्रिय करने के लिए पहला वित्तीय लेन-देन पर PM CARES फंड की ओर 5 रु का योगदान करेगा।

अभियान 31 मार्च, 2021 तक है।

अतः विकल्प (B) सही है।

7.

मूल्यवर्ग	रूपांकन
10 रुपए	कोणार्क का सूर्य मंदिर
20 रुपए	एलोरा की गुफाएँ
50 रुपए	हम्पी के रथ
100 रुपए	रानी की वाव
200 रुपए	साँची स्तूप
500 रुपए	**भारतीय धज के साथ लाल किला**
2000 रुपए	मंगलयान

अतः विकल्प (C) सही है।

8.

मूल्य-वर्ग	रूपांकन
10 रुपये	कोणार्क का सूर्य मंदिर
20 रुपये	**एलोरा की गुफाएँ**
50 रुपये	रथ के साथ हम्पी
100 रुपये	रानी की वाव
200 रुपये	सन्ची स्तूप
500 रुपये	भरतीय धज के साथ लाल किला
2000 रुपये	मंगलयान

अतः विकल्प (B) सही है।

9. भारत सरकार ने स्पेशल लिक्विडिटी स्कीम ट्रस्ट के रूप में एक एसपीवी के माध्यम से एनबीएफसी/एचएफसी की शार्ट टर्म लिक्विडिटी पोजीशन में सुधार के लिए एक योजना को मंजूरी दी है। एसबीआई कैपिटल मार्केट्स लिमिटेड ने एसएलएस ट्रस्ट की स्थापना की।

एसपीवी-स्पेशल पर्पज वेहिकल

एसबीआई कैपिटल मार्केट्स लिमिटेड (SBICAP) भारतीय स्टेट बैंक की एक सहायक कंपनी है।

केंद्रीय वित्त और कॉर्पोरेट मामलों की मंत्री श्रीमती निर्मला सीतारमण द्वारा स्पेशल लिक्विडिटी स्कीम 30,000 करोड़ की घोषणा की गई।

इस योजना के तहत NFBCs/HFC को प्रदान किए गए वित्त का उपयोग मौजूदा देनदारियों को चुकाने के लिए किया जाना चाहिए और परिसंपत्तियों का विस्तार करने के लिए नहीं।

ट्रस्ट द्वारा सदस्यता के लिए योजना तीन महीने के लिए खुली होगी।

ट्रस्ट द्वारा ऋण देने की अवधि 90 दिनों तक की होगी।

वाणिज्यिक पत्र और गैर-परिवर्तनीय डिबेंचर इस योजना में उपयोग किए जाने वाले उपकरण हैं।

भारतीय रिजर्व बैंक अधिनियम, 1934 (कोर इन्वेस्टमेंट कंपनियों के रूप में पंजीकृत लोगों को छोड़कर) और राष्ट्रीय आवास बैंक अधिनियम, 1987 के तहत राष्ट्रीय आवास बैंक के साथ पंजीकृत किसी भी HFC को भारतीय रिजर्व बैंक अधिनियम के तहत पंजीकृत माइक्रोफाइनेंस संस्थानों सहित कोई भी एनबीएफसी, धन जुटाने के लिए पात्र होगा।

कैपिटल टू रिस्क (भारित) एसेट्स अनुपात/कैपिटल पर्याप्तता अनुपात एनबीएफसी/एचएफसी के अनुपात 31 मार्च, 2019 के अनुसार क्रमशः नियामक न्यूनतम, यानी, 15% और 12% से कम नहीं होने चाहिए।

आरबीआई ट्रस्ट द्वारा जारी सरकारी प्रतिभूति विशेष प्रतिभूतियों की सदस्यता लेकर इस योजना के लिए धन उपलब्ध कराएगा।

भारत सरकार ट्रस्ट द्वारा जारी विशेष प्रतिभूतियों के लिए बिना शर्त और अपरिवर्तनीय गारंटी प्रदान करेगी।

अतः विकल्प (C) सही है।

10. डिजिटल मुद्रा ABER को हाल ही में संयुक्त अरब अमीरात और सऊदी अरब के केंद्रीय बैंकों द्वारा लॉन्च किया गया था।

- ABER संयुक्त अरब अमीरात और सऊदी अरब के लिए एक आम डिजिटल मुद्रा है।
- यह सऊदी अरब मौद्रिक प्राधिकरण और संयुक्त अरब अमीरात केंद्रीय बैंक द्वारा संयुक्त रूप से जारी किया गया था।
- यह आधिकारिक तौर पर 29 जनवरी 2019 को लॉन्च किया गया था।
- यह प्रेषण लागत के सुधार और कटौती और जोखिमों के आकलन पर प्रभाव का अध्ययन करने के लिए शुरू किया गया था।
- अपने प्रारंभिक चरण में, प्रत्येक राज्य में सीमित संख्या में बैंकों के लिए ABER मुद्रा का उपयोग प्रतिबंधित होगा।
- ABER मुद्रा का उपयोग ब्लॉकचेन और वितरित लेजर प्रौद्योगिकी के माध्यम से संयुक्त अरब अमीरात और सऊदी अरब के बीच वित्तीय विवरणों में किया जाएगा।
- यह पहली बार है जब संयुक्त अरब अमीरात और सऊदी अरब के मौद्रिक प्राधिकरण ब्लॉकचेन प्रौद्योगिकी का उपयोग करने के लिए सहयोग कर रहे हैं।

अतः विकल्प (B) सही है।

11. लक्ष्मी विलास बैंक (LVB) ने बचत खाता तुरंत खोलने में सक्षम बनाने के लिए एक डिजिटल पहल लक्ष्मी डिजीगो शुरू की है।

लक्ष्मी डिजीगो एक बचत खाता है जिसमें इंटरनेट और मोबाइल बैंकिंग सहित चुनिंदा विशेषताएं हैं।

LVB की नई पहल से लोगों को खुद को पंजीकृत करने और वेबसाइट के माध्यम से सबसे आवश्यक बैंकिंग सेवाओं का तुरंत लाभ उठाने में मदद मिलेगी।

अतः विकल्प (B) सही है।

12. भारतीय स्टेट बैंक ने अपने सभी बचत खातों के लिए न्यूनतम शेष के गैर-रखरखाव पर अपनी पेनल्टी माफी के अलावा एसएमएस शुल्क माफ कर दिए हैं।

एसबीआई के 44 करोड़ से अधिक बचत खाते हैं।

इससे पहले, एसबीआई के ग्राहकों को मेट्रो, अर्ध-शहरी और ग्रामीण क्षेत्रों में क्रमशः 3000, 2000 और 1000 रुपये का मासिक शेष बनाए रखना पड़ता था।

अतः विकल्प (B) सही है।

13. ड्यूश बैंक ने राष्ट्र के भीतर अपनी प्रगति योजनाओं को वित्तपोषित करने के लिए अपने इंडिया डिपार्टमेंट ऑपरेशन में 2,700 करोड़ का पूंजी जलसेक पेश किया है।

इसके साथ, भारत की शाखाओं में तैनात कुल पूंजी अब 18,200 करोड़ रूपए हो गई है।

इन फंडों का उपयोग संभवतः डॉशे बैंक इंडिया की सभी कंपनियों के अतिरिक्त विस्तार में मदद करने के लिए किया जाएगा।

अतः विकल्प (C) सही है।

14. इंडियन बैंक ने,पूरी तरह से पेपरलेस कामकाजी माहौल को सक्षम करने वाले IB-eNote नामक एक और हरित पहल की शुरुआत की है।

IB-eNote एक उपकरण है जो डिजिटल रूप से विभिन्न कार्यालयों द्वारा लगाए गए नोटों के प्रसंस्करण और ट्रैकिंग को सक्षम बनाता है।

इस हरित पहल से टर्नअराउंड समय में काफी सुधार होने की उम्मीद है, इसके अलावा कागज़, छपाई और अन्य प्रशासनिक खर्चों की भी बचत होगी।

अतः विकल्प (B) सही है।

15. रियल एस्टेट इन्वेस्टमेंट ट्रस्ट (REITs)

रियल एस्टेट इन्वेस्टमेंट ट्रस्ट (आरईआईटी) एक कंपनी है जो स्वामित्व रखती है, और ज्यादातर मामलों में आय-उत्पादक रियल एस्टेट का संचालन करती है। कार्यालय और अपार्टमेंट इमारतों से लेकर गोदामों, अस्पतालों, शॉपिंग सेंटर, होटल और यहां तक कि लकड़ी के खेतों तक के कई प्रकार के वाणिज्यिक अचल संपत्ति के मालिक हैं।

वर्तमान में, REIT दिशानिर्देशों के अनुसार, न्यूनतम निवेश प्रति निवेशक 2 लाख रुपये रखा गया है। हालांकि, एक बार जब वे स्टॉक एक्सचेंज में सूचीबद्ध हो जाते हैं, तो न्यूनतम 1 लाख रुपये के लिए ट्रेडिंग की अनुमति दी जाएगी।

अतः विकल्प (D) सही है।

16. सही विकल्प हैं -

II. प्रधान मंत्री को विशिष्ट बहिष्करण के साथ लोकपाल के दायरे में लाया गया है।

IV. लोकपाल 'सुओ मोटो' पूछताछ शुरू नहीं कर पाएगा।

पहले विकल्प में - लोकपाल में एक अध्यक्ष और अधिकतम आठ सदस्य होंगे जिनमें से पचास प्रतिशत न्यायिक सदस्य होंगे।

दूसरे विकल्प में - प्रति वर्ष 10 लाख से अधिक विदेशी अंशदान विनियमन अधिनियम (FCRA) के संदर्भ में विदेशी स्रोतों से दान प्राप्त करने वाली सभी संस्थाओं को लोकपाल के अधिकार क्षेत्र में लाया जाता है।

15 मई 2018 को, भारत के पूर्व अटॉर्नी जनरल मुकुल रोहतगी को लोकपाल चयन समिति में 'प्रख्यात न्यायवादी' के रूप में नियुक्त किया गया।

नोट:

सभापति और लोकपाल के सदस्यों का चयन एक चयन समिति के माध्यम से होगा:

• प्रधान मंत्री,

• लोकसभा अध्यक्ष,

• लोकसभा में विपक्ष के नेता,

• भारत के मुख्य न्यायाधीश या CJI द्वारा नामांकित एक उच्चतम न्यायालय के न्यायाधीश,

• प्रख्यात न्यायविद।

अतः विकल्प (B) सही है।

17. शहरी सहकारी बैंक (यूसीबी) संरचना में आमूल चूल परिवर्तन करने और उसे मजबूत करने के लिए, उप राज्यपाल आर गांधी की अध्यक्षता में भारतीय रिजर्व बैंक (आरबीआई) की एक आंतरिक समिति ने यह सिफारिश की कि 20,000 करोड़ रुपये को सार्वभौमिक वाणिज्यिक बैंकों में परिवर्तित करने की अनुमति दी जाए, जबकि कम आकार वाले लोगों को छोटे वित्त बैंकों में परिवर्तित किया जाए।

अतः विकल्प (B) सही है।

18. यह एक ऐसी निधि है जो व्यथित निवेशों में प्रतिभूतियों को खरीदती है, जैसे कि उच्च-उपज बॉन्ड में या डिफ़ॉल्ट रूप से, या इक्विटी जो कि दिवालियापन में या उसके आस-पास हैं। ये निधि तेजी से कमजोर हो रही कंपनी के अवशेषों को लेने के लिए धैर्यपूर्वक इंतजार कर रहे गिद्धों की तरह होती हैं। इसका लक्ष्य उच्च कीमतों पर लाभ हासिल करना है। द्वितीयक बाजार पर रियायती मूल्य पर ऋण खरीदकर और फिर क्रय मूल्य की तुलना में बड़ी राशि प्राप्त करने के लिए कई तरीकों का उपयोग करके निधि लाभ में निवेशक होते हैं। देनदारों में कंपनियां, देश और व्यक्ति शामिल होते हैं।

अतः विकल्प (C) सही है।

19. तरलता समायोजन सुविधा (LAF): एक मौद्रिक नीति है जो बैंकों को पुनर्खरीद समझौतों के माध्यम से धन उधार लेने की अनुमति देती है।

- LAF में रेपो और रिवर्स रेपो परिचालन शामिल होते हैं।

LAF एक सुविधा है जो भारतीय रिज़र्व बैंक द्वारा अनुसूचित वाणिज्यिक बैंकों (आरआरबी को छोड़कर) और प्राथमिक डीलरों को आवश्यकता के मामले में तरलता का लाभ उठाने या अतिरिक्त तरलता के मामले राज्य सरकार की प्रतिभूतियों सहित सरकारी प्रतिभूतियों की संपार्श्विकता के खिलाफ रातोंरात आरबीआई के साथ अतिरिक्त धनराशि को रखने के लिए विस्तारित है। वास्तव में, LAF प्रतिदिन के आधार पर तरलता प्रबंधन को सक्षम बनाता है।

एक मौद्रिक नीति उपकरण है जो बैंकों को पुनर्खरीद समझौते या रेपो के माध्यम से धन उधार लेने की अनुमति देता है। LAF का उपयोग बैंकों को तरलता (घर्षण तरलता घाटा/अधिशेष) में प्रतिदिन के बेमेल को समायोजित करने में सहायता करने के लिए किया जाता है। अधिक टिकाऊ प्रकृति की तरलता को नकद आरक्षित अनुपात जैसे अन्य उपकरणों के साथ प्रबंधित किया जाता है।

बैंकों को अपनी निवल मांग और मीयादी देयताओं (NDTL) का केवल एक निश्चित प्रतिशत उधार लेने की अनुमति है। यदि बैंक को LAF के तहत अनुमेय धनराशि से अधिक धनराशि की आवश्यकता होती है, यह सीमांत स्थायी सुविधा (MSF) नामक एक अन्य विंडो तक जा सकता है।

LAF में रातोंरात निकासी के लिए, रिवर्स रेपो और रेपो परिचालन दोनों एक निश्चित दर पर किए जाते हैं।

अतः विकल्प (B) सही है।

20. भारतीय रिज़र्व बैंक (RBI) का सबसे महत्वपूर्ण कार्य ऋण नियंत्रण है। ऋण नियंत्रण विधियों का उपयोग करके, आरबीआई मौद्रिक स्थिरता को बनाए रखने की कोशिश करता है।

ऋण नियंत्रण के लिए दो प्रकार के तरीके हैं: गुणात्मक तरीके और मात्रात्मक तरीके। मात्रात्मक तरीकों के तहत, बैंकों की जमा देनदारियों का कुछ प्रतिशत आरबीआई और/या सरकारी प्रतिभूतियों की तरह तरल संपत्ति में बनाए रखा जा सकता है।

अतः विकल्प (C) सही है।

21. पूंजी संरक्षण बफर (CCB) को यह सुनिश्चित करने के लिए डिज़ाइन किया गया है कि बैंक सामान्य समय (यानी तनाव के बाहरी समय) के दौरान पूंजीगत बफर का निर्माण करते हैं, जिन्हें एक तनावग्रस्त अवधि के दौरान हानि होने पर निकाला जा सकता है। आवश्यकता न्यूनतम पूंजी आवश्यकता के उल्लंघन से बचने के लिए डिज़ाइन किए गए सरल पूंजी संरक्षण नियमों पर आधारित होती है।

अतः विकल्प (A) सही है।

22. MICR संख्या का उपयोग चेक की वास्तविकता की पहचान करने के लिए किया जाता है।

MICR कोड: मैग्नेटिक इंक कैरेक्टर रिकग्निशन कोड। मैग्नेटिक इंक कैरेक्टर रिकग्निशन (MICR) एक 9-अंकीय कोड होता है जो एक विशेष बैंक शाखा की पहचान करने में सहायता करता है जो इलेक्ट्रॉनिक क्लियरिंग सिस्टम (ECS) का हिस्सा है जिसका उपयोग नियमित आधार पर चेक को क्लियर करने के लिए किया जाता है।

अतः विकल्प (D) सही है।

23. मौद्रिक नीति केंद्रीय बैंक की नीति को संदर्भित करती है जिसके तहत मौद्रिक साधनों के उपयोग के संबंध में अधिनियम में निर्दिष्ट लक्ष्यों को प्राप्त करना है।

भारतीय रिज़र्व बैंक, मौद्रिक नीति के संचालन की जिम्मेदारी के साथ निहित है। यह जिम्मेदारी स्पष्ट रूप से भारतीय रिज़र्व बैंक अधिनियम, 1934 के तहत अनिवार्य है।

मौद्रिक नीति का प्राथमिक उद्देश्य विकास के उद्देश्य को ध्यान में रखते हुए मूल्य स्थिरता बनाए रखना है। मूल्य स्थिरता स्थायी विकास के लिए एक आवश्यक पूर्व शर्त है। इसलिए, कथन 1 सही है।

कई प्रत्यक्ष और अप्रत्यक्ष उपकरण हैं जिनका उपयोग मौद्रिक नीति को लागू करने के लिए किया जाता है-

- रेपो दर
- रिवर्स रेपो दर
- लिक्विडिटी समायोजन सुविधा
- सीमांत स्थायी सुविधा
- गलियारे
- बैंक दर
- नकद आरक्षित अनुपात
- वैधानिक तरलता अनुपात
- खुला बाजार परिचालन
- बाजार स्थिरीकरण योजना

मुद्रा आपूर्ति को नियंत्रित करने के लिए, RBI खुले बाजार में सरकारी प्रतिभूतियों को खरीदता और बेचता है। केंद्रीय बैंक द्वारा खुले बाजार में किए गए इन कार्यों को ओपन मार्केट ऑपरेशंस कहा जाता है। इसलिए, कथन 2 सही है।

ओएमओ का उद्देश्य विदेशी पूंजी प्रवाह के कारण बाजार में अस्थायी लिक्विडिटी असंतुलन पर एक जांच रखना है।

जब RBI सरकारी प्रतिभूतियों को बेचता है, तो लिक्विडिटी को बाजार से लिया जाता है, और इसके ठीक विपरीत तब होता है जब RBI प्रतिभूतियों को खरीदता है। उत्तरार्द्ध मुद्रास्फीति को नियंत्रित करने के लिए किया जाता है।

अतः विकल्प (C) सही है।

24. पुनर्मुद्रास्फीति:

बेरोजगारी को कम करने और आर्थिक विकास के उच्च स्तर पर जाने की मांग को बढ़ाने के लिए, यह सरकार द्वारा जानबूझकर लाई गई एक स्थिति है। इसलिए जोड़ी 1 सही नहीं है।

सरकारें उच्च सार्वजनिक व्यय, कर कटौती, ब्याज दर में कटौती आदि के लिए जाती हैं।

राजकोषीय घाटा बढ़ जाता है, विकास के उच्च स्तर पर अतिरिक्त धन मुद्रित होता है, मजदूरी में वृद्धि होती है।

मुद्रास्फीतिजनित मंदी:

यह तब होता है जब मुद्रास्फीति और बेरोजगारी दोनों उच्च स्तर पर होते हैं। इसलिए जोड़ी 2 सही नहीं है।

यह उच्च मुद्रास्फीति और कम विकास का संयोजन है।

जब अर्थव्यवस्था ठहराव से गुजर रही होती है और सरकार आर्थिक नीति से किनारा कर लेती है, तो कुछ सामानों में अचानक और अस्थायी मूल्य वृद्धि देखी जाती है।

अतिमुद्रास्फीति:

इस प्रकार की मुद्रास्फीति 'बड़ी और त्वरित' है।

यह तब होता है जब वस्तुओं और सेवाओं की कीमतें अनियंत्रित रूप से बढ़ जाती हैं। इसलिए जोड़ी 3 सही नहीं है।

इस मुद्रास्फीति में, न केवल वृद्धि की सीमा बहुत बड़ी है, बल्कि वृद्धि भी बहुत कम समय में होती है।

इस तरह की मुद्रास्फीति से घरेलू मुद्रा में विश्वास खोने का पूरा नुकसान होता है और लोग पैसे के अन्य रूपों- सोना, भौतिक संपत्ति, आदि के लिए विरोध करना शुरू कर देते हैं।

अतः विकल्प (D) सही है।

25. व्यावसायिक जोखिम बैंक का अपने लक्ष्यों स्तरों पर लाभ उत्पन्न करने में असमर्थता से उत्पन्न होता है।

बैंक के लिए, व्यवसाय जोखिम किसी बैंक की दीर्घकालिक रणनीति, राजस्व का अनुमानित पूर्वानुमान और लाभप्रदता से संबंधित अन्य चीजों की संख्या की विफलता से जुड़ा जोखिम है।

व्यावसायिक जोखिम किसी बैंक की दीर्घकालिक व्यापारिक रणनीति से उत्पन्न होने वाला जोखिम है। यह एक ऐसे बैंक से संबंधित है जो बदलती प्रतिस्पर्धा की गतिशीलता को बनाए रखने में सक्षम नहीं है, समय के साथ बाजार में हिस्सेदारी खो रहा है, और बंद या अधिग्रहण किया जा रहा है।

अतः विकल्प (A) सही है।

26. विशेष डेटा प्रसार मानक (SDDS) सदस्य देशों को जनता को राष्ट्रीय आंकड़ों के प्रसार में मार्गदर्शन करने के लिए एक अंतर्राष्ट्रीय मुद्रा कोष मानक है।

अतः विकल्प (B) सही है।

27. सरकार और बैंक लेखा विभाग (DGBA) कुछ प्रमुख पारंपरिक केंद्रीय बैंकिंग कार्यों, जैसे कि सरकार और बैंकों के लिए बैंकरों के रूप में कार्य करना और केंद्र और राज्य दोनों सरकारों के सार्वजनिक ऋण का प्रबंधन करने के लिए जिम्मेदार है। यह रिज़र्व बैंक के आंतरिक खातों के रखरखाव और इसके साप्ताहिक और वार्षिक खातों के संकलन के लिए भी जिम्मेदार है।

अतः विकल्प (D) सही है।

28. एयरटेल पेमेंट्स बैंक ने "आधार सक्षम भुगतान प्रणाली" सेवा शुरू की है।

AEPS एक बैंक के नेतृत्व वाला मॉडल है, जो आधार प्रमाणीकरण का उपयोग करके किसी भी बैंक के व्यवसाय संवाददाता के माध्यम से प्वाइंट ऑफ सेल (PoS) पर ऑनलाइन इंटरऑपरेबल वित्तीय लेनदेन की अनुमति देता है।

यह लोगों को पूरे भारत में इसके 2,50,000 से अधिक बैंकिंग स्थानों पर लेनदेन करने में मदद करेगा।

यह ग्राहकों को अपने बैंक खातों तक पहुंचने के लिए अपने आधार नंबर या वर्चुअल आईडी का उपयोग करके लेनदेन करने की अनुमति देता है।

AEPS छह प्रकार के लेनदेन की अनुमति देता है, जिसमें जमा और निकासी शामिल है।

AEPS प्लेटफॉर्म केवल अपने आधार का उपयोग करके सभी को सुरक्षित बैंकिंग की सुविधा प्रदान करता है।

सीओओ- गणेश अनंतनारायणन

अतः विकल्प (A) सही है।

29. ''Industrial Finance Corporation of India'', IFCI का पूर्ण रूप है। भारत सरकार ने 1 जुलाई, 1948 को IFC अधिनियम 1948 के माध्यम से भारतीय औद्योगिक वित्त निगम (IFCI) की स्थापना की।

अतः विकल्प (C) सही है।

30. DCB बैंक लिमिटेड भारत में एक निजी क्षेत्र का अनुसूचित वाणिज्यिक बैंक है। डीसीबी बैंक लिमिटेड का मुख्य कार्यालय मुंबई में है।

अतः विकल्प (D) सही है।

// टिप्पणियाँ //

// टिप्पणियाँ //